Friedrich-Ebert-Stiftung
Reihe Praktische Demokratie

Herausgegeben von Frank D. Karl

Hans-Gerd
Jaschke

Die »Republikaner«

Profile einer Rechtsaußen-Partei

Verlag J.H.W. Dietz Nachf.

Friedrich-Ebert-Stiftung
Godesberger Allee 149, D-5300 Bonn 2

ISBN 3-8012-0156-2

2., aktualisierte und erweiterte Auflage 1993 (11.–20. Tausend)

In der Raste 2, D-5300 Bonn 1
Redaktion: Christiane Kling-Mathey
Umschlag: Manfred Waller, Reinbek
Gesamtherstellung: Clausen & Bosse, Leck

Printed in Germany 1993

Inhalt

Vorwort zur zweiten Auflage

Das jetzt in der zweiten aktualisierten und erweiterten Auflage vorliegende Buch ist ein Versuch über die „Republikaner". Es geht um die Voraussetzungen und Folgen ihrer parlamentarischen Erfolge. Doch im Grunde geht es um mehr. Die „Republikaner" sind nur ein Symptom, eine politisch spürbare Folgeerscheinung eines Umbruchs, dessen Ausmaße sich gerade abzuzeichnen beginnen. Dieser nicht auf Deutschland beschränkte, ja weit darüber hinausreichende Umbruch ist gekennzeichnet durch die tiefgreifende und vermutlich lang andauernde Transformation sozialer Konflikte in ethnische Auseinandersetzungen.

Vor gut zweieinhalb Jahren, im März 1990, wurde das Manuskript zur ersten Auflage des vorliegenden Versuchs über die „Republikaner" abgeschlossen. Seitdem verstärken sich die Anzeichen dafür, daß das politische Koordinatensystem des vereinigten Deutschland mit dem Komplex „Rechtsextremismus" weiterhin zu rechnen hat: Die „Republikaner" sind mit 10,9 Stimmenprozenten als stärkste Oppositionspartei in den Landtag von Baden-Württemberg eingezogen. Die DVU erzielte in Schleswig-Holstein 6,3 Prozent. Das Meinungsforschungsinstitut Infas ermittelte bei einer Befragung im August 1992 ein Wählerpotential rechts von CDU/CSU von 19 Prozent in West- und 12 Prozent in Ostdeutschland. Bei den Jungwählern bis 24 Jahre liegt der Anteil noch höher: 24 Prozent der westdeutschen und 27 Prozent der ostdeutschen Jungwähler würden eine Rechtsaußenpartei bevorzugen oder haben schon einmal eine gewählt.[1] Meinungsumfragen unterschiedlicher Herkunft sagen den Rechtsaußen Chancen bei der Bundestagswahl 1994 voraus.

Von 1990 auf 1991 registriert der Verfassungsschutz die Zunahme des organisierten Rechtsextremismus von 32 000 (1990) auf 39 000 Aktivisten (1991), wobei die „Republikaner" nicht einmal mitgezählt sind; die Gewaltbereitschaft von rechts steigt in diesem Zeitraum um das Fünffache, von 270 auf 1483 Gewalttaten.[2] Im Jahr 1992 wurden bis September 970 Gewalttaten von rechts verübt, 700 Verletzte und zehn Tote waren die Folge.[3] Fremdenfeindliche Ausschreitungen – vom Progrom von Hoyerswerda im Herbst 1991, als eine Handvoll radikaler und militanter Skinheads, beifällig begleitet von Teilen der Bevölkerung, die Stadt „ausländerfrei" machte, bis hin zu den Rostocker Krawallen im

August 1992 –, stehen für eine politische Klimaveränderung: Gewalt gegen Andersartige, Ausländer, Nicht-Dazugehörige in Worten und Taten verbleibt nicht mehr im Tabu privater Mentalitäten, sie schafft sich öffentliche Räume, tritt unverblümt nach außen und veranlaßt die Politiker, den populistischen fremdenfeindlichen Stimmungen nachzugeben. Die bevorstehende Änderung des Asyl-Artikels 16 des Grundgesetzes dient nicht nur der Beschränkung der Zuwanderung, sie ist auch ein Zugeständnis an die „Republikaner"-Wähler und die fremdenfeindlichen Strömungen.

Nach dem Erscheinen der ersten Auflage ist die politische Großwetterlage nicht dazu angetan, ein baldiges Ende fremdenfeindlicher und rechtsextremer Tendenzen zu vermuten. In der Diskussion wird häufig übersehen, daß anwachsende fremdenfeindliche Tendenzen zu einem europäischen Phänomen geworden sind. Das belegen nicht nur nationalistische Tendenzen in Osteuropa, brutal-kriegerische ethnische „Säuberungen" im zerfallenen Jugoslawien, sondern auch „wohlstandschauvinistische" Reaktionen in Westeuropa. Selbst in einer Wohlstands-Insel wie der Schweiz registriert ein offizieller Bericht des Bundesrats besorgniserregende fremdenfeindliche und rassistische Gewaltakte kleiner Gruppen, die sich weitreichender Sympathien in der Bevölkerung sicher sein können.[4]

In Deutschland ist Rechtsextremismus, sowohl im Hinblick auf Wahlen wie auch vor dem Hintergrund von militanten Ausschreitungen gegen Asylbewerberheime, zu einem gesamtdeutschen Problem geworden. Nach der kurzlebigen Euphorie über den Fall der Mauer und die Vereinigung der beiden Deutschlands sind die sozialen Verwerfungen schnell sichtbar geworden. Die soziale Ost-West-Spaltung und das unvermittelte Aufeinanderprallen unterschiedlicher kollektiver Erfahrungs- und Werthorizonte ist an die Stelle der Mauer getreten, der Umbruch in den neuen Bundesländern fordert Arbeitslosigkeit, Unterwerfung unter die westlichen Wertvorstellungen und weitreichende kollektive Orientierungsprobleme. Neuere Umfragen unter ostdeutschen Jugendlichen belegen wachsende, sich verfestigende und militanter werdende rechtsextreme Einstellungen insbesondere unter männlichen Jugendlichen.[5] Sie sind einer schwerwiegenden Transformation unterworfen: Sie müssen den Übergang von einer formierten und streng normierten Jugendphase zu einer konkurrenzorientierten individualistischen in kurzer Zeit bewältigen, ohne daß dafür ausreichende soziale und institutionelle Auffangstellen bereitstünden.[6] In den alten Bundesländern hingegen wächst der Unmut über finanzielle Dauerverpflichtungen in unabsehbaren Ausmaßen. Er trifft auf soziale Mentalitäten, nicht nur bei Jugendlichen, die von Sozialängsten, Bedrohungsgefühlen und Zukunftsangst geprägt sind. Bei dieser Konstellation werden Fremde, Zuwanderer, Flüchtlinge, Asylbewerber bloß noch als Störenfriede, wenn nicht als Sündenböcke wahrgenommen.

Nicht wenige Politiker der demokratischen Parteien setzen große Hoffnungen in die Änderung des Asylartikels 16 des Grundgesetzes. Doch die weltweiten Armutswanderungen und die Verpflichtung der zivilisierten europäischen Verfassungsstaaten, damit auf demokratische Weise umzugehen, kann durch die Änderung dieses Artikels nicht obsolet werden. Eine restriktive Asylpolitik ist in der Sache zweifellos geboten, doch die in diese Politik gesetzten Hoffnungen sind unberechtigt. Mehr noch: Wie das Beispiel der stärksten europäischen rechtsextremen Bewegung, der französische Front National, zeigt, werden die Rechtsaußen und ihr wachsender Anhang sich damit nicht zufrieden geben, sondern einen Schritt weiter gehen und die Beendigung der Einwanderung und die Rückführung der Ausländer verlangen.[7] Demokratische Politik muß sich auf diese längerfristig bevorstehenden Entwicklungen einrichten und Sorge dafür tragen, daß das Miteinander verschiedener Bevölkerungsgruppen auf demokratische Weise geregelt wird, denn das *Faktum* einer multikulturellen Gesellschaft in Europa ist längst irreversible Realität und nur um den Preis der Aufgabe von Demokratie umkehrbar. Das aber kann niemand wünschen, dem an einer liberalen, demokratischen und sozialstaatlichen Zukunftsperspektive gelegen ist.

Unter theoretischen Gesichtspunkten sind gegenwärtig zwei Entwicklungen absehbar. Erstens: Es zeichnet sich ein soziokultureller Umbruch ab, der durch die *Ethnisierung der sozialen Konflikte und des Politischen schlechthin* gekennzeichnet ist.[8] Sowohl von unten, in den Alltagserfahrungen und -orientierungen wie auch von oben, aus der Perspektive der politischen Akteure, sind ehedem sozialstrukturell definierte Probleme überlagert durch ethnische Deutungsmuster, die Interessenstrukturen ökonomisch definierter Gruppen werden überformt durch die vermeintlichen Interessen ethnisch ausgezeichneter Gruppen. Die sozialen Konflikte und sozialen Ungleichheiten werden überlagert durch die Transformation in Bilder der ethnischen Ungleichheit und Ungleichwertigkeit der Menschen. Das bedeutet in den real erfahrenen Alltagswelten wie auch in den medial mitgeprägten Deutungsmustern Polarisierungen zwischen ethnischen Gruppen, Denken, Fühlen und Handeln in ethnisch bestimmten Ab- und Ausgrenzungsmustern, die bis hin zu Freund-Feind-Kategorien reichen. Es scheint, als ob die untergegangenen Feindbilder der Ost-West-Blockkonfrontation sich zu neuen Feindbildern zusammensetzen, diesmal in der Nord-Süd-Konfrontation.

Die wachsende Kluft zwischen Arm und Reich innerhalb der Bundesrepublik, zwischen West- und Ostdeutschland und zwischen Europa und den Dritte-Welt-Ländern ist im Kern eine strukturell bedingte soziale Ungleichheit, die auf der Ungleichverteilung von Lebenschancen, materiellen und immateriellen Gütern, Bildungschancen und Statuszuweisungen basiert und zu weltweiten Wanderungsbewegungen führt.[9] Ursächlich ist also nicht einfach der Mangel an Ressourcen wie Arbeit, Wohnungen und Grundnahrungsmitteln, sondern ihre ungleiche und ungerechte Verteilung. Das hat tiefgreifende, nicht zuletzt ökonomische und finanzpolitische Ursachen im weltwirtschaftlichen Maßstab.[10]

Statt dessen aber wird von Politikern im Spannungsbogen zwischen Duldung und aktivem Vorantreiben in der Aufwertung der Asylproblematik zur Überlebensfrage des deutschen Volkes und erst recht von der sich formierenden rechten Protestbewegung die als solche unaufhebbare ethnisch-kulturelle Ungleichheit sowohl als Ursache für die Misere benannt wie auch zum Programm für die Zukunft erklärt. Wenn dem Publikum in Aussicht gestellt wird, weniger Asylbewerber seien gleichbedeutend mit der Wiederherstellung einer aus den Fugen geratenen innerstaatlichen Ordnung und zugleich besseren Lebenschancen für alle, so ist dies nicht nur ein fataler und möglicherweise folgenreicher Irrtum, sondern ein gefährlicher Verweis auf eine bestimmte soziale und ethnisch definierte Gruppe als Verursacher sozialer Krisen. Eine solche Ethnisierung des Politischen betrifft, wie die Asyldebatten zeigen, nicht nur den Kreis der Asylbewerber selbst. Die Folgen sind für alle hier lebenden Ausländer spürbar. Sie finden sich in der Rolle, (noch und bis auf weiteres) geduldet zu sein und gegenüber Deutschen allemal erst nachrangig Teilhaberechte anmelden zu dürfen.

Die Ethnisierung des Politischen geht an den tiefer liegenden strukturellen Ursachen der sozialen Ungleichheit sowohl in nationaler wie in international-weltwirtschaftlicher Hinsicht vorbei. Die Ethnisierung sozialer Konflikte beim Kampf um Wohnungen, Arbeitsplätze und finanzielle Ressourcen des Sozialstaats führt mit Notwendigkeit zu verschärften konkurrenten Sozialbeziehungen der Ethnien, zu sozialen Spannungen, gewalttätigen Ausbrüchen und zur faktischen Abwertung und Außerkraftsetzung von Grundrechten wie des Artikel 3 Absatz 3, der besagt: „Niemand darf wegen seines Geschlechtes, seiner Abstammung, seiner Rasse, seiner Sprache, seiner Heimat und Herkunft, seines Glaubens, seiner religiösen oder politischen Anschauungen benachteiligt oder bevorzugt werden“. Der dauerdiskutierte Artikel 16 steht zur

Disposition, daß Artikel 3 längst schon außer Kraft gesetzt zu sein scheint, wird kaum bemerkt, besser noch: es wird hingenommen. Wer also über die Änderung des Artikel 16 redet, darf vom Artikel 3 Absatz 3 nicht schweigen. Das Gleichheitsprinzip ist ein Essential jeder demokratischen Verfassung. Wird es eingeschränkt oder zurückgenommen, dann ist die Demokratie gefährdet. Hinter den kurzfristigen politischen Kalkülen der Bonner Parteien, die sich zu Recht Gedanken machen über die Aufnahmekapazitäten für Flüchtlinge vor Ort, in den Kommunen, stehen folglich gravierende Restriktionen der Demokratie. Mit anderen Worten: Wo pragmatische Lösungen gefordert sind, darf die Gefahr der Preisgabe substantieller demokratischer Essentials nicht übersehen werden. Diesen Zusammenhang zu mißachten, wird man der Bonner Politik des Jahres 1992 zum Vorwurf machen können.

Der Ethnisierung sozialer Ungleichheit wird man nur dadurch entgegentreten können, daß die ökonomischen Grundstrukturen, national wie international, wieder sichtbar werden. Das bedeutet die Anerkennung von Tatsachen wie die bestehende Ausbeutung der Dritten Welt durch die Erste einschließlich der sozialen Folgekosten. Es fehlt an einem geistig-politischen Klima, das Armutswanderungen als zwangsläufige Folge der Konsumstile der Industrieländer anerkennt. Es fehlt an einem geistig-politischen Klima, das den Kampf um Wohnungen und Arbeitsplätze als Verteilungskampf mit strukturellen Ursachen anerkennt, in dem die Widersprüchlichkeiten von Wohnungs- und Arbeitsmarkt die entscheidenden Bestimmungsgrößen sind, nicht aber die Höher- oder Minderwertigkeit der Hautfarbe und der Herkunft. Armutswanderungen sind nicht Ursachen der Misere, sondern deren Folgewirkungen. Es fehlt an einem geistig-politischen Klima, in dem Armutswanderungen als Folgeerscheinung von weltwirtschaftlich bedingten Ausbeutungsverhältnissen gesehen werden.

Zweitens: *Verschärft wird der Umbruch, die Ethnisierung des Politischen und der sozialen Konflikte, durch die Formierung des Protests von rechts als einer sozialen Protestbewegung.* Wir haben es heute nicht mehr, wie noch bis in die achtziger Jahre, mit einer politischen Subkultur von Außenseitern und Ewiggestrigen zu tun, die auf breite Ablehnung in der Mehrheitsgesellschaft stößt und in ihrem abgeschotteten politisch-sozialen Ghetto verbleibt. Verschiedene Anzeichen deuten darauf hin, daß nach der Studentenbewegung der sechziger, der Friedens- und Ökologiebewegung der siebziger und den „neuen sozialen Bewegungen“ der achtziger Jahre nun eine neue, gänzlich andersartige, von rechts kommende soziale Bewegung ihren Anfang nimmt. Diese Anzeichen sind:

- ein populistisches Aufgreifen von Alltagsinteressen und eine weithin akzeptierte Thematik (Ausländer, innere Sicherheit, nationale Identität)
- die Existenz mehrerer rechtsintellektueller Gruppierungen außerhalb der Universitäten, die Impulse der Weimarer „konservativen Revolution", geistesgeschichtliche Traditionen zwischen Carl Schmitt, Moeller van den Bruck und Ernst Jünger zum Programm erhebt
- eine partielle, bisweilen terroristische Militanz am Rande (nicht im Zentrum) der Bewegung
- eine beachtliche Breitenwirksamkeit, die in der Lage ist, die politische Klasse in die argumentative Defensive zu drängen
- dezentrale Strukturen
- die Selbststilisierung als einzige wahre Opposition
- ein „linker" Gegner, dessen Kräfte in jeder Hinsicht historisch erschöpft zu sein scheinen
- eine vergleichsweise breite, aktivistische Beteiligung von Jugendlichen mit einer sich ausprägenden jugendspezifischen Subkultur (Skin-Bands und -zeitschriften, expressive Selbstdarstellungsrituale)[11]
- eine romantisch-irrationale, dem vernünftigen Diskurs kaum zugängliche politische Religiosität, Botschaft statt Programm
- internationaler, zumindest europaweiter Gleichklang mit ähnlich strukturierten sozialen Bewegungen.

Sollte sich die Vermutung bestätigen, daß es sich um den Anfang einer sozialen Bewegung handelt, so werden Konzessionen, etwa in der Asylfrage, die Dynamik der Bewegung nicht bremsen, sondern eher vorantreiben. Die bevorstehende Änderung des Asylrechts ist auch ein sichtbarer und folgenreicher Erfolg des Protests von rechts. Aus umfangreichen Untersuchungen über Entstehung und Verlauf sozialer Bewegungen wissen wir, daß deren Ende in aller Regel gegeben ist mit ihrer Institutionalisierung.[12] Das war bei der Studentenbewegung so und das ist bei den Grünen nicht anders. Eine wie immer geartete, über die Änderung des Asylrechts hinausgehende Institutionalisierung des gegenwärtigen Protests von rechts hätte allerdings fatale, demokratiegefährdende Folgewirkungen.

Vor diesen komplexer werdenden Hintergründen schien es nicht ratsam, eine unveränderte zweite Auflage vorzulegen. Deshalb wurde der Text an vielen Stellen aktualisiert, der neuere wissenschaftliche Diskussionsstand wird berücksichtigt, der grundlegende Interpretationsrahmen wurde fortentwickelt.

Die erste Auflage des vorliegenden Buches entstand vor meiner Zeit am Frankfurter Institut für Sozialforschung. Während der Arbeit an der überarbeiteten 2. Auflage hatte und habe ich kontinuierlich Gelegenheit zur Diskussion über „Fremdenfeindlichkeit" mit den Kolleginnen und Kollegen am Institut. Dafür schulde ich Ihnen Dank. Natürlich sind sie nicht verantwortlich für das, was ich aus ihren Anregungen gemacht habe.

Frankfurt, im Oktober 1992 Hans-Gerd Jaschke

Einleitung

Rechtsextremisten und -populisten profitieren von einfachen Antworten auf schwierige, komplexe Fragen. Mit griffigen Parolen, Schwarz-Weiß-Mustern und rigide-autoritärem politischem Stil sollen die Defizite von Politik und Gesellschaft behoben werden. Umgekehrt wäre es vermessen, die Renaissance der Rechten nach dem gleichen Strickmuster erklären zu wollen. Es gibt keine „einfachen" Antworten auf die Frage, warum die politische Rechte in den Aufwind geraten ist. Handelt es sich überhaupt um ein Wiederaufleben oder nur um ein Strohfeuer, ein Wiederaufflackern antidemokratischer Ideen? Vor den möglichen Antworten und Erklärungen müssen weitere Fragen aufgeworfen werden: Reichen die gängigen Erklärungsvorschläge aus? Sind die „Republikaner" letztlich ein Problem der Union? Entsteht Rechtsextremismus nicht vielmehr aus der Mitte der Gesellschaft, aus Bindungs- und Orientierungsproblemen des kleineren Teils der „Zwei-Drittel-Gesellschaft"? Ist Rechtsextremismus eine Folge verfehlter Modernisierung? Produzieren unverarbeitete Individualisierungsschübe der modernen Gesellschaft den Wunsch nach Geborgenheit und Überschaubarkeit im hierarchisch aufgebauten starken Staat? Läßt sich wieder „Gemeinschaft" gegen „Gesellschaft" ausspielen? Ist der moderne Rechtsextremismus der Gegenentwurf zum Faktum und zum Projekt der „multikulturellen Gesellschaft"? Oder handelt es sich am Ende um einen Prozeß einer wenig dramatischen Normalisierung im europäischen Maßstab, um das Einpendeln einer parlamentarischen Rechten analog zur Linken am Ende der Nachkriegszeit? Ist das mit der Brüchigkeit des Unions-Lagers einhergehende Anwachsen der Rechten ein ähnlicher Vorgang wie die Krise der SPD und der Aufstieg der GRÜNEN zehn Jahre zuvor?

Über die „Republikaner" ist manches gesagt und geschrieben worden. Einiges vorschnell und plakativ, mehr den eigenen politischen Interessen dienstbar denn vernünftiger Analyse, manches aber auch durchaus einleuchtend. Allein 1989 sind sechs Bücher erschienen, die sich ausschließlich oder doch überwiegend mit den „Republikanern" beschäftigen – neben zahllosen mehr oder weniger klarsichtigen Zeitungsartikeln, Hörfunk- und Fernsehbeiträgen und einigen wissenschaftlichen Aufsätzen.

Das öffentliche Interesse am Problem „Rechtsextremismus“ unterliegt stärker dem Auf und Ab der schnellebigen Trendsetter und Meinungsmacher als andere Themen. Nicht zuletzt darin zeigen sich Nachwirkungen der nationalsozialistischen Vergangenheit. Dramatisierung und Ignoranz liegen dicht beieinander. Ende 1990 verschwinden die „Republikaner“ aus den Medien, nicht wenige politische Beobachter halten die Partei nach einigen Mißerfolgen bei Wahlen und andauernden internen Querelen für politisch erledigt. Erst die Wahlerfolge im Frühjahr 1992 in Baden-Württemberg und bei den Berliner Bezirkswahlen im Kontext wachsender fremdenfeindlicher Stimmungen bescheren der Partei einen massenkommunikativen Paukenschlag und ein Comeback auf der politischen Bühne. Die öffentliche Debatte über die Partei setzt wieder ein, diesmal intensiver und anhaltender noch als im Frühjahr 1989.

Wozu also *noch* ein Buch, zumal eines, das nicht wissenschaftlich-erschöpfend abhandelt, auch nicht essayistische Denkanstöße für den Zeitgeist liefert, das kaum dokumentiert und auch nicht polemisierend in die Debatte eingreift? Wird hier nicht ein unliebsames Phänomen herbeigeredet und -geschrieben, das die meisten wohl lieber wieder in die sektenhaften Randzonen der Öffentlichkeit verbannen würden?

Der wichtigste Anstoß zu diesem Buch ist die Überzeugung, daß die längerfristige inhaltlich-politische Auseinandersetzung mit rechtsextremen Phänomenen, die über den Tag hinausreicht, wieder das Gebot der Stunde ist. Im Protest von rechtsaußen äußern sich offene und untergründige fundamentalistische Strömungen, die im Begriff sind, die sozialen Milieus einer gespaltenen „Zwei-Drittel-Gesellschaft“ längerfristig zu ergreifen. Deshalb geht es nicht nur um die Schönhuber-Partei. Sie ist nur Indikator, Alarmzeichen und Signal für die Brüchigkeit von Demokratie, Liberalität und Sozialstaat in dieser Gesellschaft. Insofern ist die rudimentäre, kaum etablierte sozialwissenschaftliche Rechtsextremismus-Forschung weder Spezialdisziplin noch Geheimwissenschaft für Insider, sondern immer auch Nachdenken über den Zustand und die Realentwicklung von Gesellschaft, Demokratie und politischer Kultur. Wenn, wie Gerhard Paul hervorhebt, „Hitlers Schatten verblaßt“,[13] gilt es den neuen Empfindungen nachzuspüren, den gesunkenen Hemmschwellen nach rechts, gilt es Fragen zu stellen, ob und warum eine Partei wie die „Republikaner“ eine Gefahr für die Demokratie bedeutet.

Die „Republikaner“, bekennt die ehemalige stellvertretende Berliner Landesvorsitzende Alexandra Kliche, „sind rechts von der CDU, und die NPD befindet sich wiederum rechts von den REPs. Sie vereinigen ehemalige CDU-Mitglieder mit NPD-Anhängern. Ein wildes Gemisch, bei dem keiner mehr die Konservativen von den Rechtsextremen unterscheiden kann. Auf diese Weise wird der Rechtsextremismus legalisiert. Nein, er ist sogar schon legalisiert".[14] Dieses „wilde Gemisch" bedarf der kontinuierlichen Aufmerksamkeit, denn: Die Mixtur ist heute wesentlich stärker verdichtet, sie hat mehr Ingredienzien als noch vor gut zwanzig Jahren beim Aufstieg der NPD. Golo Mann hatte seinerzeit die zwei Gesichter, die zwei Hände der NPD beschrieben als „Krallenhand", in der sich „waschechte alte Nazis" sammeln, die überzogen sei vom „Samthandschuh": „Man ist national, aber nicht nationalistisch, nicht faschistisch, nur konservativ".[15] Die „Republikaner" heute sind keine Tarnfirma alter Nazis, obwohl uns der Geist der „Ewiggestrigen" auf den Schönhuber-Versammlungen überall entgegentritt, obwohl die Partei eine starke Sogwirkung auf die traditionellen Rechtsaußen-Parteien ausübt und personell von ehemaligen DVU- und NPD-Funktionären durchsetzt ist. Hier mischen sich völkische und nationalistische, deutschtümelnde und christlich-konservative Strömungen mit dem „gesunden Volksempfinden" zu jenem „wilden Gemisch", das vor allem im Jahr 1989, bevor die Union die Meinungs- und Handlungsführerschaft in der nationalen Frage an sich zog und dominierte, für Aufregung gesorgt hat. Die nationale Woge nach der Öffnung der Berliner Mauer am 9. November 1989, von der „Bild-Zeitung" bis zum „Spiegel", von Helmut Kohl bis Walter Momper, verdrängte Fragen nach Unterschieden, Gemeinsamkeiten, Schnittmengen zwischen dem neo-nationalistischen Zeitgeist der Wiedervereinigungs-Apologeten und der extremen Rechten. Haben es diese nicht immer schon gewußt, was jene jetzt beschwören: „Ein einig Vaterland" sei das Gebot der Stunde? Ist es nicht Wasser auf die Mühlen jener, für die immer schon „Volk" und „Vaterland" die zentralen politischen Kategorien waren und sind? Die Themen des alten Rechtsextremismus sind längst aus dem politischen Abseits auferstanden und haben die Bühne der Mehrheitskultur betreten. Ihre Programme, Aussagen, Deutungen und ihr politischer Stil sind heute nicht mehr historischer Anachronismus, sondern Tagesgespräch. Was lange in den abgeschiedenen Zirkeln der Ewig-Gestrigen gehandelt wurde, steht heute auf der Tagesordnung: Umgang mit Ausländern, Einwanderern, Asylbewerbern, nationale Identität, deutsche Frage, Niedergang des östlichen Sozialismus ohne Wenn und Aber. Angesichts solch gravierender Umbrüche reichen die alten, in der Auseinandersetzung mit dem Aufstieg des Nationalsozialismus gewonnenen Einsichten nicht mehr aus, um dem „Republikaner"-Phänomen näherzukommen. Das hat die Mehrzahl der bisherigen Analysen und Einschätzungen deutlich gemacht.[16] Faschismus entsteht nicht mehr als Bündnis einer

NS-Massenbewegung mit dem großen Geld im Rahmen einer tiefgreifenden, auf absolute Verarmung kleinbürgerlicher und Arbeiterschichten hinauslaufenden Wirtschaftskrise. Das Wissen um solche Zusammenhänge ist nicht überflüssig, aber es bietet keine zureichende Grundlage, um in einer Situation des politischen und gesellschaftlichen Umbruchs verläßliche Analysen vornehmen zu können.

In diesem Buch ist von zwei Seiten derselben Medaille die Rede: von der Partei „Die Republikaner" und vom „Republikaner"-Phänomen. Damit bezeichne ich jene geistig-politische Gemengelage, in der Grundgedanken von rechtsaußen und rechtsdraußen – in wie auch immer veränderter und zurechtgeschliffener Weise – zunehmend Eingang finden in die Überlegungen und Stimmungen der politischen Mehrheitskultur. Das gilt nach „Hoyerswerda" vor allem für den Umgang mit Fremden, Ausländern, Minderheiten, aber auch für die parteiübergreifende nationalistische Trunkenheit nach der Öffnung der Mauer am 9. November 1989, wo rationale Deutschlandpolitik und Deutschtümelei, vernünftige Lösungsperspektiven für ökonomisch-soziale Probleme in der DDR und Wiedervereinigungstaumelei kaum mehr entwirrbar waren, wo wohlbegründete mahnende Argumente wie etwa die von Günter Grass[17] sich kaum mehr Gehör verschaffen konnten. Eine bedeutsame Facette des „Republikaner"-Phänomens sind die zunehmenden, vor allem von Konservativen lautstark und nachdrücklich vorangetriebenen Forderungen nach tabula rasa: Das Ende der Nachkriegszeit ist verkündet, die Karten sollen neu gemischt werden, das Dritte Reich und seine Folgen sollen ausgesperrt werden aus der nationalen Bewußtseinslage. „Schluß mit der Vergangenheitsbewältigung" ist allerorts zu vernehmen. Bedeutet das, aus der Geschichte ist nichts zu lernen, moralische, politische und soziale Verpflichtungen des Wendepunktes vor und nach 1945 über Bord kippen, historisch-politische Verantwortung außen vor lassen?

Wo ansetzen, wo sich neu orientieren? An die Stelle alter faschismustheoretischer Erkenntnisse ist eine Reihe neuer Interpretationsvorschläge getreten. In den oben aufgeworfenen Fragen werden sie angedeutet. Hier geht es darum, sie zu bündeln, zu verarbeiten und zu gewichten. Dies geschieht nicht in der üblichen Form einer wissenschaftlichen Debatte, sondern in der Betonung eines zentralen Zugangs, in den die neuere Diskussion eingebettet werden muß: Es geht um eine Erklärung, die ganz wesentlich auf historisch-politische Zusammenhänge achtet, die versucht, Entwicklungen aufzuzeigen, Kontinuität und Diskontinuität zu beachten. Sie muß im Zusammenhang gesehen werden mit zeitgeschichtlichen, organisationssoziologischen, ideengeschichtlichen, gesellschaftstheoretischen, wahlsoziologischen und nicht zuletzt demokratietheoretischen Überlegungen.

Die öffentliche Debatte lebt zu sehr von der mediengerechten, zahlenförmigen, zu bequemen und zu einfachen Betrachtung von Umfrage-Ergebnissen. Erkenntnisse über Umfang und Struktur der „Republikaner"-Wähler sind zwar wichtiger, unabdingbarer Bestandteil zur Klärung der rechten Renaissance. Für sich genommen erkären sie freilich gar nichts und ihre Übergewichtung in der veröffentlichten Meinung geschieht oftmals um den Preis eines Verzichts auf – freilich nicht so griffige, zahlenförmige – historisch-politische Zusammenhänge. Mit anderen Worten: Wer sich um die „Nachfrage" nach rechts kümmert, darf die „Angebote" aus dieser Richtung nicht übersehen, wer diese vernachlässigt, wird jene nicht erklären können. Ich greife damit auf Vorarbeiten zurück, die diesen Aspekt hervorgehoben haben,[18] fühle mich aber durch etwas anderes noch in dieser Konzeption bestärkt. Die „Republikaner" haben nicht nur großes Interesse bei den Medien gefunden, sondern auch die wissenschaftlichen Debatten neu entfacht und die politische Bildungsarbeit stimuliert.

Die „Republikaner" und das „Republikaner"-Phänomen – das sind überaus vielschichtige Entwicklungstendenzen. Eine auch nur einigermaßen angemessene Betrachtungsweise erfordert das Einbeziehen unterschiedlicher Blickwinkel und Zugänge. Ich halte nichts davon, die Dinge unzulässig zu vereinfachen. Offenheit und Sensibilität erscheinen mir wichtiger als schnelle Antworten und Patentrezepte. Ebensowenig halte ich von akademischen Vogelperspektiven, für die alles nur ein Symptom der Krise des Kapitalismus oder der Moderne ist, oder die mit dem wieder in Mode gekommenen, alles und nichtssagenden Begriff Rassismus oder Neo-Rassismus meinen, sich nicht mit der Sache selbst beschäftigen zu müssen. Teil I gibt einen knappen, gedrängten Überblick über die politisch-historischen Rahmenbedingungen und Hintergründe. Die Entwicklung des organisierten Rechtsextremismus, seine Dynamik und Struktur, darüber hinaus die Tradition der heute fast vergessenen kleinen national-konservativen Rechtsparteien der fünfziger Jahre könnte man als das primäre politisch-historische Wurzelgeflecht bezeichnen. Ohne diese Zusammenhänge kann das „Republikaner"-Phänomen nicht wirklich begriffen werden. Andererseits reichen sie zu seinem Verständnis nicht aus. Die Anstöße des französischen Front National nach einer Serie von anhaltenden Wahlerfolgen seit 1983 und der Neuen Rechten um Alain de Benoist sowie die Impulse des Rechts- und Neokonservatismus und die Kräfteverschiebungen auf Seiten der politischen Rechten konturieren dieses Geflecht und eröffnen die Möglichkeit einer neuen Rechts-Partei. Sie wird begünstigt durch gesellschaftliche Entwicklungen: die Aktivierung autoritär-nationalistischer Einstellungs- und Wählerpotentiale im Rahmen der „Zwei-Drittel-Gesellschaft“ und eine Modernisierungskrise, deren Konturen es nachzuzeichnen gilt. Teil II gibt einen Überblick über die Geschichte der „Republikaner“ im Spannungsfeld von politischer Eigendynamik und gesellschaftlichen Reaktionen. Teil III analysiert das Programm der Partei, wobei es mir wichtig scheint, Texte nicht beim Nennwert zu nehmen, sondern die Legalitätsstrategie der Partei zu berücksichtigen und darauf hinzuweisen, wie die Programme zu lesen sind. Teil IV stellt Adressaten- und Zielgruppen einerseits und die Resonanz der Partei bei Wahlen andererseits vor. Teil V gibt Hinweise darüber, wie politische und gesellschaftliche Organisationen bisher mit den „Republikanern“ umgehen, und versucht zu zeigen, inwieweit Organisationen und Institutionen am „Republikaner“-Phänomen so oder so beteiligt sind. Teil VI schließlich resümiert die Befunde und stellt Thesen zur Diskussion.

I. Historisch-politische Hintergründe, Zugänge

1. Traditionen: Die Entwicklung des organisierten Rechtsextremismus in der Bundesrepublik[19]

Zum Verständnis des „Republikaner"-Phänomens ist ein Blick auf seine historisch-politische Verwurzelung in der deutschen Nachkriegsgeschichte unerläßlich. Nach dem SRP-Verbot 1952 und dem Höhenflug der NPD 1966 bis 1969 handelt es sich gegenwärtig um die dritte Welle rechtsextremistischer Wahlerfolge. Der relative Erfolg organisierter Politik rechtsaußen erfolgte bisher immer in Wellenbewegungen, im Auf und Ab. Wenn wir von einer gegenwärtigen, dritten Welle sprechen, so impliziert dies auch ein absehbares Ende. Doch da sind Zweifel angebracht. Gewiß könnte der Höhenflug der rechtsextremen Parteien ein Ende finden, doch es scheint, als ob die eigentlichen Antriebskräfte auf absehbare Zeit, für den Rest dieses Jahrhunderts, keineswegs erlahmen werden: Es sind, wie im Vorwort bereits angesprochen, die Ethnisierung der sozialen Beziehungen und der Politik sowie die Formationsprozesse einer sozialen Protestbewegung von rechts. Wenn nicht alles täuscht, dann werden diese untergründigen Antriebskräfte auf lange Zeit fortbestehen, und es ist Aufgabe der Politik, damit auf demokratische Weise umzugehen. Dennoch ist zum Verständnis der aktuellen Entwicklungen ein Blick auf die historischen Erfahrungen der Nachkriegsjahrzehnte nützlich. So gesehen gilt es zu vergegenwärtigen: Was waren die Voraussetzungen der ersten beiden Wellen, worin lagen die Gründe für parlamentarischen Aufstieg und Niedergang der Rechtsaußen-Parteien? Lassen sich daraus Hinweise für die gegenwärtigen Entwicklungen entnehmen? Wo liegen Kontinuitäten, wo Brüche und neuartige Erscheinungen? Eine solche Fragen-Perspektive erscheint mir unabdingbar zum Verständnis der „Republikaner" als Mitglieder- und Wählerpartei ebenso wie als gesellschaftliches Phänomen, denn nur so kann eine historisch-politisch zuverlässige Verortung herausgearbeitet werden jenseits von Verharmlosung und Dramatisierung. Beginnen wir mit einem kurzen Überblick über die politischen Grundauffassungen rechtsaußen nach 1945. Beklagt wird zum damaligen Zeitpunkt der durch den Ausgang des Krieges bedingte Verlust von nationaler Identität und Souveränität. Die sowjetisch-amerikanische Hegemonie führe zu politischen und kulturellen Abhängigkeitsverhältnissen. Ausgang und Folgen des Zweiten Weltkrieges beruhten auf einer Verschwörung der Alliierten („Siegerjustiz“), um eine dauerhafte Unterdrückung des deutschen Volkes sicherzustellen. Beschönigungen der Verbrechen des NS-Regimes und das über Jahrzehnte konservierte Festhalten am Reichs-Mythos prägen das Selbstverständnis der deutschen Rechten, haben aber auch zu ihrer Isolierung beigetragen. Sie gibt dem Volks-Mythos freilich noch eine spezifisch rechtsextreme Wendung unterhalb der geopolitischen Welt-Deutung, indem sie den völkischen Organismus infiziert und bedroht sieht durch den Zustrom von Ausländern und nicht-deutschen kulturellen Werten. Ihre Fremdenfeindlichkeit begründet sie mit Eugenik und Biopolitik, durchsetzt von rassistischen Beiklängen. Die Ent-Mischung der Völker ist für sie traditionellerweise Voraussetzung für die „Volksgesundheit“.

Die Zeitgeschichte nach 1945 wird verstanden als Periode der umfassenden Dekadenz. Familie, Kultur, Moral und Tugenden sind in ihren Augen „überfremdet“ durch amerikanisch-westlichen Kulturimperialismus, sozialistische „Gleichmacherei“ und den Zustrom von Ausländern aus dem süd- und außereuropäischen Raum. Die extreme Rechte postuliert auch auf der Ebene des politischen Alltags eine „Haltung“: Intoleranz gegenüber dem Fremden, Aneignung und Verwendung „deutscher“ Kulturgüter sowie permanenter Manipulations- und Verschwörungsverdacht gegenüber der demokratischen politischen Kultur gehen einher mit moralischem Rigorismus und bedingter Militanz. Entgegen taktisch motivierter Bekenntnisse gilt die Demokratie in weiten Teilen der extremen Rechten in der Substanz als „widernatürliche“ Form der Interessenartikulation, weil sie dem naturhaft-organischen Denken zuwiderläuft. Die repräsentative Demokratie unterwirft politische Entscheidungsträger durch Wahlen einem abgestuften System der Kontrolle und Legitimation, während das organische Staatsverständnis elitär und sozialdarwinistisch an der Herausbildung von Führungsschichten aus sich selbst heraus festhält. Offene Bekenntnisse zum Führer-Prinzip sind aufgrund der personellen Assoziation mit Hitler und dem zu befürchtenden Einschreiten der politischen Justiz selten. Praktisch stoßen sie jedoch auf breite Zustimmung.

Die politische Programmatik der extremen Rechten nach 1945 verbindet „Weltanschauung“ und politische Grundauffassungen zu Interpretationsmustern des politischen Tagesgeschehens. Objektiv zielen sie nach wie vor darauf ab, in längerfristiger Weise den erreichten Zustand von Liberalisierung und Demokratisierung der Gesellschaft rückgängig zu machen. Nicht nur, aber auch in diesem Punkt zeigen sich Nahtstellen zu konservativen Orientierungen. Mit wachsender zeitlicher Distanz zur „Epoche des Faschismus“ (Nolte) und mit dem Heranwachsen einer neuen, biographisch unbelasteten Generation zeichnet sich ein bemerkenswerter Wandel ab: Seit dem Scheitern der NPD Anfang der siebziger Jahre verstärken sich die Bemühungen rechtsaußen, den Ausgrenzungsmechanismen der politischen Kultur zu entgehen, durch Legalitätstaktik, Programmdebatten und Theoriearbeit zu einem populistischen, konservative Elemente aufgreifenden Konzept zu kommen, das auch bei Wahlen konsensfähig ist. Vor diesem Hintergrund haben die Wahlerfolge der Rechtsaußen-Parteien seit 1989 längerfristige historische Ursachen. Betrachten wir nun diese Entwicklungen im realhistorischen Zusammenhang der deutschen Nachkriegsgeschichte.

Die Gründung der Bundesrepublik und die Verabschiedung des Grundgesetzes bedeuten einen Bruch mit der NS-Vergangenheit auf der Ebene von Verfassung und rechtsstaatlichen Institutionen. Dieser Wandel ist jedoch nicht gleichbedeutend mit dem unmittelbaren Bruch der politischen Kultur, den Einstellungen der Bevölkerung, ihren Traditionen und Orientierungen. Kontinuitäten zeigen sich nicht nur in der kapitalistischen Wirtschaftsform und in der ausgebliebenen Entnazifizierung bei Ärzten, Juristen und Teilen der Wirtschaft, sondern auch im Fortwirken organisierter rechtsextremer Einstellungen und Ideen. Unter den Bedingungen alliierter Besatzungsherrschaft sind es zunächst Kultur- und Hilfsorganisationen, die in vielfältiger Weise den alten Ungeist fortsetzen. Das 1950 gegründete, vorpolitische „Deutsche Kulturwerk Europäischen Geistes“ (DKEG) umfaßte unter seinem Vorsitzenden, dem ehemaligen Reichsfachschaftsleiter für Lyrik in der Reichsschrifttumskammer, Herbert Böhme, NS-nahe Literaten wie Kolbenheyer, Vesper, Blunck und andere. Das DKEG und andere Zusammenschlüsse, wie etwa seit 1949 die „Hilfsgemeinschaft auf Gegenseitigkeit der ehemaligen Waffen-SS“ (HIAG), Zeitschriftenkreise – wie seit 1951 der um die eurofaschistische „Nation Europa“ – agitierten gegen die Entnazifizierung, heroisierten den deutschen Soldaten und suchten Berührungspunkte zu konservativen Gruppierungen. Sie boten den in den Nürnberger Kriegsverbrecherprozessen Verurteilten und deren Anghörigen materielle und ideelle Hilfen und versuchten so, ein Netzwerk von Kontakten, Beziehungen, Ideen und Strategien aufzubauen. Offene Bekenntnisse zum Nationalsozialismus wurden zwar vermieden, doch prägten völkisches und nationalistisches Denken, zentriert um die Reichsidee, den Versuch, die ‚guten‘ Seiten des Dritten Reiches zu rehabilitieren. Schon bald entstanden Strukturen einer rechten „Szene“, die durch Lager-Mentalität, Durchhalteparolen und Mythen von Verfolgung und Entrechtung der eigenen Klientel und des ganzen deutschen Volkes geprägt sind. Hier wurden die ersten organisatorischen Infrastrukturen geschaffen und stabilisiert.

Träger sind in erster Linie ehemalige Mitglieder der NSDAP, die zu retten suchen, was zu retten ist. Aber junge Leute stoßen zu diesen Zirkeln. Anfang der fünfziger Jahre entstand eine Gründungswelle rechtsextremer Jugendgruppen zwischen NS-Traditionalisten und Rechtsbündischen aus der Weimarer Zeit: Jugendbund Adler, Wiking-Jugend, Unitarische Jugend und viele andere Initiatoren sind ehemalige HJ-Funktionäre und NS-Aktivisten, aber auch ältere Mitglieder der Weimarer völkisch-nationalistischen Bünde aus der Zeit der bürgerlichen Jugendbewegung.[20] Herausragend auf der Parteien-Ebene ist die Sozialistische Reichspartei (SRP) um den Generalmajor a.D. Otto-Ernst Remer, der als Angehöriger des Wachbataillons mitgeholfen hatte, das Attentat auf Hitler am 20. Juli 1944 niederzuschlagen und sich dieser Tat auch später noch rühmte.[21] Von Leuten dieses unbelehrbaren Kalibers getragen, erzielt die SRP mit einem ganz offen nazistischen Programm eine Reihe spektakulärer Wahlerfolge: elf Prozent bei der niedersächsischen Landtagswahl 1951 und zehn Prozent bei verschiedenen Bundestags-Nachwahlen Anfang 1952. Daraufhin wird sie auf Antrag der Bundesregierung vom Bundesverfassungsgericht 1952 verboten.

Im Zuge des SRP-Verbots wurden Anfang 1953 zahlreiche weitere rechtsextreme Gruppierungen von den Innenministerien aufgelöst. Die erste Welle des Nachkriegs-Rechtsextremismus wurde damit durch eine spektakuläre Verbotspolitik beendet. Die Annahme, Verbote hätten das Zurückdrängen der extremen Rechten aus den Parlamenten letztlich bewirkt, ist jedoch verfehlt. Hinzu kommt, und dies erscheint weitaus schwerwiegender, die Integrationspolitik des „Bürgerblocks" (Richard Stöss) unter Führung von CDU/CSU. Auf sozialpolitischer Ebene gelingt die Integration von zehn Millionen Flüchtlingen aus den ehemaligen deutschen Ostgebieten und auch derjenigen Gruppen, die nach Kriegsende den Anschluß verpaßt hatten – unter Bedingungen relativ geringer materieller Anspruchsniveaus und eines einsetzenden konsumorientierten „Wirtschaftswunders". Die Politik des bürgerlich-konservativen, die Vertriebenen-Verbände einschließenden Teils der Union, ein nationalliberaler Kurs der FDP und die Re-Integration NS-belasteter Personen in Wirtschaft und Staatsdienst nach einer gescheiterten Entnazifizierung taten ein übriges, um der extremen Rechten eine breite soziale Basis zu entziehen. Was jedoch blieb, hat Alexander Mitscherlich „Die Unfähigkeit zu trauern" genannt: Entpolitisierung der „Ohne-mich-Generation", ausgebliebene Trauerarbeit, kollektive Verdrängung der Vergangenheit. Die rechtsextreme Szene, aus den Parlamenten herausgedrängt, strickte weiter an ihren Beziehungsnetzen, subkulturellen Lager-Bildungen und dem Warten auf bessere Zeiten. Die organisatorischen Infrastrukturen freilich blieben, öffentlich wenig beachtet, weiter intakt.

Die zweite Welle, zwischen 1964 und 1969, ist gekennzeichnet vom parlamentarischen Höhenflug der NPD. Der Einzug dieser Ende 1964 als Sammlungsbewegung der alten Rechten um die Deutsche Reichspartei (DRP) gegründeten Partei in sieben Länder-Parlamente zwischen 1966 und 1969 und ihr nur knappes Scheitern bei der Bundestagswahl 1969 (4,3 Prozent) raubten der ungefestigten Gesellschaft der Bundesrepublik die Illusion, mit dem Flügelschlagen von rechts habe es ein Ende. Die Rezession 1966/67, noch vor der Ölkrise 1973/74 erstes Anzeichen für die Brüchigkeit der Parole „Wohlstand für alle", die Werte-Krise und der politische Generationen-Konflikt im Zusammenhang der auf Reformen drängenden Außerparlamentarischen Opposition (APO) und die mit der Großen Koalition von CDU/CSU und SPD 1966 verbundene praktische Ausschaltung der parlamentarischen Opposition sind die entscheidenden äußeren Bedingungsfaktoren, die den Aufstieg der NPD begleiten. Weite Teile der Unions-Wählerschaft verübelten ihrer Partei das Zusammengehen mit den Sozialdemokraten und glaubten, in der NPD eine Wahl-Alternative von rechts gefunden zu haben. „Man kann wieder wählen" lautete die NPD-Wahlkampfparole 1966 – mit der gleichen Parole treten die „Republikaner" seit 1989 vor die Wähler.

Zwischen 1966 und 1969 werden in dynamischer Form Techniken gegen rechts angewandt, die auch heute zur Diskussion stehen: Gegendemonstrationen, Enthüllungsjournalismus, Verbotsdrohungen und Forderungen nach Einbindung der NPD in Koalitionen. Seinerzeit erhob Golo Mann diese Forderung, 1989 wollte der rheinland-pfälzische Ministerpräsident Wagner Koalitionen mit den „Republikanern" ebensowenig ausschließen wie CDU-Rechtsaußen Heinrich Lummer. Die Wirkung solcher Strategien ist nur schwer abzuschätzen. Tatsächlich scheinen andere Gründe maßgeblich für das Verschwinden der NPD aus den Landesparlamenten nach 1969.

Die sozialliberale Koalition unter Willy Brandt und Walter Scheel setzte ab 1969 verstärkt auf Aussöhnung mit den östlichen Nachbarn. CDU und CSU, jetzt in der Opposition, begegneten der neuen Entspannungspolitik mit revanchistischen und nationalistischen Untertönen, die sich wenig von denen der NPD unterschieden. Auf einem weiteren Gebiet verfolgten sie die Strategie der Themen-Besetzung. Sie setzten gegen die Studentenbewegung, das linksliberale Reformklima in Justiz, Publizistik und Bildungseinrichtungen und gegen den einsetzenden Terrorismus der Rote-Armee-Fraktion (RAF) auf die gleichen Recht-und-Ordnung-Parolen, auf den gleichen Ruf nach dem „starken Staat" wie auch die NPD, und sie bekämpften das sozialliberale Reformklima einschließlich seiner kulturellen Innovationen[22] mit ähnlich konservativ-autoritärer Attitüde wie die NPD. Auf diese Weise entzog die Union der extremen Rechten einmal mehr ihr Wählerpotential und schaffte eine Bündelung der Opposition von rechts in den Reihen der Union.

Der NPD gelang es nicht, dieses Austrocknen unbeschadet zu überstehen. Ab 1971 zerbricht die Partei an inneren Auseinandersetzungen, zerfasert in Abspaltungen deutschnational-reaktionären Zuschnitts (DVU-Gründung 1971) und jugendlich-neonazistischer Kreise (Aktion Neue Rechte, „Volkssozialistische Bewegung" u.v.a.m.) und existiert bis Mitte der achtziger Jahre als mehr oder weniger bedeutungslose Splitterpartei der alten Rechten. Politisch bedeutungslos fungiert sie aufgrund ihrer gefestigten Organisationsstrukturen und Beziehungsnetze mehr und mehr als Sammelbecken und „Durchlauferhitzer" für militante jugendliche Neonazis. Öffentlich diskreditiert, personell überaltert, mit allzuviel Ballast der Ewiggestrigen versehen, hat sie ihre Strukturprobleme erst in den letzten Jahren abtragen können. Der NPD-Aufstieg 1966 bis 1969 war das letzte Aufbäumen der Altvorderen, der NS-Aktivisten, der Ewig-Gestrigen. Sie verschwinden ab etwa 1971 von der politischen Bühne und machen Platz für die jüngere Generation, die nun ihrerseits Jüngeren Platz macht. Der Rücktritt des langjährigen Vorsitzenden Mußgnug Ende 1990 steht symbolisch für die Modernisierung der Partei. Das Wiederaufleben der NPD Ende der achtziger Jahre ist auch ein Indikator für den abgeschlossenen Führungswechsel, die Modernisierung des Programms und den Austausch der politischen Generationen. „Die NPD", kommentiert ein Verfassungsschützer, „fühlt sich seit kurzem in einer Phase des Aufschwungs und der Stabilisierung. Mit der Wahl des neuen Parteivorsitzenden Günter Deckert und der Bildung eines neuen Parteivorstandes im Juni 1991 konnte die insbesondere durch Mußgnug und Schützinger ausgelöste Führungskrise beendet werden. Der Partei ist es inzwischen auch gelungen, die desolaten Parteifinanzen durch Spenden und Einsparungen im Parteiapparat zu verbessern. Die rückläufige Mitgliederbewegung in den alten Bundesländern scheint gestoppt. In den neuen Bundesländern ist trotz weiterhin bestehender großer organisatorischer und finanzieller Probleme eine stetige Zunahme des Mitgliederbestandes festzustellen. Rund 900 der etwa 7000 NPD-Mitglieder wohnen bereits im Beitrittsgebiet".[23]

Die in ersten Ansätzen jetzt aufgearbeiteten langjährigen Erfahrungen der NPD in Kommunalparlamenten werden perspektivisch allen Rechtsaußen-Parteien zugute kommen.[24] Regionale und lokale Hochburgen wie im hessischen Wölfersheim und Teilen Baden-Württembergs, spektakuläre Wahlerfolge (6,5 Prozent bei der hessischen Kommunalwahl 1989 in Frankfurt) und die zeitweilige Kooperation mit dem finanzstarken Münchener Rechtsaußen-Verleger und DVU-Chef Gerhard Frey signalisieren, daß die NPD ihre Talsohle überwunden hat.

Die dritte Welle des parlamentarisch bedeutsamen Rechtsextremismus setzt ein nach der Bonner „Wende" 1982/83. Wir werden darauf in Abschnitt I.4. im Zusammenhang rechter Opposition und „geistig-politischer Wende" zurückkommen. Hier gilt es, die politischen und historischen Voraussetzungen weiter zu verfolgen, die sich in den siebziger Jahren herausgebildet haben. Organisierter Rechtsextremismus wird nach der NPD-Krise um 1970/71 effektiv zurückgedrängt in den vorparlamentarischen Raum. Das öffentliche Interesse bröckelt ab. Tabuisierung und Ignoranz übersehen freilich, daß sich im rechten Lager tiefgreifende Umbrüche vollziehen. Die „alte Rechte", biographisch tief verstrickt in den Nationalsozialismus, sammelt sich ab 1971 um die kulturkämpferische, noch nicht parteiförmige „Deutsche Volksunion" (DVU) des Münchener Verlegers Gerhard Frey und setzt insoweit die Strategie vorpolitischer Kultur- und Hilfsgemeinschaften der fünfziger Jahre fort. Die DVU kultiviert über Jahre – vor allem in der auflagenstarken „Deutschen National-Zeitung" – den Geist der Ewig-Gestrigen, deutschtümelnde Traditionspflege und rechtsextreme Deutungsmuster, ergänzt durch Veranstaltungen, Buch- und Zeitschriftenangebote. Im Kern besteht ihre soziale Funktion darin, die Lebensgeschichten der NS-belasteten Leser permanent zu rechtfertigen – bis 1987, dem Jahr der Parteigründung DVU – Liste D, ohne politisches Programm und ohne dezidiert politischen Anspruch.

Andere, Jüngere, radikalisieren sich aus Enttäuschung über den bürgerlichen Kurs der NPD in neonazistischen Aktionsgruppen und üben eine nicht unbeträchtliche Faszination auf Jugendliche aus.[25] Später verbotene Gruppen wie die „Wehrsportgruppe Hoffmann", die „Volkssozialisten" und die „Aktionsfront Nationaler Sozialisten" (ANS) verfechten das Leitbild des „politischen Soldaten" und die Propaganda der Tat, provozieren nachhaltig durch spektakuläre öffentliche Aktionen die Verletzbarkeit der nach rechts porösen politischen Kultur und werden zum Auffangbecken sozial bedrängter Jugendlicher und Teil der jugendlichen Außenseiter-Subkulturen. Geschickte Propagandisten wie der 1991 verstorbene Michael Kühnen schaffen die Vorarbeit für eine militante, organisierte und ideologisierte neonazistische Kerngruppe.[26] Nach seinem Tod entsteht eine Vielzahl, auch in den neuen Bundesländern aktiver militanter Kleingruppen, so etwa die Vereinigung „Deutsches Hessen“, der in Bayern tätige „Nationale Block“ und die „Sächsische Nationale Liste“.[27] Militanz und antibürgerliche Provokation machen Phänomene des jugendlichen Rechtsextremismus zu einem ernsthaften Problem der schulischen und außerschulischen Jugendarbeit – politische Perspektiven entfalten sie freilich nicht.

Wieder andere, programmatisch Interessierte, arbeiten nach dem Vorbild der französischen „Neuen Rechten“ in Theoriezirkeln an einer diskussionsfähigen neurechten Theorie – in der Erkenntnis, daß der alte Nationalismus historisch überlebt ist und neuer Denkansätze bedarf. Die sich als kulturkämpferisch-elitär verstehenden Zeitschriftenzirkel[28] suchen die Nähe des nicht angepaßten Konservatismus und entwickeln in den siebziger Jahren Deutungsmuster, die sich heute mehr oder weniger in den Programmen der „Republikaner“ und der NPD wiederfinden: Neutralismus zwischen den Blöcken, dritter Weg zwischen Sowjetkommunismus und amerikanischem Kulturimperialismus, „nationale Identität“ und Patriotismus als Ersatz für die imperiale, historisch überlebte Reichsidee. Das im Februar 1991 vorgelegte Thesenpapier der Jungen Nationaldemokraten über Nationalismus, das „den gegenwärtigen Diskussionsstand innerhalb der JN“ nach eigenen Angaben dokumentiert[29], betreibt konsequent die Aneignung des neu-rechten Diskurses, wobei die Einflüsse der französischen Neuen Rechten und des Theoretikers Henning Eichberg dominieren. Nationalismus von unten, Ethnopluralismus, dritter Weg, Regionalismus, Entfremdung in der Industriegesellschaft sind die Stichworte dieses Papiers.

Im Juni 1981 unterzeichneten elf Professoren das vom Kasseler „Thule-Seminar“, einem neurechten Theoriezirkel, herausgegebene „Heidelberger Manifest“. Darin wird Klage geführt gegen die „Unterwanderung des deutschen Volkes durch Zuzug von Millionen von Ausländern“, gegen die „Überfremdung unserer Sprache, unserer Kultur und unseres Volkstums“. Die „ethnische Katastrophe multikultureller Gesellschaften“ stehe bevor, wenn nicht endlich die „Bewahrung und Verteidigung der Lebensrechte unseres Volkes“ in den Mittelpunkt der Politik gestellt werde. Solche Formulierungen signalisieren lange vor dem „Republikaner“-Aufbruch den Versuch, dem rechtsextremen politischen Ghetto zu entkommen, bürgerliche Akzeptanz zu suchen und Strategien eines Kulturkampfes von rechts zu erproben.

Auch zahlenmäßig kündigt sich der Umbruch frühzeitig und längerfristig an. Nach Angaben der Verfassungsschutzbehörden steigt die

Zahl der registrierten Mitglieder rechtsextremer Organisationen von 17300 (1977) auf mehr als 28 000 im Jahr 1988. 1991 wurden bereits 38000 Aktivisten gezählt – ohne die „Republikaner"-Anhänger. Es scheint außer Frage, daß die Tendenz weiter nach oben geht, nicht nur das Wähler-, sondern auch das Aktivistenpotential zunimmt.

Parteien, Innenministerien, Gewerkschaften und politische Bildung und die Medien reagieren auf all diese unübersichtlichen Strömungen, wenn überhaupt, überwiegend nach alten Mustern.[30] Mit der Ausstrahlung des Fernsehfilms „Holocaust" erreicht die Forderung nach Aufarbeitung der Vergangenheit 1979 ihren Höhepunkt. In der politischen Bildung dient sie als Kernstück der Bekämpfung des Rechtsextremismus. Demonstrationen werden erweitert um die Variante „Rock gegen rechts", „antifaschistische" Verbotsforderungen werden in den achtziger Jahren von den Innenministerien in die Praxis umgesetzt. Übersehen wurde dabei die politische Innovations- und strategische Regenerationsfähigkeit des rechten Lagers. Daß die Zersplitterung in alt-rechten Traditionalismus (NPD, DVU), Theoriezirkel der „Neuen Rechten" und militante Jugendorganisationen ein historisches Vorspiel bedeuten könnte für politische Veränderungen, daß rechtsextreme Politik unter bestimmten Bedingungen wieder eine politische Alternative und attraktiv für Wähler sein könnte – diese Perspektive ist zu wenig beachtet worden.

Schon vor dem „Republikaner"-Durchbruch im Januar 1989 gab es Indizien, die eine Renaissance von rechts signalisierten. Die Gründung der Partei DVU-Liste D im April 1987 bedeutete den Versuch des Herausgebers der „National-Zeitung", Frey, seinen nationalistisch-dogmatischen Kulturkampf nun parteiförmig fortzusetzen. Der Einzug in die Bremer Bürgerschaft im September 1987 mit einem Abgeordneten und 6,3 Prozent bei der Landtagswahl in Schleswig-Holstein 1992 sind zumindest Teilerfolge, die durch kostenträchtige publizistische Kampagnen weiter ausgebaut werden sollen. Seit Mitte 1988 verschickt der millionenschwere Frey bundesweit Propagandamaterialien in spektakulären Postwurfsendungen und gezielte Werbesendungen an bestimmte Adressatenkreise: Dazu gehören Taxiunternehmer, Landwirte und Winzer sowie Altenheime und Aussiedlerwohnheime. Der Mitgliederstand der DVU-Liste D ist Mitte 1989 auf weit über 20 000 angewachsen. Wahlabsprachen und gegenseitige Unterstützung von DVU-Liste D und NPD beenden zeitweilig ein jahrelanges Schisma der alten Rechten. Die NPD selbst hat in ihren 1987 verabschiedeten „Nationaldemokratischen Gedanken für eine lebenswerte Zukunft", dem neuen Parteiprogramm, unter dem Druck des politischen Abseits ideologische Selbstzensur geübt. Rechtsextremistische Traditionslinien werden hier mehr und mehr überlagert und ersetzt durch Ideen der intellektuellen „Neuen Rechten“ und moderat nationalkonservative Töne. 6,5 Prozent in Frankfurt bei der hessischen Kommunalwahl 1989 bestätigen den eingeschlagenen neuen Kurs.

Der Aufschwung der „Republikaner“ ist ohne die in diesem Abschnitt grob skizzierte Geschichte des Nachkriegs-Rechtsextremismus in seiner politischen Dynamik nicht zu verstehen, denn: Die jahrzehntelangen Traditionen rechtsaußen, ihrerseits geprägt und gebrochen vom Nationalsozialismus und dem demokratischen Anspruch der Bundesrepublik, Programme, Lager-Strukturen und -mentalitäten, politische Erfahrungen als Minderheiten-Kultur, daraus folgende Lernprozesse und organisatorische Infrastrukturen gehen ein bei den „Republikanern“ sowohl auf der Führungs- wie auf der Mitglieder-Ebene, in Form von Stammwählerschaft auch bei den Wahlen. Das Taktieren der Parteiführung ist eine historische Konsequenz vor allem aus dem Scheitern der alten NPD. Das Verhalten eines Großteils der Aktivisten ist vorgeprägt durch die politische Sozialisation rechts von der Union, zumal in DVU und NPD. In den Reihen der „Republikaner“ befindet sich auf Mitglieder- und Kandidatenebene nicht zufällig eine Vielzahl ehemaliger Aktivisten der NPD, der „Wiking-Jugend“ und der neonazistischen FAP.[31] In Nordrhein-Westfalen hatten Anfang 1989 10 der 19 Landesvorstandsmitglieder eine politische Vergangenheit bei NPD, DVU und anderen rechtsextremen Gruppen.[32] Ende des Jahres waren es 11 von 21.[33] Ähnliche Strukturen finden sich zeitweilig in den krisengeschüttelten Landesverbänden Berlin und Niedersachsen. Daran scheint sich auch Ende 1992 nichts geändert zu haben. Der Hamburger Verfassungsschutz-Chef Uhrlau bestätigt im September 1992 die Zusammenarbeit von „Republikanern“ und rechten Extremisten: „Unterhalb der Führungsebene arbeiten Republikaner mit den übrigen, also auch militanten Extremisten zusammen, trotz anderslautender Parteitagsbeschlüsse. Die Parteibasis einschließlich der Jugend droht sich da zu verselbständigen“.[34]

Die politische Anziehungskraft der „Republikaner“ auf das gesamte Spektrum des organisierten Rechtsextremismus erklärt sich aus seiner Geschichte nach 1945. Bürgerliche Reputation zu erreichen und die Mechanismen des politischen Abseits und der öffentlichen Ausgrenzung zu überwinden, an nichts liegt ihm so sehr wie daran. Der Erfolg der „Republikaner“ im Jahr 1989 und dann wieder im Frühjahr 1992 in Baden-Württemberg bedeutet einen Aufbruch für *alle* politischen Strömungen rechts von der Union. Er setzt dort eine auch längerfristig über die Wahltermine hinaus wirksame politische Dynamik frei, deren Folgen für die politische Kultur noch gar nicht abzuschätzen sind.

2. Vorläufer: National-konservative Rechtsparteien in den fünfziger Jahren

Der Stimmenzuwachs für kleine Parteien im westdeutschen Parteiensystem signalisiert Defizite der großen, etablierten, zumal dann, wenn sie sich in populistisch-volkstümlichem Gewande äußern. So war es bei den GRÜNEN – Umweltprobleme, Fortschrittskritik, Friedenssehnsucht, mehr direkte Bürgerbeteiligung wurden von ihnen erfolgreich eingeklagt. So ist es bei der PDS, die vornehmlich Statusprobleme der ehemaligen SED-Anhänger in politische Forderungen umsetzt, und so ist es bei den im Sommer 1992 gegründeten „Komitees für Gerechtigkeit", welche die tatsächliche oder angenommene Übervorteilung der ehemaligen DDR-Bürger artikulieren. Für welche Defizite spricht der Aufstieg der „Republikaner"? Ist es die nationale Frage? Sind es soziale Ängste von Menschen, deren Leiden an der Gesellschaft mit dem Überdruß an der etablierten Politik zusammenhängt? Wie ist dieser Vorgang verständlich zu machen, warum entlädt sich das Unbehagen ausgerechnet bei den politischen Rechtsaußen?

Zum historisch-politischen Wurzelgeflecht, das die „Republikaner"-Erfolge begleitet, gehört das politische Schicksal heute nahezu vergessener kleiner Brückenparteien zwischen CDU/CSU und offenem Rechtsextremismus in den fünfziger Jahren. Sie artikulierten einen Konservatismus, der sich aus politischem Katholizismus, altkonservativem Denken, deutschnationalen und völkischen Elementen speiste und sich in der Frühgeschichte der Bundesrepublik durchaus noch bemerkbar machte. Berücksichtigt man die Stimmen für Unabhängige Listen, für lizensierte rechtsextreme Parteien und Vertriebenen-Organisationen, so betrug das rechtsextreme Oppositionspotential bei der Bundestagswahl 1949 immerhin 10,5 Prozent.[35] Die Union wurde erst zehn Jahre später zur dominanten Integrationsinstanz dieser national-konservativen Strömungen. Aber dafür mußte sie einen Preis bezahlen, der in Erinnerung zu rufen ist: „Die Übergänge", notiert Hans-Jürgen Puhle, „zu radikaleren, weiter rechtsstehenden Abendlandbeschwörungen innerhalb und außerhalb der christlichen Parteien waren (und blieben) fließend, z. B. zu Organisationen wie der Abendländischen Aktion, später der Deutschlandstiftung, der Harzburger (ausgerechnet!) Akademie für Führungskräfte der Wirtschaft, zum antikommunistischen Komitee ‚Rettet die Freiheit' des jungen Abgeordneten Rainer Barzel, eine Art selbsternanntem deutschen McCarthy-Ausschuß, oder zu Zeitschriften wie ‚Nation Europa' und anderen. In der Regel haben die christdemokratischen Parteien versucht, die hier zutage tretenden Energien an sich zu binden, so wie sie auch vor der Integration erzreaktionärer Deutschnationaler, belasteter Unternehmer und Beamter und anderer Antidemokraten nicht zurückgeschreckt sind, die den beiden Parteien, so wie sie 1945/46 angetreten waren, durchaus nicht anstanden".[36]

Vor diesem Hintergrund sind die „Republikaner" tatsächlich „Fleisch vom Fleische" der Union, Wiederbelebung nationalistisch-konservativer Strömungen, welche die Union bereits fest und dauerhaft integriert zu haben wähnte. Franz-Josef Strauß' These, rechts von der Union dürfe keine legitimierte Partei entstehen, ist umso bemerkenswerter: Signalisiert der „Republikaner"-Aufbruch die massive Desintegration nationalistisch-konservativer Traditionen aus dem Unions-Lager heraus, dann scheint eine Re-Integration nach dem Muster der fünfziger Jahre nahezu ausgeschlossen. Betrachten wir daher etwas genauer, wer und was damals integriert wurde.[37]

Eine Reihe von rechten Regionalparteien griff nach Kriegsende Vorstellungen der Weimarer „Konservativen Revolution" auf und versuchte, politische Ideen aus diesem Umfeld nun unter veränderten Bedingungen umzusetzen. Die süddeutsche „Deutsche Gemeinschaft" (DG) verfocht unter ihrem Chef, dem damaligen CSU-Funktionär und späteren Mitbegründer der GRÜNEN, August Haußleiter, einen national-neutralistischen, auf Ideen der „Volksgemeinschaft" basierenden Kurs. Die DG blieb bis auf frühe Erfolge bei Landtagswahlen in Baden-Württemberg (1950: 14 Prozent) und Bayern (1950: 12,3 Prozent) parlamentarisch bedeutungslos. Richard Stöss hat sie als eine kleinbürgerliche Partei bezeichnet, „die innerhalb des Parteiensystems der Bundesrepublik als populistisch-konservative Alternative zur autoritären Demokratie der westdeutschen Industriegesellschaft eine Variante antidemokratischer bzw. rechtsextremistischer Krisenprophylaxe darstellt, indem sie allgemeine Existenzängste und Entfremdungsgefühle vor allem des Kleinbürgertums für volksgemeinschaftliche Ordnungsvorstellungen mobilisieren will und damit tendenziell der Entstehung eines autoritären oder sogar faschistischen Regimes Vorschub leistet".[38]

Die „Wirtschaftliche Aufbau-Vereinigung" (WAV), bereits Ende 1945 in München gegründet, forderte unter ihrem Vorsitzenden Alfred Loritz eine politische Amnestie für die Mitläufer im Dritten Reich. Mit einem bürgerlichen Kurs, der auf mittelständische und bäuerliche Wähler in Bayern abzielte, erreichte die Partei bei den ersten Bundestagswahlen 1949 immerhin 14,4 Prozent in Bayern und damit den Einzug in den Bundestag. Anfang der fünfziger Jahre wurde sie zerrieben zwischen einem bürgerlich-konservativen Flügel und dem Bestreben des Vorsitzenden, mit der neonazistischen SRP zu fusionieren. Das Verbot der SRP 1952 kam dem zuvor und bedeutete auch das politische Ende der WAV.

Die ebenfalls regionalistische „Bayernpartei" und der „Block der Heimatvertriebenen und Entrechteten" (BHE) sind weitere Beispiele für Strömungen rechts der Union. Die populistisch-konservative Bayernpartei war 1954 und 1957 unter Ministerpräsident Hoegner (SPD), 1962 bis 1966 unter Ministerpräsident Goppel (CSU) an der bayerischen Staatsregierung beteiligt. Der Auflösungsprozeß entzündete sich am innerparteilichen Konflikt zwischen Koalitionsbefürwortern und Anhängern einer von der CSU mehr unabhängigen Linie. Die CSU ihrerseits umwarb die Bayernpartei, um sie durch politische Integration in ihrer Eigenständigkeit als CSU-Alternative zu schwächen. Strauß zufolge waren für die CSU die Zusammenführung aller christlich-konservativen Kräfte, die Entklerikalisierung und Liberalisierung der Partei und ihre Identifizierung mit Bayern die letztlich entscheidenden Faktoren zur Ausschaltung des unliebsamen Konkurrenten.[39] Die „Fahnenflucht" zahlreicher Landtagsabgeordneter und ganzer Stadtratsfraktionen zur CSU bis Mitte der sechziger Jahre beendete diesen Konflikt und war Indiz für die starke Integrationskraft der CSU nach rechts.

Der parlamentarisch durchaus erfolgreiche BHE erzielte bei den Bundestagswahlen 1953 5,9, 1957 immerhin 4,6 Prozent. 1950/51 war mit zweistelligen Ergebnissen der Einzug in die Landtage von Baden-Württemberg, Bayern, Niedersachsen und Schleswig-Holstein gelungen. Rechtsgerichtete Heimatvertriebene und mittelständische Wählerschichten waren seine soziale Basis. Der BHE forderte u.a. – im Einklang mit rechtsextremistischen Vorstellungen aus dem Umkreis von SRP und DRP – die „Wiederherstellung der Ehre des deutschen Soldaten, der draußen nicht nur anständig gekämpft, sondern auch zu Millionen nach dem Krieg das bittere Los der Gefangenschaft trug", das „Ende aller Diffamierungen in Deutschland", das Festhalten an der Reichsidee und den ehemals deutschen Ostgebieten und die Ablehnung der Entnazifizierung. Aufstieg und Niedergang des BHE sind untrennbar verbunden mit der Integrationsfähigkeit von Vertriebenen-Problemen durch die Bürgerblock-Parteien, insbesondere die CDU/CSU. Beispielhaft zeigt sich dies an der politischen Biographie von Linus Kather, einem der führenden Vertriebenen-Funktionäre in den fünfziger Jahren. Kather trat 1953 aus der CDU aus und schloß sich dem BHE und später der NPD an aufgrund seiner Einschätzung, die CDU tue nicht genug für die Vertriebenen. Sein spektakulärer Schritt trug dazu bei, daß Vertriebenenprobleme vom Bürgerblock aufgegriffen und dem BHE damit zunehmend die politische Legitimation entzogen wurde. Nachdem die Partei 1957 nicht wieder im Bundestag vertreten war, versuchte sie 1961 unter Aufgabe ihrer Eigenständigkeit durch eine Fusion mit der Deutschen Partei (DP) zur „Gesamtdeutschen Partei" (DP-BHE) noch einmal parlamentarisch Fuß zu fassen. Dieser Versuch endete kläglich mit einem Stimmenanteil von 2,8 Prozent und besiegelte das Ende des BHE.

Die protestantisch-konservative, von Niedersachsen aus agierende DP stellte von 1955 bis 1959 mit Heinrich Hellwege immerhin den Ministerpräsidenten dieses Bundeslandes. Obwohl sie bei Bundestagswahlen nie mehr als vier Prozent erreichte, war sie bis 1961 – bedingt durch Wahlabsprachen über die Aufstellung von Direktkandidaten mit der CDU – nicht nur parlamentarisch repräsentiert, sondern auch in den Kabinetten Adenauers bis 1961 vertreten. Innerhalb des Spektrums rechts der Union war die DP eine zentrifugale Kraft: Bis Mitte der fünfziger Jahre begrüßte sie den Übertritt von gescheiterten Mitgliedern und Funktionären von SRP, DRP und WAV und trug dadurch selbst dazu bei, die „offenen Grenzen" zwischen Konservatismus und Rechtsextremismus weiter offen zu halten. Sie wurde allerdings bald Opfer ihres eigenen Bündnisverhaltens, indem es der Union gelang, den welfisch-protestantischen, mittelständischen Traditionalismus der DP programmatisch und personell einzubinden. Neben den DP-Bundesministern Waldemar Kraft, Hans-Christoph Seebohm und Hans-Joachim v. Merkatz trat bis Anfang der sechziger Jahre eine Vielzahl von Mandatsträgern zur CDU über. Als einer der letzten verließ der DP-Vorsitzende Hellwege das sinkende Schiff und ging Ende 1961 zur CDU. Bis in die achtziger Jahre fristet ein Bremer DP-Freundeskreis um den ehemaligen NPD-Vorsitzenden Fritz Thielen ein politisches Schattendasein.

Die Ursachen für das Verschwinden all dieser kleinen Rechtsparteien und die Integrationskraft der Union sind vielschichtig. Schrittweise haben die Wahlgesetze nach 1949 dafür gesorgt, daß eine Voraussetzung für ihre parlamentarische Bedeutungslosigkeit geschaffen wurde. Erst 1956 wurde im noch heute gültigen Wahlgesetz festgelegt, daß nur Parteien im Bundestag vertreten sind, die fünf Prozent der Stimmenanteile im Bundesgebiet erreichen oder in wenigstens drei Wahlkreisen ein Direktmandat erringen können, nachdem etwa bei den Wahlen 1949 die Fünf-Prozent-Hürde jeweils auf die Bundesländer bezogen war. Die Änderung der Wahlgesetze ist Voraussetzung, nicht jedoch Ursache für die Absorptionsfähigkeit der Union.

Entscheidende Gründe hat Hans-Jürgen Puhle genannt: Die überkonfessionelle und volksparteiliche Ausrichtung der Union umfaßt mehr als die häufig noch interessen- und konfessionsgebundene, nur bestimmte Wählerschichten ansprechende Programmatik der kleinen Rechtsparteien. Ein „grober Antikommunismus und Antisozialismus" und „eine Art Kreuzzugsmentalität mit der Beschwörung des ‚christlichen Abendlandes' oder ‚Europas' (Puhle) unter gleichzeitiger Offenhaltung der deutschen Frage und der Kanzlerbonus Adenauers" (Keine Experimente!) waren die wohl entscheidenden Strategien von CDU und CSU. „Beide Parteien", so Puhle weiter, „brachten aus ihrer sicheren Verankerung im west- und süddeutschen katholischen Milieu heraus alte Zentrumsanhänger und protestantische Christliche-Soziale zusammen, alte Konservative, Deutschnationale, gemäßigte Völkische und nationalsozialistische Mitläufer, aber auch zunehmend Rechtsliberale".[40] Anfügen ließe sich noch der Hinweis auf die ökonomische Prosperität im Rahmen der Wirtschaftswunder-Gesellschaft und die gelungene sozialpolitische Integration der Vertriebenen – bei insgesamt geringen materiellen Anspruchsniveaus. Der rasche wirtschaftliche Aufschwung, die soziale und politische Integration von etwa zehn Millionen Vertriebenen und der erfolgreiche Versuch der Union, Rechtsaußen-Wähler mit scharf antikommunistischen und ordnungspolitischen Parolen zu umwerben, waren effektive Methoden, um das Rechtsaußen-Potential zu integrieren. Das gelang umso besser, als eine verbreitete „Ohne-mich-Mentalität" politisches Desinteresse begünstigte und eine inhaltliche Auseinandersetzung mit den „Ewiggestrigen" verhinderte. Belastungen der NS-Vergangenheit wurden geräuschlos geklärt: NS-Belastete wurden nach der gescheiterten Entnazifizierung sozial integriert, Fragen nach der Bewältigung dieser Vergangenheit verstummten mehr und mehr bei einer „skeptischen Generation" (Schelsky), die sich das Fragen abgewöhnte und sich im materiellen Wohlstand einrichtete. Nationalistische Positionen mit NS-Hintergründen standen nicht mehr auf der politischen Tagesordnung.

Die Frage, die sich heute stellt, lautet: War und ist die Integration der konservativ-nationalistischen Wählerpotentiale und der kleinen Rechtsparteien durch die Union dauerhaft? Der „Republikaner"-Aufschwung mehrt die Zweifel und legt die Schlußfolgerung nahe: Hält der Aufschwung an, dann sind die alten Integrationsmechanismen (volksparteiliche Strukturen, Änderung der Wahlgesetze, sozialpolitische Befriedung, personelle Integration unter Voraussetzungen des ‚Wohlstand für alle' und der Ost-West-Spaltung) heute kaum mehr taugliche Mittel einer Re-Integration.

3. Vorbilder: Le Pens „Front National" und die „Neue Rechte"

Die französische Journalistin Anne Tristan lebte in Marseille, mit um 25 Prozent Stimmenanteil eine Hochburg des Front National (FN), sechs Monate inkognito als Anhängerin Jean-Marie Le Pens. Sie schildert die Basis dieser rechtsextremen Protestbewegung als geistig-politisch einfach strukturiert, überaus fremdenfeindlich und gewaltbereit.[41] Die Frustrationen der „Lepenisten" resultierten aus Furcht vor Arbeitslosigkeit, Kriminalität und Orientierungsproblemen im großstädtischen Sozialgefüge. Sie entlüden sich in Militanz, Antisemitismus und irrationalem Haß besonders auf die in Marseille lebenden Araber. Diese Realität des „Front" an der Basis kontrastiert in auffälliger Weise mit dem öffentlichen Auftreten Le Pens: Er erweckt den Anschein des honorigen bürgerlich-konservativen Politikers mit stark populistischen Zügen. Dieses erfolgreiche Image ist es, das Schönhuber zur Zusammenarbeit veranlaßt: Der Front ist ein Vorbild für die „Republikaner".

Le Pen hat die Ansicht vertreten, „die Republikaner, die ja nach uns gegründet worden sind, haben eigentlich genau dasselbe durchgestanden wie wir. Sie haben die gleichen Gegner, unterliegen den gleichen Umständen, werden ähnlich verleumdet wie der FN. Vielleicht können die Republikaner aus unseren Erfahrungen ja ein paar Vorteile ziehen".[42] Bei einem Treffen im Herbst 1989 in Berchtesgaden bekundeten denn auch beide, Schönhuber und Le Pen, große politische Sympathien füreinander und den Wunsch nach engerer Zusammenarbeit. Schönhuber betonte, er und Le Pen hätten politisch nun „geheiratet".[43] Vereinbart wurden, wie es heißt, „nicht nur periodische Arbeitstreffen, sondern auch der regelmäßige Austausch von Gastreferenten und gegenseitige publizistische Schützenhilfe".[44] Wenige Monate zuvor, nach der Europawahl vom Juni 1989, hatten die „Republikaner" mit dem „Front National" und dem belgischen „Vlaamse Blok" eine eigenständige technische Fraktion im Europäischen Parlament unter Vorsitz Le Pens gebildet. Die italienischen Neofaschisten (MSI) waren dem Bündnis der Euro-Rechten mit der Begründung ferngeblieben, die Zusammenarbeit mit den „Republikanern" sei unmöglich wegen deren „unannehmbaren ausländerfeindlichen Positionen“ und deren Forderung nach Eindeutschung des italienischen Südtirol.[45] Betrachten wir zunächst, um dem Phänomen Le Pen auf die Spur zu kommen, die Geschichte des „Front“, denn nur so läßt sich zeigen, wie tief er in die Geschichte des alten französischen Rechtsextremismus verstrickt ist und welche Traditionen er mobilisiert.

Der Front National, der 1992 nach eigenen Angaben 70 000 Mitglieder umfaßt[46], wurde im Oktober 1972 von Aktivisten aus verschiedenen Gruppen der geschwächten und zerstrittenen alten Rechten um Jean-Marie Le Pen gegründet. Le Pen war Kriegsfreiwilliger in Algerien und bereits 1956 Abgeordneter in der Nationalversammlung für die rechtspopulistischen Poujadisten gewesen. Der Führungsanspruch des Front National war jedoch umstritten und führte bald zum Konflikt: 1974 verließ die von dem 1973 verbotenen Ordre Nouveau kommende Gruppe den Front National und gründete den Parti des Forces Nouvelles (PFN).

Bis Anfang der achtziger Jahre sind es diese beiden Parteien, die in Konkurrenz zueinander versuchen, eine parlamentarisch ausgerichtete Sammlungsbewegung auf die Beine zu stellen. Es liegt auf der Hand, daß die Rivalität beider eher ein politisches Patt rechtsaußen herbeiführt denn eine relativ homogene Wahl-Alternative rechts der Gaullisten. Nachdem die politische Paralyse von PFN und FN bei den Parlamentswahlen 1981 wieder einmal deutlich geworden war – beide erhielten zusammen nur 0,3 Prozent – kam es zu einer Beendigung im Kampf um die politische Hegemonie rechtsaußen: Der PFN brach auseinander und war nicht mehr in der Lage, an den Wahlen zum Europäischen Parlament 1984 teilzunehmen. Die Zerstrittenheit des Lagers rechts der Gaullisten fand ein demonstratives Ende, als der PFN-Chef Tixier-Vignancour im Europa-Wahlkampf 1984 Le Pen unterstützte. Das Ende des Kampfes um die Hegemonie innerhalb der extremen Rechten hat Le Pen zweifellos den Weg bereitet zu seinen parlamentarischen Erfolgen seit 1983. Im Rückblick auf die Geschichte des FN seit 1972 hat die Partei 1983/84 einen Durchbruch geschafft, dessen Ursachen freilich nicht allein dem Sieg über den PFN zuzuschreiben sind. Das sozialistische Projekt des Präsidenten Mitterrand und zunehmende soziale Spannungen aufgrund vermehrter Zuwanderung aus Algerien und Schwarz-Afrika geben den Themen des Front National eine tagespolitische und auch längerfristige Aktualität.

Die programmatische Selbstdarstellung des Front geht aus von den zentralen Problemen Geburtenrückgang, Einwanderung, Arbeitslosigkeit und AIDS-Seuche. Sie bilden angeblich „Hauptgefahren für die Freiheit und Sicherheit der Franzosen und für das Überleben Frankreichs selbst".[47] Der Vorrang der Franzosen vor den übrigen Bewohnern ist die zentrale grundsätzliche Forderung – bei Wohnungen, Arbeitsplätzen, im gesamten öffentlichen Leben. Das Regierungsprogramm nennt unmißverständlich als erstes „Rückführung der Einwanderer aus der 3. Welt". Franzosen seien vorrangig zu beschäftigen, die Wiedereinführung der Todesstrafe soll die innere Sicherheit verbessern. Dem Vorhaben der Bürgerlichen und der Sozialisten, „schrittweise die nationale Identität zu zerschlagen und Frankreich der Einwanderung und für die 3. Welt zu öffnen" sei konsequent entgegenzutreten durch Volksabstimmung und Massenmobilisierung, eben durch „wahre Demokratie".[48] Mit diesem simplen, rassistischen und autoritären Programm, das die tatsächlichen Ursachen der Krise verkennt und unter Mißachtung demokratischer Menschenrechte die Einwanderer als Sündenböcke propagiert, ist es Le Pen gelungen, beachtliche Wahlerfolge zu erzielen.

Der parlamentarische Aufschwung beginnt mit vereinzelten Erfolgen auf kommunaler Ebene. 11 Prozent im 20. Pariser Bezirk im März 1983 und 16,7 Prozent in Dreux, einer Kleinstadt westlich von Paris, im September 1983, sind der Auftakt. 10,95 Prozent bei den zweiten Direktwahlen zum Europäischen Parlament 1984 und fast ebensoviele bei den Wahlen zur Nationalversammlung 1986 machen den FN zu einem ernstzunehmenden Faktor französischer Politik. Bei den Präsidentschaftswahlen 1988 erhielt Le Pen im ersten Wahlgang 15 Prozent. Nur durch die Einführung des Mehrheitswahlrechts gelang es, den FN im Jahr 1988 aus der Nationalversammlung wieder hinauszudrängen. Bei den Europawahlen vom 18. Juni 1989 (11,7 Prozent) bestätigte die Partei nichtsdestoweniger ihr gutes Ergebnis von 1984 und ihre mittlerweile feste soziale Verankerung bei den Wählern. Ein Blick auf die regionale Differenzierung der Stimmenanteile zeigt, daß die Region Paris, der industrialisierte Ost-Gürtel und der Süden Hochburgen sind, wo der FN teilweise über 20 Stimmenprozente erzielen konnte. Seine Attraktivität war und ist besonders stark bei Arbeiter- und Angestellten-Wählerschichten in denjenigen Regionen, wo die industrielle Strukturkrise besonders spürbar und der Ausländeranteil relativ hoch ist. Bei den landesweiten Kommunalwahlen am 19. März 1989 erzielte die Le Pen-Partei beachtliche lokale Zugewinne: In Perpignan von 24 auf 29 Prozent, in Belfort von 10 auf 16, in Toulon von 20 auf 24. Le Pen selbst erreichte im 20. Pariser Bezirk 15,5 Prozent. Bei Parlaments-Nachwahlen Ende 1989 setzt sich dieser Trend zu soziokulturellen Hochburgen fort. In Dreux sind es diesmal 42,5, in Marseille 33 Prozent für die Kandidaten des Front National. Nach den Regional- und Kantonalwahlen im März 1992 ist der Front im Ergebnis die drittstärkste politische Kraft in Frankreich.

Der typische Wähler des FN ist männlich, Rentner, Arbeiter oder Angestellter, wohnt in einer Industrieregion, ist katholisch und bekundet vergleichsweise starkes Interesse an Politik allgemein. Die von Wählern und Sympathisanten favorisierten Einstellungen und Werte gruppieren sich um die zentralen Ordnungsbegriffe Ordnung, Autorität und Nation. Es deutet vieles darauf hin, daß solche Wähler-Orientierungen und die Propaganda des FN mit einem Phänomen verbunden sind, das weit über die traditionelle Basis des Faschismus hinausgeht: Nicht mehr bedrohte Mittelschichten in der agrarisch-ländlichen Region bilden die Kerngruppe der Rechts-Wähler, sondern, wie die regionale Differenzierung andeutet, die unteren Schichten, die „Zukurzgekommenen" und von sozialen Ängsten Bedrohten im Umfeld der großen Städte. „In den vergangenen Jahren", notiert „Die Zeit"[49], „gewann Le Pen vor allem Anhänger unter den Plebejern und Proletariern der Vorstädte, unter Enttäuschten von der linken Politik und Erbosten über die Nachbarschaft zu den Einwandererghettos. So gesellt sich die Wut zur Angst, der politische Protest zum sozialen – und so wurde aus der sozialen Frage eine nationale, auf die dieser Demagoge in letzter Instanz nur die eine Antwort gibt: Die Ausländer müssen raus aus Frankreich". „Le Pen und seine Partei", resümiert Claus Leggewie, „gewinnen die Zustimmung der Menschen (und das heißt hier: von fast doppelt soviel Männern wie Frauen!) in urbanen Ballungsgebieten mit hoher sozialer Desintegration und Anomie, die besonders stark nicht allein von der Wirtschaftskrise, sondern vor allem vom Verfall der sozialen Ökologie und der ‚Unwirtlichkeit' der Städte betroffen sind. ... Das Pariser Bekken, die Départements an der Mittelmeerküste, evtl. auch das elsässische Gebiet enthalten demnach Zonen und Regionen, in denen der Verfall der sozialen Netzwerke, der lokalen und familialen Infrastrukturen und der Gemeinschaftsbildung besonders weit gediehen sind. Vor allem die ökonomische, kulturelle und politische ‚Krise der Stadt' bereitet demnach dem Front National den Weg".[50] Nach einer Umfrage des Meinungsforschungsinstituts BVA vom November 1991 ist der Front National mittlerweile innerhalb der Arbeiterschaft zur stärksten Partei in Frankreich geworden, noch vor den Sozialisten.[51]

Reicht unter solchen Umständen ein politisches Programm aus, das unmittelbar dem Faschismus verbunden ist, um diese neuen Potentiale anzusprechen? Zumal es sich um eine weithin diskreditierte Ideologie von „Ewiggestrigen" handelt? Le Pen fährt zweigleisig: Er hält Auschwitz für ein „Detail" in der Geschichte des Zweiten Weltkrieges und er scheut sich nicht, den französischen Minister Durafour in einer öffentlichen Veranstaltung mit dem Zusatz „Crematoire" zu versehen.[52] Solche Anspielungen und Provokationen sind eindeutige Fingerzeige für eine ebenso eindeutig rechtsextreme Klientel. Auf der anderen Seite aber wirbt Le Pen um bürgerliche Reputation. Die ganz auf seine Person gerichtete Strategie des Front National ist bemüht, alle nach der extremen, NS-verbundenen Rechten verweisenden sichtbaren Symbole zu vermeiden. Das bürgerliche Ambiente zeigt sich nicht nur in der um Seriosität bemühten Präsentation des Spitzenkandidaten, sondern auch im Fehlen von rechtsextremer Symbolik in der ästhetischen Dramaturgie: Weder beim National Hebdo, dem alle zwei Wochen erscheinenden Magazin des Front National, noch bei öffentlichen Auftritten und Demonstrationen finden sich Spuren einer NS-korrumpierten Symbolik. Die Farben der „Bewegung" sind die der Trikolore, Le Pen beansprucht nichts anderes als die Interessenvertretung der Franzosen schlechthin. All diese Merkmale – „catch-all"-Schlagworte, volksparteiliche Attitüden, Agitation gegen „die da oben", Ablehnung rechter Symbolik, Betonung tief verwurzelter, häufig latenter Einstellungen (Antikommunismus, Fremdenfeindlichkeit, Recht-und-Ordnung-Parolen) verweisen auf einen Begriff, der das Phänomen Le Pen vielleicht am besten beschreiben könnte: Populismus von rechts.

In den Reihen des Front National finden sich ehemalige Algerien-Kämpfer, überzeugte Rechtsextremisten, Konservative, frühere Gaullisten, sogar ehemalige Sozialisten und Kommunisten. Le Pen ist ihre charismatische Führer-, Leit- und Integrationsfigur. Seine engsten Berater sind erfahrene politische Profis mit bürgerlicher Herkunft, die ihr Geschäft verstehen. Der Chefideologe des Front, Bruno Mégret, ist Stellvertreter Le Pens. Mégret ist Absolvent zweier französischer Eliteschulen und kommt vom gaullistischen RPR. Der Wahlkampfleiter des FN ist ein Mann intellektuellen Zuschnitts. Er war technischer Berater im französischen Innenministerium und Verwaltungsratsmitglied des „Club de l'horloge", einer rechtsintellektuellen Denkfabrik, und er ist Verfasser des 50-Punkte-Programms des FN zur Ausländerfrage. Darin fordert er in klarer Freund-Feind-Stellung die Bekämpfung der Einwanderung und der Einwanderer durch folgende Mittel: Eine Behörde zur Beobachtung der Einwanderung sei zu schaffen, die Ausländer-Vereinigungen seien stärker zu kontrollieren, die finanziellen Zuwendungen zu kürzen, der automatische Erwerb der französischen Staatsbürgerschaft sei abzuschaffen, bisherige Einbürgerungen zu überprüfen, Beendigung von Familienzusammenführung, Unterbindung jeder weiteren Einwanderung und schließlich sei die „Rückführung" der Ausländer in ihre Heimat einzuleiten.[53]

Gutbürgerliche Herkunft und humanistische Bildung halten Mégret jedoch nicht von deutlichen, in Frankreich wie auch anderswo offenbar mehr und mehr populären rassistischen Positionen in der Ausländerpolitik ab. „Nur weil sie hergekommen sind", so Mégret, „haben die Ausländer noch lange nicht das Recht zu bleiben. Sie sind nicht auf Sklavenschiffen in Ketten gekommen, sondern aus freier Entscheidung. Sie sind hier gut behandelt worden. Wir sind quitt. Wenn wir der Meinung sind, daß sie gehen sollen, dann werden sie gehen".[54]

Pierre Antoine de Chambrun, einziger Bürgermeister des Front, regiert das 13 000 Einwohner-Städtchen St. Gilles in der Camargue. Der ehemalige Außenhandelsminister unter de Gaulle versprach den Wählern, das Ausländerproblem zu lösen – dreißig Prozent der Einwohner von St. Gilles sind Nordafrikaner. Dafür bekam Chambrun siebzig Prozent bei den Bürgermeisterwahlen – für sich und für den Front National.

Die FN-Propaganda konzentriert sich im wesentlichen auf die klassischen rechtsextremen Themen: Nationalismus („Frankreich den Franzosen"), Fremdenfeindlichkeit (für einen Immigrationsstop) und Antikommunismus. Le Pen und der Front National profitieren von einer bemerkenswerten Veränderung des politischen Klimas und der geistig-politischen Kräfteverhältnisse durch die Aktivitäten der Nouvelle Droite um Alain de Benoist.

Seit 1990 gibt de Benoist, Cheftheoretiker der französischen Neuen Rechten, eine Buchreihe mit dem Titel „Konservative Revolution" heraus, der er sich nach eigenen Worten geistig verbunden fühlt. Dort werden u. a. Werke von Carl Schmitt und Moeller van den Bruck in französischer Übersetzung verlegt.[55] Seit Ende der sechziger Jahre propagiert und diskutiert die Neue Rechte um Benoist, die Zeitschriften „éléments" und „Nouvelle École" die Ideen der rechtsintellektuellen Vorläufer.[56] Ziel ist es, einen ideengeschichtlichen, metapolitischen, umfassenden Bezugsrahmen für eine moderne rechte Programmatik zu erarbeiten.

Die Neue Rechte entstand im Verlauf der sechziger Jahre, als junge Intellektuelle gegen die Verkrustungen der alten Rechten und ihre anhaltende Fixierung auf das Algerien-Dilemma de Gaulles aufbegehrten und eine zeitgemäße, moderne, intellektuelle Programmatik verlangten. Benoist und seine Anhänger suchten die Auseinandersetzung mit den Theorien der Neuen Linken. Von Antonio Gramsci übernahmen sie die Vorstellung eines Kulturkampfes, in dem es darum gehe, vor der politischen die kulturelle Hegemonie zu gewinnen. Die Auseinandersetzung mit den Autoren der konservativen Revolution, mit Nietzsche, Pareto und Evola, aber auch zeitgenössischer Verhaltensforschung (Konrad Lorenz, Irenäus Eibl-Eibesfeld u. a.), Eugenik und Soziobiologie dient dazu, den vom Christentum, vom Marxismus und Liberalismus angeblich in der Tradition der Aufklärung herbeigeführten „Egalitarismus“ zu bekämpfen und die Besinnung auf die europäischen Werte vor 1789 voranzutreiben. Gegen Freiheit, Gleichheit, Brüderlichkeit setzt die Neue Rechte die Bindung an die (Volks-)Gemeinschaft, die natürliche Ungleichheit der Menschen und Rassen sowie den Gedanken sich selbst bildender heroischer Eliten.

Gegen die vorgebliche politische, militärische und kulturelle Hegemonie der USA, die als Endpunkt des liberalkapitalistischen Individualismus betrachtet wird, setzt die Neue Rechte auf die Identität der europäischen Völker, gegen den kapitalistischen Krämergeist den Primat der Politik im Sinne von Carl Schmitt. Demokratie ist demzufolge ein dem Liberalismus folgendes politisches Ordnungsprinzip, das die Neue Rechte ablehnt aufgrund seiner egalitären Basis, seiner kompromißgerichteten Entscheidungsfindung und der verfahrenszentrierten Legitimationsgrundlagen. Hier liegt – neben der unterschiedlichen Beurteilung des Christentums und dem Anti-Amerikanismus der Neuen Rechten – der wohl entscheidende Unterschied zum etablierten westeuropäischen Konservatismus: Während dieser nach 1945 die demokratischen und republikanischen Spielregeln gelernt hat und akzeptiert, bekämpft die Neue Rechte die Demokratie als solche – ganz in der Tradition der konservativen Revolution. Auch in der Behandlung der Menschenrechtsfrage zeigt sich die antidemokratische Stoßrichtung der Neuen Rechten: Sie stellt die „Sache der Völker“, ihre kulturellen Eigenarten und rassischen Besonderheiten über das demokratische essential der universalistischen Menschenrechte.[57]

Die Neue Rechte in Frankreich ist keineswegs politisch und gesellschaftlich isoliert. Ihr Vordenker Alain de Benoist erhielt 1977 den Essayisten-Preis der Académie Française für sein Werk „Vu de droite“.[58] Im Sommer 1979 sorgte eine Pressekampagne ihrer Gegner für große öffentliche Aufmerksamkeit, nachdem das angesehene „Figaro-Magazine“ den Autoren der Neuen Rechten Gelegenheit gegeben hatte, dort regelmäßig zu publizieren. Über den „Club de l’horloge“ („Uhren-Klub“) sucht die sich aus der Tagespolitik heraushaltende Neue Rechte auch politischen Einfluß zu gewinnen. Yvan Blot, Mitbegründer, ist mittlerweile Europa-Abgeordneter des Front National und Berater der deutschen „Republikaner“.[59]

Der Front National und die Neue Rechte praktizieren eine uneingestandene Arbeitsteilung. Obwohl die Neue Rechte offiziell den Front National nicht unterstützt, ist doch ihr Einfluß auf diese Rechtsaußen und die gesamte rechtsextreme Szene spürbar: Sie hat zu einer Modernisierung und Intellektualisierung der Programme beigetragen. Innerhalb der rechtsextremen Publizistik, auch außerhalb Frankreichs, gelten rassistische Aussagen nicht mehr als Produkt autoritärer Vorurteile, sondern als Ergebnis „wissenschaftlicher" Einsichten. Es ist der Neuen Rechten gelungen, darüber hinaus auch andere Themen und Begründungszusammenhänge aus dem Dunstkreis der Stammtische herauszuholen und auf eine quasi-rationale Argumentationsstufe zu heben. Das Plädoyer zur Besinnung auf das kulturelle Erbe Europas und des Abendlandes ist eine Form des Nationalismus, die ohne dezidierte Fremdenfeindlichkeit auskommt, aber gleichwohl Europa zur Festung gegen die Invasion von Flüchtlingen aus der Dritten Welt erklärt. Der Begriff „Ethnopluralismus" behauptet die anthropologisch angeblich erwiesene notwendige Homogenität der Völker und die Unverantwortlichkeit der ethnischen „melting pots", wie etwa in den USA, ohne auf plumpe ausländerfeindliche Parolen zurückgreifen zu müssen.

Nach innen, in die Richtung der alten Rechten, hat dieses Denken beträchtlichen Einfluß ausgeübt. Biologie und Ethnologie dienen vor allem dazu, sozialdarwinistische Vermutungen über die hohe Bedeutung angeborener Eigenschaften des Menschen zu bestätigen, ihre Wirksamkeit zu verstärken und sie mit intellektueller Seriosität auszustatten. Die Neue Rechte betont die angeborene Unterschiedlichkeit der Menschen und besteht darauf, sie nicht durch kompensatorische Pädagogik zu verwischen. Auch gegenüber der Intelligenz, Rasse und Vererbung besteht diese Position. Der häufig und mit guten Gründen erhobene Vorwurf des „wissenschaftlichen Rassismus" hat offensichtlich dazu beigetragen, daß die Neue Rechte seit Ende der siebziger Jahre aktuelle, weniger verfängliche Themen diskutiert. Das zeigen exemplarisch die jährlichen Kolloquien. Das dreiundzwanzigste fand im Dezember 1989 in Bagnolet bei Paris statt und stand unter dem Motto: „Morgenröte für die Völker, Abenddämmerung für die Blocksysteme – Vorschläge für eine neue geopolitische Ordnung in Europa". Das fünfundzwanzigste fand bei 1000 Teilnehmern im November 1991 statt und da ging es, ganz in der anti-amerikanischen Traditionslinie, um „Vereinigte Staaten: Gefahr".[60]

Innerhalb des konservativen und rechtsextremen Diskurszusammenhangs gelten rassistische Aussagen nicht mehr als Produkt autoritärer Vorurteile, sondern – dank der Neuen Rechten – als Ergebnis wissenschaftlicher Einsichten. Es ist der Neuen Rechten gelungen, darüber hinaus auch andere Themen und Begründungszusammenhänge innerhalb des rechten Diskurses aus dem Dunstkreis des Vorurteils herauszuholen und auf eine quasi-rationale Argumentationsstufe zu heben. Das

Plädoyer zur Besinnung auf das kulturelle Erbe Europas und des Abendlandes ist eine Form des Nationalismus, die ohne dezidierte Fremdenfeindlichkeit und ohne Chauvinismus auskommt. Die Kritik des liberalistischen Individualismus ersetzt den plumpen Appell an völkische Gemeinschaftsideologien.

Die nun über zwanzigjährige Geschichte der französischen Neuen Rechten bedeutet einen Prozeß der Ablösung von antiquierten, demagogischen und diskreditierten ideologischen Ansichten der alten Rechten. Einige Ansichten wurden aufgegeben – wie der offene Antisemitismus oder die klassische Nationalstaats-Ideologie – andere werden verfeinert und uminterpretiert wie der Rassismus und die Europa-Idee. Ihr Einfluß reicht bis in die konservative Presse, die Elite-Verwaltungshochschulen und in das studentische Milieu.

Die französische Neue Rechte hat inzwischen Ableger hervorgebracht in Belgien, Italien, Spanien und anderswo. In der Bundesrepublik ist sie von zwei Seiten bereitwillig aufgenommen worden: Im Umfeld der von CDU/CSU enttäuschten Konservativen und bei jenen Richtungen weiter rechts, die im NS-fixierten Denken der alten Rechten keine Zukunft sehen. Streng genommen gibt es in der Bundesrepublik keine einheitliche „neue Rechte", sondern, wie es Wolfgang Gessenharter formuliert hat, „sowohl vom Ideenpotential als auch organisatorisch eine Gruppierung zwischen dem deutschen Konservatismus und dem deutschen Rechtsextremismus, die eine Scharnierfunktion, also Verbindung und Begrenzung gleichermaßen, zwischen beiden bildet."[61]

Das Fortleben von Ideen der „konservativen Revolution" hierzulande unterscheidet sich von Frankreich vor allem durch eine kaum mehr überschaubare organisatorische und auch weltanschauliche Zersplitterung. Konservative Vordenker wie der Erlanger Historiker Hellmut Diwald, der ehemalige Ernst-Jünger-Sekretär Armin Mohler, der Osnabrücker Soziologe Robert Hepp, der Stuttgarter Sozialphilosoph Günter Rohrmoser oder der jüngst verstorbene Bochumer Politologe Bernard Willms und andere, weniger bekannte Publizisten, haben bei aller Individualität und Rivalität mit ihrem akademischen Anhang in Zeitschriften und bei Kongressen die Botschaften der „neuen Rechten" mit unterschiedlicher Akzentuierung propagiert und auch eine jüngere Generation des konservativ-nationalistischen Spektrums beeindrucken können: Zwischen dem rechten Unions-Rand und den Vertriebenenverbänden, zwischen den „Republikanern" und den rechten „Denkfabriken der Wende"[62], zwischen der vordem rechtsextremen und zwischenzeitlich zur christlich-konservativen Seite mutierten Zeitschrift „Mut"[63] und der Tageszeitung „Die Welt" ist ihr Einfluß spürbar. Die von Gerd-Klaus Kaltenbrunner herausgegebene Buchreihe „Herderbücherei Initiative“ wie auch kleinere, weniger bekannte Zeitschriften für ein überwiegend akademisches Publikum (Nation Europa, Elemente usw.) leben vom Geist der „konservativen Revolution“. Im Angebot sind unter anderem politisch-philosophische Begründungen der „Nation“ als zentraler Kategorie eines Volkes (Willms), Forderungen nach „geistig-politischer Wende“ (Rohrmoser) und Beendigung der zerstörerischen „Vergangenheitsbewältigung“ (Mohler), das Herunterspielen der deutschen Kriegsschuld (Diwald), Plädoyers für die rassische Reinheit der Deutschen (Hepp) und neue Eliten (Kaltenbrunner). Strömungen der „neuen Rechten“ waren im Gründungsprozeß der Partei „Die Grünen“ und ihren Vorläufern ebenso involviert wie bei der Programmentwicklung der „Republikaner“.

Das ist es, was den Rechtsextremismus des Front National, auch der NPD und der „Republikaner“ hierzulande, so fasziniert: Die Chance eines konsequent rechten Programms, einer rechten Gedankenwelt jenseits der öffentlich korrumpierten faschistischen Ideologie. Es bedarf nicht mehr des alten, NS-geprägten Antisemitismus, wenn der Hinweis genügt, der Marxismus sei wie auch das „Judeo-Christentum“ historisch überholt aufgrund der linearen, historische Brüche übersehenden Denkstruktur. Es bedarf nicht mehr des platten, imperialistischen Nationalismus, wenn man jetzt den „Befreiungsnationalismus“ der europäischen Völker zur historischen Triebkraft verklärt. Es bedarf nicht mehr des kruden Chauvinismus der alten Rechten, geht es doch jetzt um die „Wiederverwurzelung“ der ihren Traditionen entfremdeten europäischen Völker. Die verfängliche Parole „Ausländer raus“ ist überlebt, angesichts einer Strategie des „Ethnopluralismus“, die davon ausgeht, jedes Volk könne nur für sich selber und für sich selbst identisch sein. Die Zirkel der Neuen Rechten verstehen sich als rechtsintellektuelle, langfristig angelegte kulturelle Projekte: Es gehe um die Eroberung der politisch-kulturellen Hegemonie durch Besetzung von Begriffen, Deutungsmustern und publizistischen Strategien.

Im Dezember 1989 berichtet das Parteiorgan „Der Republikaner“ über eine Veranstaltung mit dem Front National-Europa-Abgeordneten Yvan Blot. Ein Blick auf dessen Biographie illustriert, was „Intellektualisierung“ bei den „Republikanern“ heißt. Blot, geboren 1948, Politologe, war Mitarbeiter von Innenminister Poniatowski und Senatspräsident Poher, war Mitglied im Zentralkomitee des neogaullistischen RPR und bis 1983 Bürochef der RPR-Generalsekretäre Devaquet und Pons, 1986 Abgeordneter des RPR in der Nationalversammlung und einer der einflußreichsten Neogaullisten nach Jacques Chirac. Blot war darüber hinaus Präsident des „Club de l'horloge", einer „Denkfabrik" der französischen Neuen Rechten mit besten Verbindungen zu den französischen Eliteschulen und Spitzenbeamten der Ministerien. In dem Bericht heißt es:

> „Blot, dem vom bayerischen Landesvorsitzenden und Straßburger Fraktionskollegen Harald Neubauer ein begeisterter Empfang bereitet wurde, gab denn auch interessante Details aus der Fraktionsarbeit zum Besten. Bemerkenswert gerieten seine Ausführungen aber vor allem wegen ihrer geistigen Prägnanz. Blot, der fließend deutsch spricht, brachte die Herausforderung, der sich rechte Politik heute in ganz Europa gegenübersieht, immer wieder auf den Punkt: Die ideologischen Mächte von gestern, Kommunismus und Liberalismus, sind auf ganzer Linie im Rückzug, der Angriff auf die kulturelle und nationale Identität der abendländischen Völker ist aber nach wie vor im Rollen. Blot wandte sich in diesem Zusammenhang nachdrücklich gegen eine kritiklose Übernahme der west-lich-amerikanischen Konsumideologie und forderte dazu auf, sich des abendländischen Erbes in jeder Beziehung bewußt zu bleiben".

Beides fasziniert Schönhuber: Die Wahlerfolge des Populisten Le Pen, der mit griffigen und unmißverständlichen fremdenfeindlichen Parolen beträchtliche Wählergruppen anspricht, und das theoretische Rüstzeug der „Neuen Rechten". Sie liefert das theoretisch anspruchsvolle langfristige kulturelle Projekt, eine politische Vision, von der die deutsche Rechte mehr und mehr – über den Tag hinaus – zehrt. Neue, kleinere Zeitschriften im „Republikaner"-Umfeld wie etwa „Junge Freiheit"[64] oder „Europa vorn" tragen die Ideologie der Neuen Rechten in das Funktionärskorps der Partei und sprechen damit parteiungebundene Konservative an. „Fliegende Blätter", der „Landesrundbrief der Jungen Republikaner NRW", wird herausgegeben von Marcus Bauer, vordem Herausgeber der nationalrevolutionären, linksnationalistischen Zeitschrift „Aufbruch". In ihrer Leverkusener Erklärung hatte der am 2. September 1988 gegründete Landesarbeitskreis „Junge Republikaner" „nationale Befreiung" gefordert und, in Anspielung auf den Weimarer Nationalrevolutionär Ernst Niekisch: „Wer nicht von den Völkern sprechen will, soll von den Menschen schweigen".[65] Marcus Bauer ist darüber hinaus Redakteur des Koblenzer neu-rechten/nationalrevolutionären Magazins „wir selbst", ebenso wie Siegfried Bublies, Kreisvorsitzender der Koblenzer „Republikaner".[66] Die taktisch überaus geschickte Einbindung profilierter rechtskonservativer Intellektueller wie Christa Meves oder auch Armin Mohler in die Autorenkreise der Parteipresse ist ein weiterer Schritt zur „Intellektualisierung" von rechts – ist doch Mohler ein Mentor und spiritus rector der französischen Neuen Rechten und ihrer Ausbreitung in der Bundesrepublik.[67] Auf solche, dem gemeinen Parteivolk und den meisten Wählern verborgene Wegweiser spielt Schönhuber an, wenn er von einer notwendigen „Intellektualisierung" der Partei spricht. Auch wenn Schönhuber, wie einem Insider-Bericht ehemaliger Weggefährten zu entnehmen ist, inzwischen auf Distanz zum Front National gegangen ist und die Zusammenarbeit im Europäischen Parlament aufgekündigt hat, ändert dies nichts am Vorbild-Charakter der größten rechtsextremen Partei in Europa für die „Republikaner".[68]

Nach außen hin vermag ein geschicktes, personenbezogenes Polit-Marketing solche Strategien in ein halbwegs seriöses Image zu transformieren. Der Rechtsanwalt und Arzt Rolf Schlierer, Fraktionschef der „Republikaner" im baden-württembergischen Landtag und als möglicher Nachfolger Schönhubers gehandelt, steht für einen Funktionärstypus, der seriös und gewandt auftritt und die Kunst des öffentlichen small talk ebenso beherrscht wie die Kunst der intellektuellen Demagogie. Neu-Mitglieder wie der ehemalige Würzburger Oberbürgermeister Klaus Zeitler (vormals SPD), der ehemalige Abteilungsleiter im Bundespresseamt unter den Kanzlern Brandt und Schmidt, Werner Müller (vormals SPD) oder auch der Ex-Manager bei Lever Sunlicht, Leo Thenn, symbolisieren die Breite der Partei und ein Stück bürgerliche Reputation.[69]

4. Voraussetzungen: Rechtskonservative Opposition und Brückenköpfe nach rechts seit der „Wende" 1982/83 – Das Dilemma der Union

Wenige Jahre nach dem Regierungswechsel 1982/83, der die Union nach dreizehn Jahren parlamentarischer Opposition wieder an die Regierungsmacht in Bonn brachte, veröffentlichte der konservative Stuttgarter Sozialphilosoph Günter Rohrmoser ein weithin beachtetes Buch mit dem Titel: Wo bleibt die Wende? Fragen an die CDU.[70] Darin bemängelte er das Ausbleiben des geistig-politischen Umdenkens, gelte es doch, den Einfluß linksliberaler Haltungen und Denkweisen nach 1968 auf allen Ebenen von Politik und Gesellschaft jetzt endlich zurückzudrängen. Die Konsequenz aus dem Fehlen geistiger Staatsziele und aus dem Auseinandertreten von Freiheit und Sittlichkeit könne, so Rohrmoser an anderer Stelle, nur die Rückkehr zum Konservatismus sein.[71]

Sein Zwischenruf ist nicht der des Rufers in der Wüste: Nach der „Wende“ mehren sich die Stimmen aus dem rechten Unions-Umfeld, die schon zuvor die konservative „Wende“ mit Strategien des rechten Kulturkampfes unterfüttert hatten.

In den sechziger Jahren waren es das unerbittliche „Deutschland-Magazin“ des Unions-Rechtsaußen Kurt Ziesel oder auch der 1974 gegründete „Bund Freies Deutschland“ um den SFB-Chefkommentator und „Welt“-Kolumnisten Matthias Walden und den „ZDF-Magazin“-Chef Gerhard Löwenthal, die versuchten, mit deutschnational-antikommunistisch-revanchistischen Vorstellungen Einfluß zu nehmen auf den politischen Kurs der Union.[72] Ziesels „Deutschland-Stiftung“ versammelte im Ehrenpräsidium Konrad Adenauer (CDU) und Alfons Goppel (CSU) mit den ehemaligen DP-Rechtsaußen Heinrich Hellwege und Hans-Joachim v. Merkatz. Auf der Liste ihres „Adenauer-Preises“ stehen rechtskonservative Grenzgänger wie Armin Mohler (1967), Arnold Gehlen (1971) und Ernst Forsthoff (1972). Im Januar 1969 rief die „Deutschland-Stiftung“ in ihrem „Deutschland-Magazin“ auf:

> „Die sittliche und politische Anarchie, die sich in der Bundesrepublik ausbreitet, das mangelnde Staatsbewußtsein und die Staatsverdrossenheit, die Gefahr der Radikalisierung der von extremen Utopien verführten Jugend und die systematische Aufweichung durch subversive Kräfte und Handlanger totalitärer Systeme weisen einer verantwortungsbewußten Presse und mit ihr der Deutschland-Stiftung wichtige Aufgaben zu“.[73]

„Hugenbergs Erben blasen zur Treibjagd“, schrieb seinerzeit Walter Jens in seiner Polemik über die Stiftung und:

> „Gottlob, daß es da noch die Deutschland-Stiftung gibt: Mit ihrer entschlossenen Absage an Mitbestimmung jeglicher Art und an die Demokratisierung der Gesellschaft. Das Deutschland-Magazin in seinem unermüdlichen Kampf für Sitte und Ordnung und gegen Wertzerfall und Staatsverdrossenheit, für Hierarchie und Autorität und gegen sozialistische Gleichheit, für die Stärke der Starken und die Schwäche jener, deren Schwäche naturgewollt ist“.[74]

Im Verlauf der siebziger Jahre wurde die bürgerlich-konservative Opposition integriert durch die Breite der Union in der parlamentarischen Opposition. Strauß’ regelmäßig ins Spiel gebrachte Überlegung einer bundesweiten Ausdehnung der CSU, die außerhalb Bayerns entstehenden „CSU-Freundeskreise“ oder auch Strauß‘ berühmt und berüchtigt gewordene, scharfen autoritär-ordnungspolitischen und konservativkulturkämpferischen Impulsen folgende Sonthofener Rede von 1974 waren taktische Manöver zur Befriedung des rechten Unions-Randes.

Im Bundestagswahlkampf 1980 wurde der Kanzlerkandidat der Union, Franz-Josef Strauß, unterstützt von einer „Bürgeraktion Demokraten für Franz-Josef Strauß". Mit dabei: Der Exil-Tscheche und Schachgroßmeister Ludek Pachmann, der Ex-„Bild"-Journalist Joachim Siegerist und der uns schon bekannte Gerhard Löwenthal. Ihnen ging es darum, mit der Wahlempfehlung für Strauß die rechtskonservativen Strömungen und Tendenzen innerhalb der Union ebenso zu stärken wie die Integrationskraft nach rechts.[75] Ein Jahr später, nach Strauß' Scheitern bei der Wahl, wird die „Konservative Aktion" aus der Taufe gehoben. Mit dabei: Wiederum Pachmann, Siegerist, Löwenthal sowie Klaus Motschmann (Schriftsteller u.a. bei „Konservativ heute") und der Würzburger Soziologie-Professor und Strauß-Günstling Lothar Bossle. Gegen die Grünen und die neuen sozialen Bewegungen, für die Politik der USA unter Reagan, für Recht und Ordnung, gegen die „Chaoten, Aussteiger und Asozialen" lautete das Programm der Konservativen Aktion.

Konservative Opposition dieses Zuschnitts verbleibt bis zur „Wende" 1982/83 noch gänzlich im Rahmen der Union. Die Brückenfunktion nach rechts umfaßt weniger den organisierten Rechtsextremismus der Stigmatisierten (DVU, NPD), viel eher die Vertriebenen- und Soldatenverbände, Teile der Medien und richtet sich an jene bürgerlich Konservativen, die der Union relativ fernstehen. Die „Deutschland-Stiftung" und der „Bund Freies Deutschland" arbeiten für die Union, indem sie sich nach 1968 gegen die Reformbemühungen und Liberalisierungstendenzen wenden und insbesondere den starren Antikommunismus des Kalten Krieges am Leben erhalten. Sie haben kein geistig-politisches Projekt außerhalb der Union, sie dringen vielmehr innerhalb von CDU und CSU auf das Geltendmachen unverrückbarer konservativer Werte. Der Union relativ distanziert gegenüberstehende Theoretiker führen einen Diskurs, der zwar außerhalb, aber nicht gegen die Union geführt wird. Dies gilt vor allem für den mit den Namen Schelsky und Gehlen verbundenen „technokratischen Konservatismus" (Greiffenhagen) der sechziger Jahre, der eine Versöhnung der Altkonservativen mit der modernen Industriegesellschaft und ihrem technisch-rationalen Sachzwang zu erreichen suchte. Er mündet in Strauß' Diktum, konservativ sein bedeute, an der Spitze des Fortschritts zu marschieren. Es gilt aber auch etwa für Rohrmoser und Lübbe, die herausragenden konservativen Kritiker des Terrorismus in den siebziger Jahren. Während für Rohrmoser der Terrorismus letztlich Endprodukt eines von Nietzsche bis zur kritischen Theorie reichenden nihilistischen Abfalls vom christlichen Humanismus bedeutet, hat Lübbe frühzeitig auf den Verlust der normativen Geltungskraft der Institutionen, ihre schwindende Autorität und mangelnde politische Souveränität hingewiesen.[76]

Ins gleiche Horn bläst der zynisch gewordene Konservatismus eines Johannes Gross, Herausgeber von „Capital" und „Impulse", geistiger Adlatus von Carl Schmitt. An ihm läßt sich zeigen, wie weit sich konservatives Denken nach der „Wende" von der Union entfernt.[77] Die NS-Vergangenheit und ihre Folgen erscheinen ihm als bloße „Verwaltung der deutschen Schuld", als „Pflege des deutschen Schuldbewußtseins". Ihre Funktion bestehe in der Erpreßbarkeit deutscher Politik. Gross sieht angesichts dessen in Bonn politische Kleinkrämer am Werk, Entscheidungsunlust und Aussitzen dominierten. In der Union herrsche Biedermännisches. Es mangele ihr an politischen Führungskräften. Es gelte, Liberalität nicht mit Permissivität zu verwechseln, politische Feinde wieder als solche wahrzunehmen, kenntlich zu machen und zu bekämpfen.

Claus Leggewie hat nicht ohne triftige Gründe von den think tanks, den „Denkfabriken der Wende" gesprochen.[78] Günter Rohrmosers und Hans-Karl Filbingers „Studienzentrum Weikersheim", das Würzburger „Institut für Demokratieforschung" um Lothar Bossle oder die „Civitas"-Gruppe um den Münchener Philosophen Robert Spaemann trennt manches, verbindet aber auch vieles: Sie betätigen sich nicht mehr als honorige Claqueure der Union, sondern sie versuchen in Tagungen und Konferenzen, Büchern und Zeitschriften kulturkämpferische Bemühungen wissenschaftlich zu fundieren und Anschluß zu finden an den akademischen Diskurs des amerikanischen Neokonservatismus.

Es ist diese Intellektualisierung konservativer Opposition, die einen folgenreichen Bruch auslöst: Konservative fragen nach der „Regierbarkeit" moderner Gesellschaften und den Grenzen des Sozialstaats (Wilhelm Hennis) und nach der Möglichkeit, „wie sich Traditionen, d.h. handlungsanleitende kulturelle Selbstverständlichkeiten, neu bilden lassen" (Hermann Lübbe), nach der Souveränität geistig-politischer Führung, sie fordern die Bildung von Eliten und formulieren eine konservativ-ökologische Fortschrittskritik (Odo Marquardt). *Die Struktur dieses politischen Denkens richtet sich nicht mehr nach ihrer Funktion als Impuls- und Stichwortgeber für die Union.* Sie wird mehr und mehr zur Kulturkritik und Zeitdiagnostik, ihre Protagonisten sind nicht mehr bloße Hilfstruppen der Union. Selbst die Bücher eines Unionspolitikers wie Kurt Biedenkopf sind innerhalb der Union umstritten, denn sie folgen mehr den Impulsen des Neokonservatismus denn der althergebrachten unionsnahen Propaganda. *Eine für die Union sehr bedeutsame Folge der neuen konservativen Diskurse wird erst jetzt spürbar: Ihre Emanzipation von der Union bedeutet auch das Abschmelzen der Integrations- und Brückenfunktion nach rechts.* Es entsteht – noch vor dem Ableben der Integrationsfigur Franz-Josef Strauß Ende 1988 – Platz für neue parteipolitische Gruppierungen. Vor und neben den „Republikanern" haben neue kleine Rechtsparteien eine ökologische Fundierung des Konservatismus versucht, die sich nunmehr dezidiert *gegen* die Union richtet. Die Ökologisch-Demokratische Partei (ÖDP) des ehemaligen CDU-Bundestagsabgeordneten Herbert Gruhl, rechts von den GRÜNEN, dient hier ebenso als Beispiel wie etwa die niedersächsische Partei „Die Weißen". Parlamentarisch zwar bedeutungslos, haben sie doch wichtige Anstöße gegeben für den neuen, auch parteipolitisch in Erscheinung tretenden Konservatismus. „Die Weißen" um den Hannoveraner Professor Konrad Buchwald und den GRÜNEN-Abtrünnigen Carl Beddermann fordern, mit einer „unbelasteten Generation ein neues, ein weißes Kapitel deutscher Geschichte aufzuschlagen": Konföderation der beiden Teilstaaten und neue moralische Maßstäbe („Gemeinsinn und solidarisches Handeln haben Ellenbogen und Raffgier abzulösen"). „Familiäre Geborgenheit" sei der Schlüssel zur Erziehung, den Ausländern müsse „der Weg zurück in die Heimat geebnet werden", denn „sie dürfen nicht zwischen den Kulturen alleingelassen werden".[79]

Der neue Konservatismus ist vielschichtig und unübersichtlich. Er setzt nicht nur an den als defizitär erachteten Strukturen der Unions-Politik an (naiver Fortschrittsglaube, Festhalten am Sozialstaatsgebot, Mangel an geistig-politischer Führung), sondern versteht sich als Korrektiv und kritische Instanz der modernen Industriegesellschaft und Hüter konservativer „Werte". Es ist kaum möglich, alle seine Verästelungen und Wurzelgeflechte auch nur annähernd erschöpfend darzustellen. Aus ihm heraus entsteht eine Richtung, die eine entscheidende Bedeutung gewinnt für die Re-Nationalisierung und das politische Umfeld des „Republikaner"-Phänomens: Es sind die das Stichwort „nationale Identität" aufgreifenden Strömungen, die man als „neokonservative Geschichtspolitik" bezeichnen könnte.[80] Sie entzünden sich an den Feierlichkeiten am 8. Mai 1985, dem Treffen von Bundeskanzler Kohl mit US-Präsident Reagan auf dem Bitburger Soldatenfriedhof, und 1986/87 an den Kontroversen im sogenannten „Historikerstreit". Lange vor der Öffnung der Berliner Mauer im November 1989 und der darauf entfachten euphorischen Debatte um deutsche Nation und „Wiedervereinigung" hatte die neokonservative Geschichtspolitik erfolgreich eine Re-Nationalisierung des politischen Klimas in der Bundesrepublik in

Angriff genommen. In einem geistig-politischen Umfeld „alternativer" Unterströmungen, Bedürfnissen nach „natürlicher Lebenswelt", dem Patriotismus der Friedensbewegung, Fragen nach einem deutschen „Sonderweg" zwischen den Blöcken[81] und aufbrechenden Nationalitätenkonflikten in Osteuropa ist dieser Vorstoß als erfolgreich zu bezeichnen. An seinem Ende steht die Schleifung einer tragenden Säule der politischen Kultur: Der breite Konsens über den historischen Stellenwert der NS-Verbrechen und die daraus folgenden politisch-ethischen Verpflichtungen und Verantwortlichkeiten werden untergraben. Das Selbstverständnis, „daß man den Nationalsozialismus", wie Wolfgang Benz formuliert, „im öffentlichen Bewußtsein halten müsse und die von den Politikern jahrzehntelang deklamierte Übereinstimmung, daß die Erinnerung an den Nationalsozialismus im kollektiven Gedächtnis bewahrt bleiben müsse, um seine Wiederholung zu vermeiden – dieser Konsens geht verloren".[82]

„Re-Nationalisierung" beginnt mit Forderungen, „aus dem Schatten der jüngeren Vergangenheit herauszutreten"[83], und endet mit demonstrativen großdeutschen Vorstellungen im Umfeld des Vereinigungsprozesses 1989/90. Der „Historikerstreit" in den Jahren 1986/87 und die Vorgänge um das Treffen des US-Präsidenten mit dem Bundeskanzler auf dem Bitburger Soldatenfriedhof 1985 haben diesen Spannungsbogen offensiv zur Richtschnur neokonservativer Geschichtspolitik gemacht. Nachdem Bundeskanzler Kohl im Herbst 1984 in symbolträchtiger Weise mit Präsident Mitterrand in Verdun „eine Geste der Versöhnung über Gräber hinweg" inszeniert hatte, plante der Kanzler anläßlich des Besuches von US-Präsident Ronald Reagan nach diesem Vorbild „eine Geste für Frieden und Aussöhnung". Sie soll auf dem Bitburger Soldatenfriedhof stattfinden, weil, so Kohl, die Garnisonsstadt Bitburg als Beispiel für deutsch-amerikanische Freundschaft stehe. Als bekannt wird, daß der Präsident auf den Besuch eines Konzentrationslagers verzichten will und daß auf dem Bitburger Friedhof auch Gräber von Soldaten der Waffen-SS sind, kommt es sowohl in der deutschen wie in der amerikanischen Öffentlichkeit zu heftigen Auseinandersetzungen über „Bitburg". Jüdische Organisationen, Veteranenverbände und 53 von 100 Senatoren fordern Reagan vergeblich auf, den Bitburger Besuch zu unterlassen, weil dadurch die Waffen-SS aufgewertet werde. Ähnliche Motive bestimmen die Debatten in der Bundesrepublik. Befürchtungen um eine ungerechtfertigte Rehabilitation der Waffen-SS, um Verdrängung von Kriegsschuld und Verhöhnung der Opfer stehen Positionen gegenüber, wie sie Regierungssprecher Boenisch paradigmatisch vertreten hat:

„Es muß sich jetzt erweisen, ob wir in der Welt als gleichberechtigte Freunde angesehen werden; dann wird der Besuch von Präsident Reagan in Bitburg zu unrecht kritisiert. Oder es sehen auch im Westen noch viele in uns nichts anderes als die Erben Hitlers. Zwei Drittel aller lebenden Deutschen sind nach 1945 geboren“.[84]

Diese regierungsoffizielle Einschätzung bündelt die Abwehr von Schuld und die nationale Rehabilitation zu einem durch die Feierlichkeiten szenisch überhöhten emotionalen politischen Programm. Seine Adressaten sind im Umkreis der konservativen „Wende“-Politik zu finden. Inhaltlich wird bei dieser Art von Geschichtspolitik die ohnehin poröse Grenzlinie zwischen Konservatismus und Rechtsextremismus aufgehoben. Boenischs Vorgehen erfolgt nicht zufällig: Die „Hilfsgemeinschaft auf Gegenseitigkeit der Angehörigen der ehemaligen Waffen-SS“ (HIAG) erfährt seit der „Wende“ 1982 eine überaus schonende, pflegliche Behandlung seitens des Bundesinnenministers. Sie taucht seitdem nicht mehr in den Verfassungsschutzberichten auf.[85] Wenige Tage nach „Bitburg“ beteiligt sich der Bundeskanzler weiter an der Re-Nationalisierung des politischen Klimas. Als Festredner beim Schlesier-Treffen im Juni 1985 mag er zwar das Motto „Schlesien bleibt unser“ nicht teilen, doch der angepaßte Revanchismus in Form des neuen Mottos „Schlesien bleibt unser in einem vereinten Europa“ entspricht der politischen Linie Kohls zur Integration des rechten Unions-Flügels.

Intellektuelle Weihen erhält die Re-Nationalisierung im sogenannten „Historikerstreit“ 1986/87. Dabei ging es um die Frage der „Singularität“, der „Einzigartigkeit“ der nationalsozialistischen Judenvernichtung. Es ist hier nicht möglich, die ganze Debatte zu resümieren.[86] Zwei für unseren Zusammenhang entscheidende Aspekte sind: das von konservativen Historikern artikulierte Bemühen um „Normalisierung“ der jüngeren deutschen Geschichte und der Versuch einer historischen „Sinnstiftung“, in dem Geschichtsbetrachtung die Aufgabe zukommt, „nationale Identität“ zu fördern. Den politischen Imperativ hatte Franz-Josef Strauß vorgezeichnet. Er forderte unmißverständlich, daß die Vergangenheit „allmählich bewältigt und in der Versenkung, oder Versunkenheit besser gesagt, verschwindet. Denn die ewige Vergangenheitsbewältigung als gesellschaftspolitische Dauerbüßeraufgabe lähmt ein Volk!“[87] Das liest sich in der intellektuell-wissenschaftlichen Fassung etwa so: „Ein epochales Bewußtsein“, formuliert Ernst Nolte, „muß an die Stelle eines bloß negativ-normalen Bewußtseins treten, das immer nur von den Deutschen als Deutschen verlangt, daß sie sich als Schuldige bekennen“.[88] „Sollen die Deutschen für immer Sündenböcke sein?“ hatte „Die Welt“ das Nolte-Interview überschrieben und damit die typische Schlagzeilen-Politik der „Deutschen Nationalzeitung" übernommen. Wissenschaftler wie Eckhard Jesse beklagen noch einige Jahre später, die veröffentlichten Forderungen nach NS-Vergangenheitsbewältigung seien nicht in Einklang zu bringen mit der öffentlichen Meinung, die längst schon deren Beendigung wolle, so als ob veröffentlichte Meinungen sich nach Mehrheiten zu richten hätten.[89] Intellektuellen Rechtspopulismus könnte man solche Deutungsbemühungen nennen.

Gerd-Klaus Kaltenbrunner, Träger des Konrad-Adenauer-Preises für Literatur 1986 und einer jener Rechts-Intellektuellen im Umfeld der „Neuen Rechten" zwischen etabliertem Konservatismus und Rechtsextremismus, hat in einem Beitrag für die Zeitschrift „Mut" politische Folgerungen für die deutschen Konservativen gezogen.[90] „Eine tiefgreifende ‚Enthitlerisierung' der Bundesrepublik ist überfällig", meint Kaltenbrunner. Sein zentrales Argument, das Noltes Zusammenhang von Stalinismus und Nationalsozialismus noch weiter radikalisiert, besteht in einer geradezu primitiven Aufrechnung von historischen Staatsverbrechen, die nicht die Spur von Lernprozessen aufweist und in der Substanz jenem historischen Revisionismus das Wort redet, der bislang überwiegend auf neonazistische Kreise beschränkt blieb. Kaltenbrunner schreibt:

> „Ich würde mich nicht jederzeit durch den Hinweis auf Hitler moralisch erpressen lassen. Ich wäre genauso normal wie die Franzosen, Italiener, Russen und Mongolen, die ja auch nicht die Verbrechen Neros und Mussolinis, Robespierres und Napoleons, Iwans des Schrecklichen und Stalins, Attilas und Dschingis Khans durch kollektive Selbstzerknirschung zu sühnen versuchen".

Solche Strategien öffnen die – ohnehin durchlässigen – Schleusen nach rechts, sie bestärken die „Unbelehrbaren" in ihren Vorurteilen und tragen zur Normalisierung des Rechtsextremismus bei. Die Äußerung des französischen Front National-Führers Jean-Marie Le Pen vom September 1987, der Massenmord an den Juden sei bloß ein „Detail" in der Geschichte des Zweiten Weltkriegs[91], fügt sich ein in das intellektuelle Klima von Noltes These, der Nationalsozialismus sei Folge einer „asiatischen" Tat Stalins, als er den „Archipel Gulag" errichtete, oder auch Hillgrubers Behauptung, die Vertreibung aus den Ostgebieten sei historisch so bedeutsam wie die Judenvernichtung.[92] Vergleiche wie die des baden-württembergischen CDU-Kultusministers Mayer-Vorfelder – „die Chaoten in der Hafenstraße von Hamburg, in Berlin und Wackersdorf springen schlimmer herum als die SA jemals"[93] – errichten daneben eine Ebene alltäglicher, geduldeter, akzeptierter und Stammtisch-kompatibler Plattheiten, die offensiv das Lernen aus der Vergangenheit zurückweist.

In diesem Klima offenen Grenzverkehrs zwischen rechts und rechtsaußen, in dem der Unionspolitiker Jürgen Todenhöfer bekennt: Ich denke deutsch (Buchtitel), kann Schönhuber, bezogen auf seine Vergangenheit in der Waffen-SS, stolz und selbstbewußt verkünden: Ich war dabei! Und Hellmut Diwald fragt im Parteiblatt „Der Republikaner" (Nr. 5/1987) im Stil der „National-Zeitung": „Die Deutschen – Ein Verbrechervolk?" Die neokonservativen Geschichtspolitiker haben keine inhaltlichen Trennungslinien zu rechtsextremen Deutungen und Anspielungen, wie sie Le Pen, Schönhuber oder auch Diwald vortragen, vorgenommen und ihnen fehlen offenbar die politisch-moralischen Maßstäbe, um die Folgen ihres Tuns, die Aufwertung der extremen Rechten, richtig einschätzen zu können. Wenn an solchen Nahtstellen konservativ-rechtsextremer Geschichtspolitik von Konservativen keine Trennlinien mehr vorgenommen werden, dann könnte der von rechtsextremen Autoren wie David Irving und anderen vertretene radikale Revisionismus sich mit den Auffassungen der Konservativen unauflöslich vermischen und die Legendenbildungen an den provinziellen Stammtischen langfristig bestärken.

Nach der Öffnung der Berliner Mauer im November 1989 scheint der Abbau von politischen Trennlinien zwischen Konservatismus und Rechtsextremismus beschleunigt voranzugehen. Das gilt zunächst für die Themen „nationale Frage" und Umgang mit der NS-Vergangenheit und ihren Folgen. Seit die sozialen Verwerfungen sichtbar werden und in deren Folge die Pogromstimmungen gegen Asylbewerber und Ausländer gewalttätige Formen annehmen, ist in der Asyldebatte ein Zusammenrücken der Konservativen und der Rechtsextremen unübersehbar. Denunzierende Schlagworte wie „Asylmißbrauch" und „Asylbetrug" machen hier wie dort die Runde und suggerieren, mit der Änderung des Artikels 16 des Grundgesetzes seien die Zuwanderungsprobleme zu lösen.

An einem Beispiel soll demonstriert werden, wie die beiden Lager in der nationalen Frage und in puncto Geschichtsrevisionismus aufeinander zugehen. Am 6. Februar 1990 nimmt Ernst-Otto Maetzke in der „Frankfurter Allgemeinen Zeitung" das politische und ökonomische Desaster der DDR nach Honecker zum Anlaß, über die Aufarbeitung der Vergangenheit in der DDR zu räsonnieren. Zwar müsse der stalinistischen Verbrechen gedacht werden, gleichwohl aber sei jede Art von „Vergangenheitsbewältigung" abzulehnen. Dabei schlägt der Autor den Sack, um den Esel zu treffen:

„Doch vom ‚Bewältigen‘ einer Vergangenheit sollte diesmal nicht die Rede sein. Auch die Wortkeule ‚Verdrängung‘, geschwungen beim Schöpfen des Verdachts mangelnden Bewältigungswillens, sollte aus dem Spiel bleiben. Schon gar die schäbige Unterstellung einer ‚Unfähigkeit zu Trauern‘ als der angeblichen seelisch-konstitutiven Ursache von Verstocktheit und Verdrängung. Mit alledem ist für die Moral nichts gewonnen und für die rationale Besinnung viel verloren worden“.[94]

Ein „neuer Bewältigungsteufelskreis“ dürfe „nicht in Gang gesetzt werden“, ein „unwahrhaftiges Anmahnen von Büßergesinnung“ behindere und verzögere den „geistigen Heilungsprozeß der Deutschen“, er bewirke „Störungen des inneren Friedens, die als Dauerfolge verbissener moralischer Strafgesinnung entstünden“. Geist und Buchstaben dieses Kommentars finden sich seit Jahrzehnten in den Zeitungen von DVU, NPD und jetzt auch den „Republikanern“. Indem sie mit ihren Gedanken auch die FAZ erreichen, machen sie Verdrängung, Nicht-lernen-wollen, keine historisch-politischen Konsequenzen ziehen, politische Blauäugigkeit und dreisten Nationalismus zum Programm des bürgerlichen Konservatismus, leisten sie der sozialen und liberalen Demokratie, die sich sensibel ihrer historischen Wurzeln in Deutschland bewußt ist, einen schlechten Dienst.

Hans Mommsen hat in alldem „eine Veränderung der Schlachtordnung konservativen Denkens in der Bundesrepublik“ gesehen. Nach 1945 habe es an Tendenzen nicht gefehlt, das Dritte Reich als solches zu singularisieren und als Betriebsunfall deutscher Geschichte zu werten. Neu und bedrohlicher sei, daß jetzt die Judenvernichtung nicht mehr als singulär bewertet werde, sondern als Glied einer Kette von verschiedenen Völkermorden.[95] Eike Hennig sieht in der neo-konservativen Geschichtspolitik ein objektiv umfassend angelegtes arbeitsteiliges Projekt: Die Forderungen von Strauß und Dregger, aus dem Schatten der Geschichte herauszutreten, wendeten sich an eher rechte Revisionisten. Kohls Rede von der „Gnade der späten Geburt“ spreche die biographisch unbefangene Bevölkerungsmehrheit an. v. Weizsäckers Ansprache zum 8. Mai 1985 sei intellektuelles „Kontrastprogramm“ und Bezugsrahmen, die Gruppe um Nolte schließlich teste die Reaktion der Öffentlichkeit und ziele auf die Meinungsbildung in den gesellschaftlichen Funktionseliten. Hennig sieht „das Bedrohliche des neuen historischen Legitimationsversuchs“ in der Gleichzeitigkeit der Vorstöße an unterschiedlichen politischen und publizistischen Fronten.[96] Bedeutet dies, wie Micha Brumlik meint, „das Umschwenken deutscher Konservativer zum aggressiven Nationalismus“?[97]

Politische und wissenschaftliche Beobachter, Publizisten und Meinungsforscher verbindet die Auffassung, daß das „Republikaner"-Phänomen mit der Lage der Union auf das Engste verknüpft ist. Die Re-Nationalisierung des politischen Klimas seit 1982/83 geht nicht allein, vielleicht nicht einmal überwiegend auf das Konto von CDU und CSU als Parteien. Gleichwohl bleibt nachzufragen: Worin besteht der Zusammenhang zwischen der Re-Nationalisierung, den zementierten „Brücken nach rechts" und den innerparteilichen Kräfteverhältnissen der Union? Während die CSU ihre zentrale Aufgabe in Bayern, nämlich die Überführung des einstigen Agrar-Flächenlandes in eine moderne Industriegesellschaft bei gleichzeitigem Bewahren traditionalistischer kultureller Strukturen während der Ägide Strauß kontinuierlich löst, vollziehen sich innerhalb der CDU deutlichere Umbrüche. Sie wird, verstärkt seit Ende der sechziger Jahre, von einem honorigen „Kanzlerwahlverein" zu einer durchorganisierten, programmorientierten Volkspartei. Aus der parlamentarischen Opposition heraus wird sie zu einer Mitglieder-Partei, die mehr und mehr die innerparteiliche Willensbildung zu einem wichtigen Kriterium ihrer Politik macht.[98] In den achtziger Jahren entwickeln sich vier Strömungen: das bürgerlich-katholische Zentrum unter Kohl als Integrationsfigur, der nationalkonservative Flügel mit engen Beziehungen zur CSU (Carstens, Dregger), die arbeitnehmerorientierten Sozialausschüsse (Geißler, Blüm, Fink) und eine neuartige aufgeklärt-konservative Richtung, die mit den Namen v. Weizsäcker, Späth, Biedenkopf, Süßmuth und Rommel verbunden ist.[99]

Nach der „Wende" 1982/83 bricht ein alter Konflikt wieder auf: In der Deutschland-Politik stehen sich eher liberale „Reformer", die die Kontinuität der entspannungspolitischen Bemühungen der sozialliberalen Koalition gewahrt wissen wollen, und der rechte „Stahlhelm"-Flügel gegenüber, der eine Wende auch auf diesem Gebiet verlangt. Der Konflikt schwelt, offen und verdeckt, kulminierend in einer andauernden „Grenzdebatte" im Umfeld der Öffnung der DDR-Grenzen: Fordern die einen, wie Rita Süßmuth, eine deutsch-deutsche Bestandsgarantie für die polnische Westgrenze, halten die anderen an der „Offenheit der deutschen Frage" bis zu einem europäischen Friedensvertrag fest. Dieser von den Vertriebenenverbänden unterstützte „deutschnationale" Flügel rekurriert nicht nur auf prinzipielle Positionen, er zielt auch auf jenes rechte Wählerpotential, das zum gemeinsamen Einzugsbereich von Union und „Republikanern" gehört. Die Ablösung Heiner Geißlers als CDU-Generalsekretär im Sommer 1989 gibt dieser Richtung das Signal, nicht mehr im Mitte-Links-Spektrum, sondern rechtsaußen Wähler zu integrieren und die Re-Nationalisierung des politischen Klimas zu nutzen.

Resümieren wir die Wandlungen des Konservatismus vor und nach 1982/83, um sie als Voraussetzungen des „Republikaner"-Phänomens verstehen zu können: Vor der „Wende", zur Zeit der parlamentarischen Opposition der Union, äußert sich rechts-konservatives Denken innerhalb und außerhalb der Union, aber kaum *gegen* CDU und CSU. Nach der „Wende" setzt ein rechtes Denken ein, das sich mehr und mehr *gegen* die Union in der Regierungsverantwortung richtet. Es fordert das Rückgängig-Machen der seit 1968 erreichten Liberalisierung und Demokratisierung der Gesellschaft, nimmt das Schlagwort von der „geistig-politischen Wende" beim Wort und setzt auf tiefgreifende Veränderungen in der Innen- und Außen- bzw. Ostpolitik. Die Kritik an dem von Franz-Josef Strauß im Sommer 1983 eingefädelten Milliarden-Kredit an die DDR ist ein herausragendes politisches Beispiel, signalisiert er doch in den Augen von Konservativen die Kontinuität sozialliberaler Entspannungspolitik. Es folgen vielfältige und dauerhafte Forderungen nach einer geistig-politischen „Wende", Partei-Neugründungen zwischen Union und Rechtsextremismus und schließlich ein aus mehreren Richtungen kommender und an unterschiedlichen publizistischen Fronten zum Ausdruck gelangender Versuch der Re-Nationalisierung. Wo sich dieser Diskurs nicht gegen die Union und ihre real existierende Ostpolitik richtet, gleitet er ihr dennoch zunehmend aus den Händen. Die an den neuen Mittelschichten und den Prozessen des Wertwandels orientierte Politik des Konrad-Adenauer-Hauses tut ein übriges, die neuen rechten Strömungen zu provozieren. Die Ablösung von CDU-Generalsekretär Geißler im Sommer 1989 ist ein Versuch der Re-Integration des rechten Klima-Umschwungs, ein Bemühen, Anschluß zu finden an den neuen Nationalismus und die Unions-Kritiker von rechts nicht weiter zu verprellen.

Die Öffnung der Mauer im November 1989 bietet die Gelegenheit, diese Strategie fortzusetzen und sich an die Spitze der Debatte um nationale Identität, deutsche Frage und Wiedervereinigung zu setzen. Die Zwiespältigkeit und Doppelbödigkeit dieses Unterfangens zeigt sich im Umgang der Union mit den „Republikanern": Integration *und* Ausgrenzung heißt die Devise bei gleichzeitig hohen innerparteilichen Reibungsverlusten und langfristig schwer kalkulierbaren Folgen. Das kann an den beiden Extrempositionen verdeutlicht werden: „Für die CDU", so der ehemalige Berliner Innensenator Heinrich Lummer, „vielleicht auch für die CSU, wird sich die Frage nach einem Koalitionspartner in einer Deutlichkeit ergeben, die manche gar nicht wahrhaben wollen.

Die Republikaner sind mindestens so koalitionsfähig wie die Alternative Liste". Lummer knüpft mit dieser innerparteilich umstrittenen, aber nicht isolierten Positionsbeschreibung[100] an das Offenhalten der Koalitionsfrage an, das der rheinland-pfälzische Ministerpräsident Wagner zuvor betont hatte. Auf der anderen Seite sieht Bayerns Innenminister Edmund Stoiber (CSU) einen „unverantwortlichen Umgang" der „Republikaner" mit der deutschen Geschichte und Ähnlichkeiten zwischen ihnen und der „Demagogie der Nazis gegen das von ihnen bekämpfte ‚Weimarer System'".[101] Ähnlich entschieden äußert sich Baden-Württembergs Ministerpräsident Lothar Späth: Lieber gehe er mit seiner Politik unter, als sich zum „Steigbügelhalter einer Entwicklung" zu machen, die alles Erreichte in Frage stelle.[102] Einen dritten, alternativen Deutungsvorschlag hat Kurt Biedenkopf unterbreitet. Er hält die inhaltliche Auseinandersetzung mit den sozialen Ursachen des „Republikaner"-Wahlerfolgs für vordringlich. Es gehe darum, soziale Ungleichheiten und Defizite zu beseitigen, die Komplexität der Gesellschaft nachvollziehbarer zu machen, mehr Bürgerbeteiligung anzustreben. „Die ausschließliche Alternative, entweder Koalitionsfähigkeit der Republikaner", so Biedenkopf,

> „oder ihre Bekämpfung als rechtsradikale Gruppierung außerhalb des demokratischen politischen Spektrums, ist keine konstruktive Alternative. Entscheidend scheint mir zu sein, daß wir uns mit den Ursachen für das entstandene Defizit befassen und unsere politischen Anstrengungen auf seine Beseitigung richten. Diese Beseitigung wiederum ist nur in der politischen Auseinandersetzung mit den Sozialdemokraten zu leisten. Deshalb sind die Sozialdemokraten auch unsere Hauptgegner".[103]

Nach den Wahlerfolgen rechtsextremer Parteien in Baden-Württemberg und Schleswig-Holstein im Frühjahr 1992 wird die Diskussion in der Union, zumal angesichts ungelöster Finanzierungsprobleme im Rahmen der deutschen Vereinigung und anhaltender fremdenfeindlicher Ausschreitungen, noch mehr polarisiert. Auf der einen Seite stehen Zirkel in Baden-Württemberg und Hessen, die Koalitionen mit den „Republikanern" perspektivisch nicht ausschließen wollen. Sie folgen den Überlegungen Heinrich Lummers, der Grüne und „Republikaner" als Flügelparteien betrachtet und das Zusammengehen mit der Rechten für ebenso legitim hält wie Koalitionen mit den Grünen. Auf der anderen Seite hat die Christlich-Demokratische Arbeitnehmerschaft (CDA) in ungewöhnlich scharfer Form das Dilemma der Union beschrieben. Ein Papier ihres Vorsitzenden Dormann fordert die Union auf, stärker als Anwalt der sozial Schwachen aufzutreten, die neue soziale Frage konsequent zu lösen und das vorurteilsfreie Zusammenleben von Deutschen und Nicht-Deutschen zu fördern. Weiter heißt es:

> „Die Bekämpfung der rechtsradikalen Parteien ist eine Aufgabe aller demokratischen Kräfte, jedoch steht die CDU hier in einer besonderen Verantwortung. Die CDU muß jeden Eindruck vermeiden, als würden die Thesen der rechtsradikalen Parteien übernommen. Es ist ein strategischer Irrtum, die Anhänger der Republikaner dadurch zu bekämpfen, daß man ihre Ansichten hoffähig macht. Entscheidend kommt hinzu: Die CDU kann Wahlen nicht am rechten Rand, sondern nur in der Mitte gewinnen. Jedes Anbiedern an die Rechtspopulisten seitens der CDU führt unweigerlich dazu, daß die Union ihre strukturelle Mehrheitsfähigkeit verliert."[104]

Die „Republikaner" profitieren von den Wandlungen des Konservatismus nach der Wende 1982/83: von der kulturellen, geschichtspolitischen Bemühung um Nationalisierung, den Forderungen nach einer „wirklichen" geistig-politischen Wende und den widersprüchlichen, große Unsicherheit verratenden Deutungen der Unions-Politiker. Das Dilemma der Union hat Rolf Zundel treffend mit den Worten beschrieben, es sei „eine fast heillos schwierige Aufgabe, den deutschnationalen, strukturkonservativen Teil der Union bei Besinnung und bei der Stange zu halten und zugleich die moderne Union nicht verkümmern zu lassen".[105] Unabhängig vom weiteren Fortgang dokumentieren die „Republikaner"-Wahlerfolge 1989 und 1992 die Existenz einer politischen Alternative rechts von der Union. Die Jahrzehnte für gewiß gehaltene Selbstverständlichkeit der politischen Hegemonie der Union auf dem rechten Flügel ist fraglich geworden. Im Zuge der Re-Nationalisierung sind die Themen der „Republikaner" die der politischen Tagesordnung, ordnungspolitisch und deutschlandpolitisch kaum mehr von denen der Union zu unterscheiden. Das Hin und Her zwischen dem Weg der Anbiederung (Lummer, Wagner) oder des Offenhaltens der Koalitionsfrage (Petersberger Kreis),[106] den hoheitlichen Verrufserklärungen, wie ihn Stoiber und Geißler im Ruf nach dem Verfassungsschutz einschlagen, und einer ernsthaften Auseinandersetzung, wie ihn die CDA fordert, trägt unterm Strich zur Mobilisierung und Zentralisierung rechtskonservativer Opposition im „Republikaner"-Umfeld bei – über die Wahltage hinaus. Der Beschluß des CDU-Präsidiums vom 4. Juli 1989, jede politische Zusammenarbeit und Koalitionen mit den „Republikanern" zu unterlassen und die Aufforderung an die Landesverbände, „die Einhaltung dieses Beschlusses sicherzustellen",[107] ist angesichts dessen nurmehr symbolischer Akt einer politischen Ausgrenzung, die den faktisch bestehenden offenen Grenzverkehr zwischen beiden Lagern nicht überdecken kann. Kein geringerer als der CDU-Bundestagsabgeordnete und Bauernverbands-Präsident v. Heeremann hat ihn ad absurdum geführt, indem er den sechs „Republikaner"-Abgeordneten zum Einzug ins Europäische Parlament „herzliche Glückwünsche und damit gleichzeitig unseren Wunsch auf gute Zusammenarbeit" überbringen mochte. Heeremann bat die „Republikaner" um Unterstützung, „wenn es darum geht, die Zukunft der bäuerlichen Familienbetriebe in der Bundesrepublik Deutschland auch im gemeinsamen Binnenmarkt sicherzustellen".[108]

5. Bedingungen: Autoritär-nationalistische Einstellungs- und Wählerpotentiale

Autoritäres, nationalistisches, fremdenfeindliches, aggressives und intolerantes Protestverhalten, insbesondere bei Jugendlichen und jungen Erwachsenen, gehört seit mehr als zehn Jahren zu den Erscheinungsbildern der (vor)politischen Szenerie. Seitdem sind es nicht nur politische Parteien und Organisationen, die diesen Protest zum Ausdruck bringen, sondern auch jugendliche Cliquen, Skinheads, Fußball-Fangruppen und vielfältige, diffuse Meinungsbilder außerhalb der recht kleinen und politisch wenig bedeutenden Organisationen. Nicht nur in den politischen Randzonen marginalisierter Parteien und Grüppchen sind rechtsextremistische Einstellungsmuster zu finden, sondern auch darüber hinaus, in der Mitte der Gesellschaft. Die sozialen Verwerfungen im Zuge der deutsch-deutschen Vereinigung und das Asyl-Thema haben eine ohnehin vorhandene autoritäre, ethnozentristische Grundströmung verstärkt und auf den Verhaltensebenen von Militanz gegenüber Fremden und zudem beim Wahlverhalten Wirkungen gezeigt. „Der Anteil der Wähler", so der Wahlforscher Konrad Schacht, „der sich für rechtsradikale Parteien entscheidet, ist bei uns nur ein relativ geringfügiger Teil dessen, was in unserer Gesellschaft an rechtsradikalem Einstellungs- und Protestpotential existiert und was z. B. in wirtschaftlichen Krisensituationen oder bei starkem Zuwanderungsdruck zugunsten einer rechtsradikalen Partei mobilisiert werden könnte".[109] „Illiberalität, Intoleranz, grobe Vereinfachungen, autoritäre Hinnahme fixer Regeln und Normen, Beharrung und die Ablehnung von Fremden (‚Andersartigen') – jene wichtigsten Merkmale einer rechten Einstellung und Persönlichkeit – verbleiben", so Eike Hennig daran anknüpfend[110], „weitgehend im Spektrum der etablierten Verhaltensmöglichkeiten, wobei es die Wähler der Unionsparteien sind, bei denen ein Großteil der Personen mit rechtsextremer Einstellung untertaucht". Bereits vor der Vereinigung der beiden deutschen Staaten im Oktober 1990 wurde offensichtlich, daß latente Einstellungen und manifeste Protestformen von rechts keineswegs auf westlich-kapitalistische Gesellschaften beschränkt sind, sondern sich auch in den ehemaligen sogenannten sozialistischen Ländern ausbreiten. Doch während dafür der politische Machtmißbrauch einer korrupten Clique wesentlich mitverantwortlich gemacht werden kann[111], ist dieses Motiv für die Entwicklung in den alten Bundesländern wie auch in den übrigen Ländern Westeuropas nicht ursächlich.

Neuere Untersuchungen haben gezeigt, daß autoritär-nationalistische Einstellungen in der Geschichte der Bundesrepublik in Teilen der Bevölkerung immer vorhanden waren. Dazu gehören auch beachtliche antisemitische Vorurteilsstrukturen.[112]

Nicht nur in der Bundesrepublik, sondern in allen EG-Ländern ist ein mehr oder weniger starkes Potential vorhanden, das mit Werten und Einstellungen der extremen Rechten sympathisiert. In Frankreich ist es dem Front National mit seiner Leitfigur Jean-Marie Le Pen seit 1983 schrittweise gelungen, das Protestpotential auch politisch zu formieren und mit Wahlergebnissen zwischen zehn und dreißig Prozent zu einem ernsthaften Faktor französischer Politik zu machen.[113] Ähnliches gilt in Österreich für Jörg Haiders FPÖ.[114] Selbst die stabilitätsverwöhnte Schweiz verzeichnet verstärkte Ausschreitungen gegen Asylbewerber, zunehmenden Rassismus und die Organisierung rechtsextremer Gruppierungen.[115] Dafür lassen sich politische und historische Gründe anführen, aber auch sozialpsychologische: Rechtsextreme Protestbereitschaft könnte man als „psychologischen Verteidigungsmechanismus" bezeichnen, zu dem bestimmte Gruppen der Gesellschaft Zuflucht nehmen, wenn sie sich bedroht fühlen.

Kollektive Bedrohungsängste können vielfältige Ursachen haben: die Anonymität von Bürokratien und sozialen Beziehungen, das Gefühl, nicht mehr mithalten zu können bei den beruflichen und gesellschaftlichen Leistungsanforderungen, die Konkurrenz um Wohnungen und Arbeitsplätze, Angst vor dem Zuzug von Ausländern, Aussiedlern und Asylbewerbern und damit auch vor fremden Kulturen, vor dem Fremden schlechthin. Ängste können real begründet sein, oft aber speisen sie sich aus tradierten Vorurteilen, besonders dann, wenn sie sich in aggressiver Weise gegen Minderheiten richten. Alle Generationen sind davon mehr oder weniger betroffen, doch Jüngere und Ältere mehr als die mittleren Altersgruppen. „Für die Älteren trifft dies zu“, so eine neuere empirische Studie[116], „weil sie bestimmte autoritäre Gewohnheiten und Interpretationsmuster während ihrer frühen Sozialisationsphase erworben haben könnten und zusätzlich wegen einer natürlichen Tendenz, im Alter weniger flexibel und tolerant zu sein. Für die Jüngsten könnte dies gelten, weil sie einer ‚no future‘-Generation mit hoher Arbeitslosigkeit und genereller Zukunftsunsicherheit angehören, während insbesondere den weniger Gebildeten oft die zum Umgang mit komplexen sozialen und politischen Phänomenen notwendige Erfahrung und Toleranz fehlen dürfte“.

Rechtsextremismus ist keine politisch-soziale Erscheinung, für die *ein* Ursachenbündel allein maßgeblich wäre, sondern ein Mehrebenen-Problem, das unterschiedliche Zugänge erfordert. Daher können *sozial*psychologische Faktoren und Ansatzpunkte nicht beanspruchen, *den* Rechtsextremismus als solchen erklären zu können, sie leisten aber unabdingbare Hilfestellung, wenn es darum geht, die Frage der Anfälligkeiten von Bevölkerungsteilen für rechte Politik zu erörtern.[117]

Vor mehr als fünfzig Jahren, 1941, stellte Erich Fromm in seinem Buch „Die Furcht vor der Freiheit“ angesichts des nationalsozialistischen Deutschland die Frage: „Kann Freiheit zu einer Last werden, die den Menschen so schwer bedrückt, daß er ihr zu entfliehen sucht?“[118] Fromms Frage scheint paradox: Wie kann ein als positiv empfundener Wert (Freiheit) zu einer Last werden? Seine Antwort lautet, der moderne Mensch habe sich zwar von den Fesseln der vorindustriellen Gesellschaft gelöst, doch er habe es noch nicht gelernt, mit den neuen Freiheiten umzugehen, und wisse nicht, was an die Stelle der alten Bindungen an Religion, soziale Hierarchien, festgefügte traditionelle Werte treten könne. Fromm ist der Ansicht, „daß der moderne Mensch, nachdem er sich von den Fesseln der vor-individualistischen Gesellschaft befreite, die ihm gleichzeitig Sicherheit gab und ihm Grenzen setzte, sich noch nicht die Freiheit – verstanden als positive Verwirklichung seines individuellen Selbst – errungen hat; das heißt, daß er noch nicht gelernt hat, seine intellektuellen, emotionalen und sinnlichen Möglichkeiten voll zum Ausdruck zu bringen“.[119] Die Folgen: Unsicherheit, Orientierungsschwächen, Angst. Insbesondere Wirtschaftskrisen mit ihren objektiven Gefährdungen, möglicher Arbeitslosigkeit, Einkommensverlusten, Statusbedrohungen, subjektiv empfundener Ausweglosigkeit, können dazu führen, daß der einzelne in radikalen, autoritären Lösungen einen Ausweg sieht. Indem der Nationalsozialismus einen starken Staat, ein starkes Deutschland beschwört, indem er Feindgruppen und Sündenböcke benennt (die Juden, die Kommunisten), bietet er scheinbare Krisenlösungsperspektiven, die gerade jene Bevölkerungsgruppen ansprechen, die am meisten von der Krisenangst betroffen sind. Ideologie und Praxis der „Volksgemeinschaft" schließlich versprechen die Überwindung von Isolation, undurchschautem Pluralismus, Klassenstrukturen und politisch-kultureller Zersplitterung.[120]

Fromms These von der „Furcht vor der Freiheit" ist nach wie vor bedenkenswert, zumal Jugendforscher heute zahllose Belege dafür finden, daß Individualisierungsprozesse in der Gesellschaft bei Jugendlichen zu autoritär-nationalistischen Einstellungen führen können.[121] Gleichwohl ist das Muster der Krisenangst heute schwerlich vergleichbar mit den Krisensymptomen Ende der zwanziger- und Anfang der dreißiger Jahre. Massenarbeitslosigkeit heute ist nicht verbunden mit Massenarmut, die Mittelschichten unserer Zeit drohen nicht, ins Proletariat abzusinken. Die allgemeine Akzeptanz und Unterstützung des politischen Systems heute ist – obwohl längerfristige schleichende Vertrauensverluste verzeichnet werden[122] – weitaus größer als in der politisch-kulturell zersplitterten Weimarer Republik. Daher müssen wir genauer untersuchen, wie Krisenangst heute beschreibbar ist und auf welchen Ursachen sie basiert.

War Ende der Weimarer Republik Massenelend und -arbeitslosigkeit bei nahezu ausbleibender Sozialpolitik das dominierende Zentrum von Krisenangst, also „absolute Deprivation", so könnte man heute eher von „relativer Deprivation" sprechen: von einer starken Kluft zwischen Werthaltungen/Erwartungen/Lebensentwürfen auf der einen, ihren faktischen Realisierungschancen auf der anderen Seite.[123] Trotz dieser Unterschiede können beide Formen von Deprivation zu sozialer Unzufriedenheit und politischer Protestbereitschaft führen. Von „relativer Deprivation" kann man sprechen, „wenn

- die Wertverwirklichungschancen einer bestimmten Gruppe langsamer wachsen als die vergleichbarer Gruppen,
- wenn ein starkes Ungleichgewicht zwischen den Realisierungsmöglichkeiten konkurrierender Wertansprüche herrscht (z.B rasche Verbesserung der Position im ökonomischen Bereich bei stagnierendem politischen Einfluß), oder
- wenn im Vergleich zu den vorhergegangenen Perioden die Zuwächse an Befriedigungsmöglichkeiten plötzlich abnehmen".[124]

Während absolute Deprivation kurzfristige, intensive soziale und materielle Verarmung bedeutet, ist relative Deprivation gleichbedeutend mit einem langsameren, schleichenden Prozeß sozialer Desintegration, an dessen Ende manifeste politische Protestformen stehen können, aber nicht müssen. Die vorliegenden empirischen und wahlsoziologischen Untersuchungen über die Wähler der „Republikaner" haben diesen Begründungszusammenhang deutlich hervorgehoben.[125] An der Theorie relativer Deprivation, einem „sozialpsychologischen Erklärungsmuster für politischen Protest" (Infratest), kann dabei nicht vorbeigegangen werden. Nach rechts tendierende Krisenangst heute hat folglich mindestens diese zwei Gesichter:

- Enttäuschte, nicht eingelöste Erwartungen an die Gesellschaft, an die Politik und ihre (hohlen) Versprechungen, an den Wohlfahrtsstaat und seine Verheißungen und nicht zuletzt an die Möglichkeiten eigener Biographie-Planung bilden die Grundlage von „relativer Deprivation", von Krisenangst und Protestbereitschaft. Mit-entscheidend ist das Ausbleiben staatlicher Legitimation, der Vertrauensverlust in die Möglichkeiten demokratischer Politik und politischer Institutionen.
- Das Verlangen nach politischer Klarheit, nach Führung, nach der Überhöhung der eigenen und der Abgrenzung von Fremdgruppen, nach einem aggressiven, entscheidungsfreudigen Politikstil in einem starken Staat, nach Identifikationsobjekten (Nation, Vaterland, Deutschtum) ist *eine* mögliche Folgerung aus dem Syndrom relativer Deprivation. Andere denkbare Möglichkeiten sind privatistische Isolation, Anschluß an gesellschaftliche Randgruppen oder auch psychosozial bedingte Krankheit. Insofern gibt es keine *zwangsläufig* nach rechts tendierende Auflehnung gegen relative Deprivation.

Die beiden Gesichter moderner, nach rechts tendierender Krisenangst werden zusammengehalten von relativer Deprivation, die sozusagen keinen demokratischen Ausweg findet. Warum ist dieser Ausweg versperrt? Was sind die Gründe dafür, daß er nicht gefunden (und bisweilen auch gar nicht gesucht) wird? Aus welchem Grunde sind Orientierungen blockiert, die eine demokratische Lösung sozialer Fragen ermöglichen?

Strukturell erzwungene und von den politisch Verantwortlichen je unterschiedlich abgefederte *soziale Ungleichheit* scheint eine wesentliche Bedingung sozialer *und* politischer Desintegration zu sein. Die ungleiche Verteilung von Lebenschancen im allgemeinen, von Arbeits- und Bildungsperspektiven, von materiellen und immateriellen Gratifikationen (Einkommen, berufliche Geltung und Ansehen) im Besonderen ist der soziale Humus, auf dem Protestbereitschaft entsteht. Sie hat sozialstrukturelle, schichtspezifische Hintergründe, aber auch sozialräumliche: Die Ungleich-Entwicklung von West- und Ostdeutschland ist dafür ein ebensolches Beispiel wie etwa die neuen sozialräumlichen Spaltungen in der Entwicklung der Großstädte.[126] Protestbereitschaft wächst dann, wenn die Formen sozialer Ungleichheit nicht mehr zureichend gerechtfertigt werden können, wenn korrupte Strukturen in Politik und Wirtschaft offensichtlich werden, wenn die Schere sozialer Ungleichheit, der Abstand zwischen „oben" und „unten" wächst. Neben derlei politische und soziale Bruchlinien treten längerfristige Entfremdungsprozesse gegenüber den soziokulturellen Traditionen.

Bei den Jugendlichen in den neuen Bundesländern äußern sich Krisenerfahrungen nicht zuletzt in wachsender rechtsextremer Protestbereitschaft. Knapp die Hälfte der in Sachsen repräsentativ Befragten sympathisierte mit manifest fremdenfeindlichen Parolen, zugenommen haben nationalistische und NS-verharmlosende Denkweisen.[127] Natürlich haben die weitreichenden politischen, wirtschaftlichen und sozialen Umbrüche nach 1989 gerade für diese Jugendlichen eine entscheidende Bedeutung für ihre weitere Biographie, doch unabhängig davon war bereits zuvor für die westlichen Gesellschaften eine Umbruchsituation diagnostiziert worden, die weitreichende Folgen für die Orientierungsperspektiven haben kann.

Von Seiten der politischen Psychologie und der Wertewandel-Forschung werden diese Befunde durchaus gestützt. Helmut Klages beobachtet „schwerwiegende Mentalitätsveränderungen" in den westlichen Gesellschaften in den zurückliegenden Jahren. Eine „autozentristische Mentalität", verbunden mit einer „Entnormativierung" seien Entwicklungstendenzen, welche die traditionellen, an Sitten, Gebräuchen, Konformitäten, Autoritäten gebundenen Orientierungsmuster immer stärker ablösen.[128] Horst-Eberhard Richter und Elmar Brähler diagnostizieren bei den Wählern der „Republikaner" eine psychische Struktur, „die durch aggressive Überkompensation einer im Kern ängstlich mißtrauischen Grundhaltung bestimmt zu sein scheint":

> „In der Richtung des allgemeinen psychologischen Wandels haben sich die Schönhuber-Anhänger mit signifikantem Vorsprung abgesetzt. Sie sehen sich im Vergleich zum Durchschnitt
> - noch eigensinniger,
> - noch stärker bemüht, andere zu übertreffen,
> - noch massiver bestrebt, zu dominieren,
> - noch häufiger in Auseinandersetzungen mit anderen verstrickt
> - noch weniger um andere besorgt.
>
> Als qualitative Besonderheiten, die sich jedoch gut verständlich in das Gesamtbild fügen, kommen hinzu: erhöhte Neigung zu Mißtrauen und Schwierigkeiten bei enger Zusammenarbeit mit anderen.
>
> Demnach spiegeln die Republikaner-Anhänger in ihrem psychologischen Selbstportrait in etwa ihre politischen Vorstellungen wider. Ihr Über-Alles-Deutschland paßt zu ihrem selbstgefertigten,

durch Kampf, Sieges- und Dominanzwillen bestimmten Charakterbild.

Zugleich macht der Argwohn, den sie sich persönlich bescheinigen, ihre paranoide Vorstellung von einer Nation plausibel, die fortwährend vor Übervorteilung, Ausnutzung oder Bedrohung durch Gegner, Fremde oder Randgruppen auf der Hut sein müsse.

Das rechtsextreme Weltbild erscheint somit als konsequenter Ausfluß einer psychischen Struktur, die durch aggressive Überkompensation einer im Kern ängstlich mißtrauischen Grundhaltung bestimmt zu sein scheint".[129]

Das nach rechts anfällige Potential tendiert demzufolge nach hierarchischen, autoritären Ordnungsmustern, nach einfachen Erklärungen, überschaubarer Ordnung der Dinge, es verlangt nach Identifikationsmöglichkeiten und hat Abgrenzungsbedürfnisse gegenüber Fremdgruppen. Solche Orientierungen sind nun keineswegs spezifisch für Rechtsextremisten: Sie reichen vielmehr weit hinein in die demokratische Mehrheitskultur. Dort bilden sie eine zählebige vordemokratische Barriere gegen die Demokratisierung und Liberalisierung der Gesellschaft.

6. Stichworte: „Zwei-Drittel-Gesellschaft", „Modernisierungsopfer", „Individualisierung"

Zu den Voraussetzungen des „Republikaner"-Phänomens gehören längerfristige Trends und Entwicklungen der Gesellschaft. Sie sind die „heimlichen" Mobilisierer des rechten Protests. Sie sind Grundlagen von Befindlichkeiten und Strömungen, die mehr denn je nach rechts anfällig sind. Immer wieder genannte Stichworte sind „Zwei-Drittel-Gesellschaft", „Modernisierungsopfer" und „Individualisierung". Für sich genommen können sie das „Republikaner"-Phänomen nicht erklären. Umgekehrt aber muß jeder Deutungsversuch die gesamtgesellschaftlichen Umbrüche berücksichtigen und prüfen, inwiefern sie den rechten Proteströmungen Auftrieb verleihen.

Wichtige Merkmale der längerfristigen Veränderung der „Arbeitsgesellschaft" sind die wachsende Bedeutung der Dienstleistungen, des tertiären Sektors, und die abnehmende einer immer stärker automatisierten Produktion. Höhere Qualifikationsanforderungen auf einem seit zwanzig Jahren steigenden formalen Bildungsniveau, vor allem im technischen und Facharbeiter-Bereich, sowie größere räumliche und berufliche Mobilitätsanforderungen sind Ausdruck der Dienstleistungsgesellschaft. Im Rahmen von neoliberaler Wirtschaftspolitik und industriepolitischer Modernisierung hin zu informationstechnologischer Umstrukturierung in den achtziger Jahren, deren Grundpfeiler hohe Unternehmensgewinne und gestiegene Massenkaufkraft sind, vollzieht sich eine Spaltung der Produktions- und Beschäftigtenstruktur: Zu den Gewinnern gehören vor allem die Unternehmen der neuen, Informationstechnologien verarbeitenden Industrien, Banken und flexible Dienstleistungsbetriebe, zu den Verlierern zählen die alten Industrien, die kleinen und mittleren bäuerlichen Betriebe und Teile der Kleingewerbetreibenden, die im Zuge von Rationalisierungen nicht mehr konkurrenzfähig sind. Vor diesem Hintergrund zählen jüngere, gut ausgebildete Fachkräfte vor allem im technischen und Dienstleistungsbereich zu den Gewinnern. Ältere und weniger gut Ausgebildete sind eher „Verlierer". Zu den traditionellen Arbeitsmarkt-Risiken – hohes Alter, gesundheitliche Einschränkungen, Brüche in der Berufsbiographie, Kinderreichtum – gesellt sich die Aufspaltung des Arbeitsmarktes in leistungsbereite und nachgefragte Kerngruppen, marginalisierte Randgruppen und dauerhaft aus der Arbeitswelt Ausgeschlossene. „Zwei-Drittel-Gesellschaft" also bedeutet relative Arbeitsplatzsicherheit und materiellen Wohlstand für zwei Drittel der Gesellschaft und prekäre Beschäftigungsverhältnisse bis hin zur Dauerarbeitslosigkeit bei geringem Wohlstand für das weitere Drittel sowie einen zunehmenden Abstand zwischen diesen beiden Gruppen. Sozioökonomische Strukturdefekte wie fehlende preiswerte Wohnungen, Herausbildung von Wohnghettos mit hohem sozialen Problemdruck sowie weitere Verknappungen des Wohnungsmarktes und steigende Konkurrenz auf dem Arbeitsmarkt durch anhaltende Zuströme von Aus- und Übersiedlern verschärfen das Gefälle. Der Zusammenhang von ökonomischer Prosperität und geringen Arbeitsmarktproblemen scheint nicht mehr zu funktionieren: Trotz hoher Unternehmensgewinne, steigender Produktivität und wachsenden Bruttosozialprodukts und anhaltender Nachfrage ist das untere Drittel, sind die „Modernisierungsverlierer" offenbar dauerhaft ausgeschlossen von Wohlstand und Lebenschancen.

Diese in den alten Bundesländern in den siebziger Jahren entstandene Struktur ist durch das erweiterte, größere Deutschland nach 1989 im Westen nur wenig verändert worden, im Osten beginnt sie, sich künftig abzuzeichnen – auf einem niedrigeren Niveau der Produktion, der Arbeitsbeziehungen, des Konsums und der Lebenschancen. Der neue Ost-West-Gegensatz entfaltet sich freilich auf der Grundlage wachsender Staatsverschuldung und langfristig knapper Haushalte. Hüben wie drüben zeichnen sich bereits Formen der „neuen Armut" ab. Für die künftige Entwicklung hängt daher viel von den kollektiven subjektiven Orientierungen ab, von den Erwartungshaltungen und Anspruchsniveaus und, nicht zuletzt, den Legitimationsproblemen des politischen Systems.

Der Krisenhaftigkeit von Ökonomie und Sozialstruktur nach der Vereinigung entsprechen Verschiebungen und Umorientierungen auf der Ebene von Meinungen, Deutungen, Orientierungen, kollektivem Bewußtsein und ein Wandel der Zukunftsperspektiven. Nach der Euphorie über den Erwerb der bürgerlichen Freiheitsrechte und ein größeres Konsumangebot haben in Ostdeutschland die psychosozialen Umbrüche gerade erst begonnen – mit ungewissem Ausgang. An die Stelle des bürokratisch-sozialistischen Zwangssystems ist noch keine sozialstaatlich fundierte, partizipationsgeleitete Demokratie getreten. In das entstandene Vakuum treten neben der DDR-spezifischen Aufarbeitungsproblematik krisenhafte Entwicklungen eines in Westdeutschland schon länger absehbaren kulturellen Umbruchs. Mit dem Begriff einer „neuen Unübersichtlichkeit“ kennzeichnet Jürgen Habermas den Verlust der „arbeitsgesellschaftlichen Utopie“: Die Sozialstaatsidee kann das untere Drittel der Gesellschaft mit Kapitalismus und Demokratie immer weniger versöhnen, Vorstellungen von Vollbeschäftigung und Wohlstand für alle müssen aufgegeben werden, heute sehe es so aus, „als seien die utopischen Energien aufgezehrt, als hätten sie sich vom geschichtlichen Denken zurückgezogen. Der Horizont der Zukunft hat sich zusammengezogen und den Zeitgeist wie die Politik gründlich verändert“.[130]

Dieser Perspektiven-Verlust hängt zusammen mit der veränderten Stellung des Menschen im sozialen Gefüge. In der Soziologie wird darüber diskutiert, ob wir derzeit einen epochalen Umbruch der Industriegesellschaften erleben oder aber nur eine neue Phase, ob wir es gar mit dem Ende der Industriegesellschaft zu tun haben oder mit einer „Postmoderne“, die alle traditionellen Bezüge hinter sich läßt.[131] Ulrich Beck hat in seinem vielbeachteten Entwurf einer „Risikogesellschaft“ dies bezeichnet als Freisetzung von traditionellen Bindungen: „Die Menschen werden freigesetzt aus den Lebensformen und Selbstverständlichkeiten der industriegesellschaftlichen Epoche der Moderne – ähnlich wie sie im Zeitalter der Reformation aus den weltlichen Armen der Kirche in die Gesellschaft ‚entlassen‘ wurden“.[132] Traditionelle Institutionen, von der Familie bis hin zu den staatlichen Institutionen, verlieren an Orientierungskraft. Allein im Zeitraum zwischen 1980 und 1990 haben Institutionen wie Regierungen und Parlamente, Parteien und die Bundeswehr kontinuierlich an Vertrauen in der Bevölkerung verloren.[133] Traditionelle soziale Milieus und Lebenszusammenhänge lösen sich auf oder büßen an Bedeutung ein, der einzelne wird mehr und mehr zurückgeworfen auf sich selbst. Das nötigt zum selbstverantwortlichen Lebensentwurf, aber auch zur individuellen Konfliktlösung. Existentielle soziale Probleme wie Armut und Arbeitslosigkeit werden im Zuge dessen mehr und mehr privatisiert und als individuelles Schicksal begriffen, die Familie als primäres soziales Auffangbecken kann diese Funktion immer weniger erfüllen. „Die Familie“, so Beck, „als ‚vorletzte‘ Synthese generations- und geschlechtsübergreifender Lebenslagen und Lebensverläufe zerbricht, und die Individuen werden innerhalb und außerhalb der Familie zum Akteur ihrer marktvermittelten Existenzsicherung und ihrer Biographieplanung und -organisation“.[134] Sie sind praktisch alle mehr oder weniger auf sich selbst verwiesen, „Individualisierung wird zur fortgeschrittenen Form markt-, rechts-, bildungs- usw. -abhängiger Vergesellschaftung“.[135] Privatisierung individueller Lebensentwürfe und Lebenslagen bei gleichzeitiger immer stärkerer Abhängigkeit des einzelnen in seiner gesamten Existenz von den Entscheidungen der institutionellen staatlichen und unternehmerischen Risikoproduktion, -verwaltung und -verteilung – diese Struktur kennzeichnet Beck zufolge die Konturen der „Risikogesellschaft“.

Wir wissen freilich immer noch wenig darüber, wann der Prozeß der Individualisierung einsetzt, wie er verläuft und warum er offenbar im Verlauf der achtziger Jahre zur sozialen Sprengkraft wird. Die Beantwortung dieser Fragen ist umso dringlicher, als etwa Norbert Elias schon vor fünfzig Jahren davor gewarnt hat, die Begriffe „Individuum“ und „Gesellschaft“ in einen unfruchtbaren Gegensatz zu bringen. Elias weist darauf hin, daß, historisch gesehen, eine Balance zwischen „Ich-Identität“ und „Wir-Identität“ immer gegeben war, daß allerdings das soziale „Netzwerk von Abhängigkeiten“ immer auch Wandlungen und Veränderungen hervorgebracht hat.[136] Insofern unterliegen die Beck'schen Thesen einem historischen Vorbehalt, ihre Erklärungskraft für unsere Zusammenhänge sollte nicht überschätzt werden.

Es mag auf den ersten Blick überraschen, wenn wir hier ein vielleicht unvermutetes Kriterium für die Plausibilität der Beck'schen Thesen anführen: Rechtsextreme und rechtspopulistische Politik teilen Becks Krisendiagnose, ziehen aber eigene Folgerungen. Der Mythos der „Nation“ trachtet danach, verlorengegangene Orientierungen aufzufangen und umzulenken auf ein großes Ziel. Der Mythos der „Volksgemeinschaft“ bietet an, Individualisierungen rückgängig zu machen und den einzelnen wieder in einem umfassenden sozialen Bezugsrahmen zu verwurzeln. Fremdenfeindlichkeit und Rassismus als latente Einstellungen und Ethnisierung sozialer Konflikte als politische Strategie sind ein Angebot der identitätsstiftenden Differenzierung in dem Augenblick, wo praktische Selbstgewißheiten verlorengegangen sind. Der starke Staat schließlich, der sein Gewaltmonopol demonstrativ einzusetzen weiß, verspricht die Aufhebung anonymer bürokratischer Abhängigkeiten und pluralisierter Machtzentren zugunsten klarer und effektiver Entscheidungen. Der enge Zusammenhang von Krisenbewußtsein und rechtsextremen Lösungsvorstellungen liegt auf der Hand. Doch Fragen bleiben: Wo, wann und wie, bei welchen Personengruppen besteht dieser Zusammenhang?

Wilhelm Heitmeyer hat in Anknüpfung an Beck auf der Basis von Umfragen unter Jugendlichen nähere Aufschlüsse gewinnen können.[137] Er sieht Einbruchstellen rechtsextremer Deutungsangebote im wesentlichen bei drei subjektiven Verarbeitungsweisen des Krisenbewußtseins: Vereinzelungserfahrungen können zur Flucht in übersteigerten Nationalstolz und die Ablehnung alles Fremden führen. Handlungsunsicherheiten können zu falschen Gewißheiten werden, indem angeblich „natürliche“ Hierarchien und der Glaube an das Recht des Stärkeren, an Autorität und „Führer“-Ideale an deren Stelle treten. Ohnmachtserfahrungen schließlich können umschlagen in vielfältige Formen der Gewaltbereitschaft, wie sie von rechtsextremen Gruppen aufgrund ihrer Gruppendynamik und ihren Zielen angeboten werden. Heitmeyer sieht die Gefahr solcher Übergänge vor allem in vier politisch-sozialen Milieus: Die traditionellen nationalistischen Milieus liefern die ideologische und organisatorische Basis, das „anomische“ Milieu bezeichnet die untersten sozialen Schichten, bei denen Jugendlichen der Aufbau einer eigenen Identität schon aus sozialen Gründen erheblich erschwert wird. Das diffuse „neoromantische“ Milieu, idealistisch und naturverbunden, schafft objektiv eine Brücke nach rechts, wenn „Gemeinschafts“-Vorstellungen von hierarchischer „Kameradschaft“ durchsetzt werden und wenn gesellschaftliche Ent-Fremdung umgedeutet wird in Über-Fremdungs-Phantasien. Schließlich sieht Heitmeyer in (neo)konservativen politischen Organisationen wie Teilen der Jungen Union, der Schüler-Union und anderen Ansatzpunkte von Schnittmengen zwischen Konservatismus und Rechtsextremismus.

Längsschnitt-Untersuchungen über einen Zeitraum von fünf Jahren zu biographischen Verläufen von Jugendlichen im Alter zwischen 17 und 21 Jahren führen Heitmeyer zu dem Ergebnis, daß die grobe Unterscheidung von demokratischen und rechtsextremen Jugendlichen, wie sie etwa bei Verfassungsschutzberichten gang und gäbe ist, eine gröbliche Verzerrung und Vereinfachung tatsächlicher biographischer Muster ist. Heitmeyer verweist vielmehr auf ein kompliziertes Geflecht von Ambivalenz, Distanz und Akzeptanz fremdenfeindlicher Orientierungen, bei dem milieubedingten Einflüssen, beruflichen und persönlichen Entwicklungen eine herausragende Bedeutung zukommt. Individualisierungsprozesse in der Gesellschaft bilden sich daher in Biographieverläufen nicht einfach ab, sondern sie konturieren die entscheidenden Bezugsgrößen Arbeit, Herkunftsmilieu und persönliche Entwicklung. Nach dieser Studie können die Debatten über rechtsextreme Potentiale nicht mehr in den vereinfachenden Kategorien einer „Anfälligkeit" oder „Immunität" geführt werden.[138]

Heitmeyers individualisierungstheoretisches Konzept unterliegt ebenso wie das von Beck einem historischen Vorbehalt: Wann setzen solche Tendenzen ein, wie verlaufen sie, worin besteht ihre neue Qualität? Schon vor einhundert Jahren hat Émile Durkheim den Schwund verbindlicher übergreifender Normen und Werte für Phänomene wie den Selbstmord verantwortlich gemacht. Später hat Robert K. Merton näher beschrieben, wie bestimmte Bevölkerungsteile aus sozialstrukturellen Gründen nicht in der Lage sind, Normen und Werte der Mehrheitsgesellschaft zu erfüllen und daher einen anomischen Bodensatz der Gesellschaft bilden. Es scheinen sich, worauf Ralf Dahrendorf hingewiesen hat, Rücksichtslosigkeiten und Egoismen der Mehrheitsgesellschaft nun aber dahingehend zu verfestigen, daß die Spaltung zwischen anomischen Potentialen und Mehrheit vertieft wird.[139] Individualisierungstheorien heute bedürfen, gerade angesichts solcher Warnungen, einer historischen Begründung dafür, was die gegenwärtigen Individualisierungsschübe von der „Normalität" der Industriegesellschaft unterscheidet, die ja permanent Individualisierung und Anomie aus sich selbst heraus erzeugt. Im übrigen kann die neue Debatte um „Individualisierung" und Anomie nicht erklären, warum die Folgen solcher Tendenzen gerade rechtsextreme Protestformen sind. Können sie nicht auch zu ganz anderen Reaktionen führen? Thomas Meyer hat sehr überzeugend die modernen Formen des religiösen, kulturellen und politischen Fundamentalismus auf die gleichen Ursachen zurückgeführt: Die Auflösung von Traditionen und Gewißheiten, sozialen Milieus und der religiösen Orientierungen, die Verweltlichung der „Moderne" sei letztlich ursächlich für jene Strömungen, die heute als fundamentalistisch bezeichnet werden können.[140]

Heitmeyers Befunde gewinnen an Gewicht, wenn man sie auf eine breitere empirische Grundlage stellt. Klär u.a. kommen auf der Basis umfassender Untersuchungen zum Ergebnis, Ursachen des Rechtsextremismus lägen „in zentralen Bereichen des sozialen und wirtschaftlichen Wandels".[141] Verschärfte Konkurrenz um Wohnungen und Arbeitsplätze, Individualisierungsschübe und die Auswirkungen der „Zwei-Drittel-Gesellschaft" führten bei Teilen der Bevölkerung zu Verunsicherung und Orientierungslosigkeit, die „Modernisierungsverlierer" seien die eigentliche soziale Basis des Rechtsextremismus:

> „Unmittelbare Folge der unter den Stichworten Zweidrittelgesellschaft und Individualisierung skizzierten Entwicklungen sind soziale Abstiegs- und Versagensängste sowie Ohnmachtsgefühle, die von den Rechtsextremen erfolgreich angesprochen werden. ... Die Republikaner knüpfen in ihrer Agitation gegen alles ‚Fremde' an ganz unterschiedliche Ängste in Teilen der Bevölkerung an: Als fremd und bedrohlich werden nicht nur die zuziehenden ‚Fremden' (Aussiedler, Ausländer oder Asylanten) empfunden, sondern auch die ‚bedrohlichen' Herausforderungen der Moderne: High-Tech, veränderte Verhaltens- und Rollenmuster, veränderte Mobilitätsanforderungen, neuartige Werthaltungen und Lebensstile, die offenen und ungewissen Perspektiven des europäischen bzw. weltwirtschaftlichen Wettbewerbs".[142]

Was leisten die Stichworte „Zwei-Drittel-Gesellschaft", „Modernisierungsopfer", „Individualisierung" für unseren Zusammenhang? Kann mit ihrer Hilfe das „Republikaner"-Phänomen erklärt werden? Diese Begriffe liefern eine theoretische Basis, von der ausgegangen werden kann, mehr jedoch noch nicht. Sie übersehen politische Herrschafts-, Bündnis- und Kontrolltraditionen, sie verführen zu einer eher unpolitischen Betrachtungsweise oder zu einer Ableitung des rechtsextremen Protests aus objektiven Krisentendenzen der Gesellschaft. Für sich genommen beleuchten sie allenfalls subjektive kollektive Stimmungen und Befindlichkeiten, sie bieten aber keine Antwort auf die Frage, warum die „Republikaner" seit Anfang 1989 zu einer politischen Alternative geworden sind. Vor allem aber bieten sie keine Antwort auf den zentralen Umbruch der Gesellschaft in den neunziger Jahren: die Transformation sozialer in ethnische Konflikte. Auf der anderen Seite aber kann eine Betrachtung des „Republikaner"-Phänomens auf diese Stichworte nicht verzichten, weil sie allgemeine gesellschaftliche Rahmenbedingungen und Handlungsperspektiven andeuten, innerhalb derer sich die rechten Protestformen einzurichten beginnen. So gesehen müssen sie als Teil-Erklärungsfaktoren im Auge behalten werden, wenn wir uns jetzt der historisch-politischen Eigendynamik des „Republikaner"-Phänomens widmen.

II. Zur Geschichte der „Republikaner" seit 1983

1. Anlaß: Der Milliarden-Kredit an die DDR oder: Franz-Josef Strauß als Geburtshelfer der „Republikaner"

Die Gründung der „Republikaner" durch die beiden Bundestagsabgeordneten und vormaligen CSU-Politiker Franz Handlos und Ekkehard Voigt am 27. November 1983 hängt unmittelbar zusammen mit dem vom CSU-Chef und bayerischen Ministerpräsidenten Strauß vermittelten Milliarden-Kredit an die DDR. Die Betonung dieses Hintergrundes ist deshalb von Bedeutung, weil die „Republikaner"-Entstehungsgeschichte zunächst nicht – wie die NPD-Gründung im November 1964 – als Sammlungs-Versuch des rechtsextremen Lagers in Erscheinung tritt, sondern als CSU-Abspaltung.

Strauß selbst hat die Geschichte des Milliarden-Kredits in seinen Erinnerungen aufgezeichnet – mit einer gravierenden Fehldeutung, auf die weiter unten zurückzukommen sein wird.[143] Strauß zufolge gab es wenige Tage nach den Märzwahlen 1983, also am Beginn der „Wende", innerhalb der neuen Koalition „schwerste Auseinandersetzungen über die Frage, ob man gegenüber der DDR eine weiche oder eine harte Linie einschlagen sollte".[144] Strauß entscheidet sich zunächst, ohne Konsultationen mit der CDU, auf Gesprächsangebote Honeckers einzugehen. Nach drei Verhandlungsrunden mit dem Honecker-Beauftragten Alexander Schalck-Golodkowski und einem Treffen mit Honecker selbst im Juli 1983 bürgte die Bundesregierung für einen von der Bayerischen Landesbank und anderen bereitgestellten Kredit an die DDR über zehn Milliarden DM. Strauß räumt ein, „das Unverständnis, der Widerstand, der Aufruhr der Gefühle hierzulande waren für mich in diesem Ausmaß überraschend", auch manche „Schwerfälligkeit" in den Reihen der CSU habe er nicht richtig eingeschätzt. Die entscheidende Fehleinschätzung des CSU-Chefs – dessen Memoiren im Sommer 1988 abgeschlossen wurden – besteht in seinem schwer nachvollziehbaren Hinweis darauf, er habe sich bei der Einfädelung des Kredits politischen Spielraum nach rechts verschaffen wollen:

> „Verstanden wurde zunächst auch nicht, daß wir uns mit der Einfädelung des Kredits eine neue Freiheit und einen neuen Spielraum

auch nach rechts verschafft haben. Wer mit Honecker umzugehen versteht, den kann man mit Diffamierungen nicht so leicht in die rechtsradikale Ecke drängen. Meine angestammten und eingefleischten Kritiker taten sich plötzlich schwer, weil das Strauß-Bild nicht mehr in die linke Schublade paßte. Dort war ich als weit rechts abgelegt worden, als Feind der Entspannung, als Rüstungspolitiker, als unversöhnlicher Gegner des Ostens. Hatten sie mich lange Zeit als schlimmen Störer der Ost-West-Beziehungen hinstellen wollen, so gingen ihnen jetzt die Argumente aus".[145]

Hat Franz-Josef Strauß, lange Jahre auf satten Mehrheiten in Bayern gepolstert, seine Integrationskraft nach rechts überschätzt? Er hat übersehen, daß der „neue Spielraum nach rechts" möglicherweise nicht ihm selbst, sondern anderen zugute kommen könnte. Insofern ist Strauß, von dem das in seinen Memoiren wiederholte Dogma stammt, es dürfe keine demokratisch legitimierte Partei rechts von der Union geben,[146] wider Willen selbst einer der Gründungsväter der „Republikaner". Seine Fehleinschätzung – noch 1988 von ihm selbst bekräftigt – ebnet den Weg für eine demokratisch legitimierte Partei rechts von der Union.

Strauß' gravierender Fehler bleibt nicht ohne Folgen – obgleich die längerfristigen Konsequenzen erst seit Januar 1989 absehbar sind. Ende 1983 verläßt der CSU-Bundestagsabgeordnete Franz Handlos nach 27 Jahren die CSU. Er war Direktkandidat im ostbayerischen Deggendorf gewesen. 1972 hatte er 65,0, 1976 73,3 und 1980 72,0 Prozent der Erst-Stimmen erhalten und lag damit stets über dem Anteil der Zweit-Stimmen. Handlos tritt aus der CSU aus, „weil er die ‚Ein-Mann-Demokratie' des CSU-Vorsitzenden Strauß nicht mehr mittragen und den von Strauß eingefädelten Milliarden-Kredit an die DDR nicht mitverantworten wollte".[147] Auch der CSU-Bundestagsabgeordnete Ekkehard Voigt, Sprecher des „Wehrpolitischen Arbeitskreises" seiner Partei, tritt mit ähnlicher Begründung aus der CSU aus. In einem Schreiben an den CSU-Chef Strauß begründet er seinen Austritt mit unwürdigen Disziplinierungsmaßnahmen und Diffamierungen seiner Person seit seiner Kritik an dem Milliarden-Kredit. Er beklagt „Duckmäusertum, Anpassung und Einschüchterungspraktiken" in der CSU und hält das Bemühen um innerparteiliche Demokratie in den Reihen der CSU für „aussichtslos". Zusammen mit Schönhuber gründen die drei unter dem Vorsitz Handlos' die Partei „Die Republikaner". Voigt und Handlos erklären, man wolle bis zur bayerischen Landtagswahl 1986 das konservative Lager außerhalb der CSU zusammenfassen unter Einschluß der Bayernpartei. „Unsere potentiellen Interessenten", so Voigt, „stehen in allen Teilen der CSU, von der Jungen Union bis zum Wehrpolitischen Arbeitskreis".[148] Nach heftigen innerparteilichen Auseinandersetzungen verlassen Handlos und Voigt zwei Jahre später die „Republikaner". Obwohl durch den Übertritt zweier Bremer CDU-Bürgerschaftsabgeordneter die Partei auch parlamentarisch Fuß gefaßt hatte, ist das politische Taktieren Schönhubers offensichtlicher Grund für die Querelen. Handlos wirft Schönhuber vor, er wolle die Partei „auf strammen Rechtskurs trimmen" und sie zu einer „national-sozialen Kaderpartei" machen.[149] Schönhuber ist seitdem die Führungs- und Leitfigur. Nach einer Zwischenstation bei der FDP kehrt Ekkehard Voigt im Mai 1989 zu den „Republikanern" zurück – als Wahlkampf-Manager.

Nach Angaben von Richard Stöss kommen die ersten Partei-Anhänger im wesentlichen aus CDU und CSU in Bayern, Berlin, Hamburg und Bremen, aus der früheren „Aktionsgemeinschaft Vierte Partei" und der „Bürgerpartei" des SPD-Rechtsaußen Hermann Fredersdorf.[150] Der erste Partei-Geschäftsführer, Koelb, kommt von der „Bürgerpartei". Mit etwa 140 Mitgliedern tritt der komplette wehrpolitische Arbeitskreis der Bremer CDU zu den „Republikanern" über und verstärkt den Anti-Strauß-Effekt der neuen Partei.

Auch bei Teilen der Vertriebenen-Verbände werden die „Republikaner" bald fündig. Am 20. September 1985 notiert „Der Schlesier", das offizielle Mitteilungsblatt der Landsmannschaft Schlesien, die „Republikaner" hätten in ihrem zuvor verabschiedeten „Siegburger Manifest"

> „klar umrissene Vorstellungen entwickelt, zu deren Hauptpunkten die nationale Identität und die Souveränität des Staates zählen. Hier gilt es anzusetzen und gerade der jungen Generation, die desinformiert ist, die wahrheitsgemäße Darstellung der deutschen Frage nahezubringen. Bewährte Grundwerte, die sich auf Nation, Volk, Vaterland, Heimat, Einheit und Wiedervereinigung beziehen, müssen wieder Gültigkeit erlangen. Wir alle können zu diesem Prozeß der demokratischen Erneuerung beitragen".

Hier werden Einbruchstellen sichtbar, die von den nach rechts traditionell integrationsstarken Unionsparteien unterschätzt und aufgrund ihrer innerparteilichen Kräfteverhältnisse offenbar auch nicht adäquat aufgefangen werden können. Der Konflikt zwischen dem CDU-Reformflügel um Heiner Geißler, der erst im Sommer 1989 durch die erzwungene Demission Geißlers als Generalsekretär entscheidend geschwächt wird, und dem eher „deutschnationalen" um Alfred Dregger ist Mitte der achtziger Jahre noch nicht entschieden. Auf das nicht nur von den „Republikanern" initiierte Aufbegehren von rechts findet die Union keine schlüssige Antwort.[151] Die Fehleinschätzung des CSU-Vorsitzenden im Zusammenhang des Milliarden-Kredits an die DDR und die Unentschlossenheit der CDU helfen den „Republikanern“ auf die Sprünge und begünstigen einen ersten parlamentarischen Erfolg bei der bayerischen Landtagswahl 1986.

2. Die Entwicklung seit der bayerischen Landtagswahl 1986

Bei den bayerischen Landtagswahlen am 12. Oktober 1986 erreichten die „Republikaner“ auf Anhieb 3,0 Prozent – mit Schwerpunkten in Oberbayern, Ost-Niederbayern und Mittelfranken. Dabei gelingt die erstmalige parlamentarische Präsenz durch den Einzug in zwei der sieben bayerischen Bezirkstage (Oberbayern und Mittelfranken). Kernenergie/Wackersdorf und Ausländer- bzw. Asylpolitik waren die beherrschenden Themen des Wahlkampfs aller Parteien. Die „Republikaner“ sprechen sich dabei gegen die WAA Wackersdorf aus und verlangen einen Volksentscheid. In der Asylpolitik bestehen sie auf härterem Vorgehen gegen den „Asylbetrug“. Die CSU büßt bei dieser Wahl (55,8 %) knapp drei Prozent ein (1982: 58,3 %), obwohl sie in der Endphase des Wahlkampfs mit dem Thema „Asylanten-Schwemme“ versucht hatte, den rechten Wählerrand zu besänftigen. Schönhuber nutzt seine Popularität als ehemaliger Moderator einer regelmäßig in Bayern ausgestrahlten Fernsehsendung („Jetzt red' i“) und versucht mit Erfolg, bei zahlreichen Veranstaltungen in kleineren Städten Ängste und Stimmungen nach rechts zu mobilisieren. Seine Reden enthalten neben den Positionen zur Kernkraft- und Asyldebatte immer wiederkehrende Forderungen:

- nach mehr Ehrlichkeit in der Politik, gegen die Arroganz der Regierenden, gegen Bestechlichkeit und Korruption
- nach einem neuen Familiensinn
- nach einer Beendigung der „Vergangenheitsbewältigung“ und „gesundem Nationalstolz“.

Schönhuber trifft mit solchen populistischen Reden beachtliche Stimmungslagen und er versteht es – rhetorisch geschickt –, in Bayern als Anwalt der kleinen Leute akzeptiert zu werden. Die Überschriften von Regionalzeitungen über Schönhuber-Veranstaltungen in den Monaten vor der Landtagswahl zeigen, welch erstaunliches Maß an Popularität der „Republikaner“-Chef binnen kurzer Zeit aufbauen kann:

- „Bei Franz Schönhubers Auftritt in Feucht BEGEISTERTE ZUHÖRER. ‚Republikaner'-Chef geißelt Arroganz der Macht – Volksentscheid zur WAA gefordert"
  (Nürnberger Nachrichten, 17./19. Mai 1986)

- „STRAUSS ALTERSSTARRSINN VORGEWORFEN. Republikaner-Chef Schönhuber nennt WAA ‚absolut überflüssig'"
  (Süddeutsche Zeitung, 22.5.1986)

- „FRANZ SCHÖNHUBER: ENDGÜLTIG SATT, UMERZOGEN ZU WERDEN. Spitzenkandidat der Republikaner sprach auf einer Parteiversammlung in Passau"
  (Passauer Neue Presse, 30. Mai 1986)

- „150 Zuhörer bei Veranstaltung der ‚Republikaner'. ‚DEUTSCHE IDENTITÄT BEHALTEN'. Franz Schönhuber kritisiert vor allem Franz-Josef Strauß"
  (Dillinger Zeitung, 2. Juni 1986)

Schönhuber bemüht sich vor allem um Bauern, Polizeibeamte, Heimatvertriebene, Mittelständler, enttäuschte „Wende"-Wähler. Er präsentiert sich jedoch nicht als Interessenvertreter bestimmter Gruppen, sondern als Trommler für die Unzufriedenen, die Benachteiligten, denen die „Republikaner" eine politische Heimat anzubieten hätten. Auch nach der Landtagswahl setzt die Partei ihre Agitation in Bayern fort. Das „Freisinger Tageblatt" berichtet am 23. März 1987 über „stehende Ovationen für Franz Schönhuber bei dessen Auftritt in Kirchdorf" vor 370 Zuhörern. Schönhuber wendet sich hier gegen „das Zerrbild des deutschen Soldaten", er fordert: „erschlagt uns nicht mit der Auschwitzkeule", seine Partei sei die der kleinen Leute und des Mittelstandes. Bei den „Republikanern" werde „knallhart" gesagt, was die Leute denken.

Seit 1986 infiltrieren die „Republikaner" auf diese Weise die CSU-geprägte politische Monokultur Bayerns, mit folkloristischen, populistischen Mitteln des „juste milieu". Übergetretene ehemalige CSU-Mandatsträger repräsentieren und verstärken die bodenständige, ländlich-altkonservative, populistische Seite der „Republikaner" vor Ort. Der 1985 angeworbene Generalsekretär und bayerische Landesvorsitzende Harald Neubauer,[152] vormals Pressereferent des NPD-Bezirksverbands München-Oberbayern und zwölf Jahre Redakteur bei Gerhard Freys DVU-Organ „Deutscher Anzeiger", symbolisiert die Verbindungslinie zu den Parteien der alten Rechten. Neubauers einschlägige Erfahrungen und Fähigkeiten sind nachzulesen im Parteiblatt „Der Republikaner“, das bis Ende 1989 seine Handschrift als Chefredakteur trägt. Danach tritt er diese Aufgabe ab an seinen Nachfolger als Chefredakteur: Ralph Lorenz, vormals Mitglied der Bonner Korrespondenten-Redaktion der Tageszeitung „Die Welt“.

Die „Republikaner“ entwickeln eine für die Parteien insgesamt charakteristische, beim Rechtsextremismus aber besonders ausgeprägte Variante politischen Verhaltens: die Doppelstruktur von nach innen und nach außen gerichteter Politik. Nach außen setzen sie die in Bayern erfolgreich erprobte Strategie fort. Sie expandieren darüber hinaus nun bundesweit und gründen (zunächst schwache) Landesverbände. In der Parteipresse und bei Veranstaltungen dominieren Kraftmeierei und vollmundige Ankündigungen, intern jedoch müssen die politische relative Bedeutungslosigkeit, vor allem außerhalb Bayerns, und zahlreiche innerparteiliche Auseinandersetzungen verarbeitet werden. Die Teilnahme an den Hamburger Bürgerschaftswahlen im November 1986, an den Bundestagswahlen im Januar 1987 und an den Landtagswahlen im März 1987 in Rheinland-Pfalz muß mangels Masse abgesagt werden. Bei den Bürgerschaftswahlen in Bremen im September des gleichen Jahres müssen die „Republikaner“ mit dürftigen 1,2 Prozent die Hegemonie von DVU und NPD im Lager rechtsaußen anerkennen (Ergebnis für die DVU: 1 Abgeordneter). 1987/88 kommt es zu weiteren Rückschlägen, Austritten und innerparteilichen Konflikten. Die Parteitage 1987 und 1988 spiegeln die prekären innerparteilichen Zustände. 1987 werden der Rücktritt Schönhubers und ein Bündnis mit der DVU gefordert. 1988 setzt sich der Vorsitzende mühevoll mit einem offiziellen Kooperationsverbot durch. „Als sich die Republikaner“, so Stöss,[153] „auf die Berliner Wahlen vorbereiteten, befand sich die Organisation mithin auf einem Tiefpunkt ihrer Entwicklung“.

Bei politischen Bündnissen gelingen gleichwohl noch vor 1989 beachtliche Erfolge. Auf kommunaler Ebene treten eine Reihe von CSU-Mandatsträgern zu den „Republikanern“ über, desweiteren ein Gutteil der aufgelösten, etwa 1000 Mitglieder umfassenden „Deutschen Union“ des Ex-FDP-Rechtsaußen Siegfried Zoglmann.[154] In Kreisen der Vertriebenen, der Polizei und der Bundeswehr findet die Partei eine strukturelle Verankerung, die sich zunächst nicht auf der Wählerebene auszahlt, aber dennoch Konturen eines Sozialprofils deutlicher hervortreten läßt. 1987 wird Professor Emil Schlee Landesvorsitzender von Schleswig-Holstein. Schlee war 1984 aus der CDU ausgetreten, für die er 1970 bis 1974 Landtagsabgeordneter in Hessen war. 1979 bis 1985 war er Ministerialrat und Landesbeauftragter für Vertriebene und Flüchtlinge von Schleswig-Holstein und Vizepräsident des „Bundes der Mitteldeutschen“.[155] Schlee hat Integrationsfunktion für die „Wende“-Enttäuschten, unzufriedenen ehemaligen Unions-Anhänger ebenso wie für Teile der Vertriebenen. Sein Eintritt sorgt für bürgerlich-rechtskonservative Reputierlichkeit. FAZ-Leitartikler Friedrich Karl Fromme meint in einem Kommentar am 9. Mai 1988 unter Hinweis auf Schlees Beitritt, als „rechtsradikal“ könne man die „Republikaner“ schwerlich bezeichnen.

Ebenfalls 1987 tritt Konteradmiral a.D. Günter Poser den „Republikanern“ bei. Er war U-Boot-Kommandant im Zweiten Weltkrieg, später hoher Funktionär bei der NATO in Brüssel. 1973 quittierte er den Dienst aus Protest gegen die Ostpolitik Willy Brandts. Als Begründung für seinen Beitritt führt er an, die „Kriegspropaganda der Siegermächte“ habe nach wie vor Bestand in den Geschichtsbüchern, niemand beginne ernsthaft „mit der Entkriminalisierung deutscher Kultur, Geschichte und ihrer Menschen“.[156] Posers Schritt ist ein Signal für rechtskonservative und revanchistische Bundeswehrsoldaten. Seine Biographie steht für den angeblich tapferen deutschen Soldaten des Zweiten Weltkriegs, dem vermeintlich bitteres Unrecht widerfahren sei. Dieses politisch-historische Selbstverständnis hat hohen Rang bei NPD und DVU. Insofern ist Posers Beitritt auch der Versuch, mit dem Anhang dieser Parteien zu konkurrieren. Motivbündel wie die Posers zeigen im übrigen zwei bedenkenswerte Aspekte des „Republikaner“-Phänomens: Deutungsmuster von Verfolgung und Entrechtung sind typisch für die Struktur des Rechtsextremismus und seiner Geschichte in der Bundesrepublik. Gerade darin zeigt sich die Verwurzelung der „Republikaner“ auch in dieser politischen Tradition. Posers wie auch Schlees Beitritte weisen im übrigen darauf hin, daß nicht nur sozial Bedrängte den Weg zur Schönhuber-Partei finden, sondern auch rechtsbürgerliche Kreise an den Rändern des Konservatismus. Dieser Einzugsbereich ist gerade nach den bayerischen Landtagswahlen ein Zentrum in der Vernetzungsstrategie der Partei. 1988 tritt der Jurist Robert Heidel, ehemaliger SPD-Bürgermeister von Freiburg/Baden-Württemberg und langjähriger SPD-Kreisvorsitzender, den „Republikanern“ bei.[157] Wie die späteren wahlsoziologischen Befunde zeigen, war dies kein Zufall: Auch unter Sozialdemokraten fanden sich schon vor den eigentlichen Wahlerfolgen Einbruchstellen für die Programmatik der Rechten.

Die Beitritte honoriger Offiziere, ehemaliger Funktionäre der demokratischen Parteien oder Personen in höherrangigen Berufen verleihen den „Republikanern“ den Anschein von Seriosität und Reputation, symbolisieren aber auch die Richtung möglicher Resonanzfelder. 1989 treten Gerhard Keil, ehemaliger hessischer Landtagsabgeordneter und stellvertretender Landrat in Gießen, sowie der Frankfurter Staatsanwalt Gert Feldmeier, CDU-Stadtbezirksvorsitzender und ehemaliger Leiter des „Arbeitskreis der Strafjuristen in der CDU Hessen" den „Republikanern" bei.[158] Generalleutnant Franz Uhle-Wettler, vormals Kommandeur der 5. Panzerdivision, wird sicherheitspolitischer Berater der „Republikaner".[159] Bundesbankdirektor Horst-Rudolf Übelacker, ein Funktionär der sudetendeutschen Landsmannschaft, stößt 1990 zu den „Republikanern".[160]

Die Bündnisstrukturen und Resonanzfelder gewinnen an Intensität nach dem politischen Durchbruch bei der Wahl zum Berliner Abgeordnetenhaus Ende Januar 1989 (7,5 Prozent) und einer folgenden Serie von Wahlerfolgen bei den Kommunalwahlen in Hessen, Rheinland-Pfalz und Nordrhein-Westfalen. Bei der Europa-Wahl am 18. Juni 1989 erreicht die Partei 7,1 Prozent und sechs Mandate, darunter Schönhuber, Neubauer und Schlee. Der politische Durchbruch 1989 führt zu finanzieller Konsolidierung durch Wahlkampfkostenerstattung (allein bei der Europawahl 16 Mio DM), einem Mitgliederanstieg, der die vorhandenen Bündnisstrukturen verfestigt und erweitert. Erstmals wird bekannt, daß aus mittelständischen Wirtschaftskreisen einzelne Gönner Schönhuber durchaus zugetan sind. Im Düsseldorfer Industrieclub vermag Schönhuber nach einem Vortrag einige Industrielle für sich einzunehmen, die auch bereit sind, finanzielle Bürgschaften für die „Republikaner" zu übernehmen.[161] Als jedoch das Kaufmanns-Casino, ein renommierter Traditionsverein der Münchener Wirtschaft, Schönhuber zum Vortrag lädt, führt das zum Eklat: Der Präsident der Münchener Industrie- und Handelskammer und vormalige BDI-Chef Rolf Rodenstock bemängelt diese „Fehlentscheidung" und erklärt seinen Austritt aus dem Kaufmanns-Casino. Obwohl beispielsweise die Bundesverbände der Spirituosen-Industrie sowie des Groß- und Einzelhandels Schönhuber und die Seinen zum Einzug ins Europäische Parlament beglückwünschen,[162] gibt es keine Hinweise auf eine nennenswerte weitere politische Verankerung der „Republikaner" in Wirtschaftskreisen.

Die Gründung von Arbeitskreisen, die sich an bestimmte Zielgruppen richten, verdeutlicht das Bemühen um Strukturierung des Sozialprofils und um eine volksparteiliche Ausrichtung. Der „christliche Bundesarbeitskreis" unter Leitung des katholischen Diplom-Theologen Heinz-Theo Homann knüpft Kontakte zur Amtskirche und entwickelt das Programm eines „christlichen Patriotismus". Insbesondere wendet er sich gegen das „Hereinströmen afro-asiatischer Zuwanderer" und die „Islamisierung", die Kirchen sähen „tatenlos zu, wie ein mohammedanisches Zentrum nach dem anderen errichtet wird, statt offensiv-missionarisch die traditionelle Religion unseres Landes zu vertreten". Sie duldeten Seite an Seite mit den „Zerstörern der sittlichen Grundlagen unseres Volkes", wie die multikulturelle Gesellschaft errichtet werde: „Wir wollen kein zweiter Libanon werden!" lautet die Parole.[163] Als „Bundesbeauftragter für Kirchenfragen" ist der Gymnasiallehrer Burghard Schmanck vorgesehen, der in Kamen katholische Religion unterrichtet und als Kreisvorsitzender fungiert.[164]

Der im Mai 1989 in München gegründete, ein Jahr später wieder aufgelöste „Republikanische Hochschulverband" (RHV) versteht sich als Motor der „Intellektualisierung". Zum Vorstand gehören Alexander v. Schrenck-Notzing, Sohn des deutschnationalen Publizisten und „criticón"-Autors Caspar v. Schrenck-Notzing, und Hans-Ulrich Kopp, Sprecher der rechtslastigen Münchener Burschenschaft Danubia.[165] An den Universitäten in Mainz, Marburg, Münster und Köln gibt es kurzzeitige Stützpunkte. Der Einzugsbereich der Gruppen erstreckt sich vom RCDS über die Burschenschaften bis hin zu den Jungen Nationaldemokraten (JN). Ende 1989 machte der RHV durch öffentliche „Mahnwachen" für die sofortige Wiedervereinigung auf sich aufmerksam. Bereits Anfang 1990 wird die Auflösung des RHV angekündigt. Der Vorstand gesteht das Scheitern einer Strategie ein, die „Republikaner"-Programmatik „im Sinne eines modernen Konservatismus mitzugestalten und extremen Kräften entgegenzuwirken". Der Vorsitzende, Alexander v. Schrenck-Notzing, betont, es sei „unmöglich, in diese Partei mehr Niveau hereinzutragen", der Kurs um eine „extremistische Clique" ehemaliger NPD-Funktionäre habe sich durchgesetzt. Der Vorstand habe, so läßt der RHV verlauten, den gemäßigten und konservativen Mitgliedern empfohlen, „die Partei zu verlassen. ‚Republikaner'-Chef Franz Schönhuber habe den Idealismus der Studenten mißbraucht und eine Qualifizierung der Partei ‚niemals wirklich angestrebt'. Weiterhin begründete der RHV-Vorstand seine Entscheidung mit der ungehemmten Tätigkeit von Extremisten".[166] Daraufhin wirft ihm die Bundesgeschäftsführerin Centa Hirsch in einem offenen Brief „eine Anmaßung sondersgleichen" vor, er allein als Vorsitzender habe persönlich versagt, nicht aber der RHV.[167] Schönhuber hingegen beklagt die „sehr wackligen Typen aus dem Criticón-Kreis", die ihre burschenschaftlichen Vorstellungen der Partei hätten aufzwingen wollen.[168]

Die Einrichtung von Arbeitskreisen, zu denen auch die schon 1986 gegründete Frauenarbeitsgemeinschaft gehört[169], sowie eine 1992 beschlossene Jugendorganisation tragen nicht nur zur Verbreiterung der sozialen Basis bei, sondern erfolgen auch im Hinblick auf die Qualifizierung von innerparteilichen Multiplikatoren. Die wenigen vorliegenden Daten deuten auf ein relativ hohes schulisches, berufsgruppenspezifisches und politisches Qualifikationsniveau des Funktionärskörpers hin, darunter sind Angehörige des Öffentlichen Dienstes, innerhalb dieser Gruppe relativ viele Soldaten, Grenzschützer und Polizeibeamte.[170]

Wenn sogar ehemalige hauptamtliche Gewerkschaftsfunktionäre wie der hessische Landesgeschäftsführer der „Republikaner", Hubert Peter Fladung, den Weg zu dieser Partei finden, wird eine Facette von „Qualifikation" deutlich, die andere Parteien der extremen Rechten nicht aufweisen können: nämlich Einbrüche in Strukturen der Arbeitnehmer-Organisationen. Das Parteiorgan beschreibt den Lebensweg Fladungs:

> „Hubert Peter Fladung, 46 Jahre, Landesgeschäftsführer der hessischen REPUBLIKANER. Soziale Aktivitäten bestimmen sein Leben: Gewerkschaftsmitglied seit rund 25 Jahren, davon etwa 17 Jahre lang Angestellter des Bundesvorstandes der Gewerkschaft ‚Bau, Steine, Erden'. Dort auch Betriebsratsmitglied und Sicherheitsbeauftragter in Frankfurt am Main. Ehrenamtlicher Sozialpfleger und Hauptschöffe am Landgericht Frankfurt. Daneben politische Arbeit bei den Sozialdemokraten. Nach Austritt und mehrjähriger Parteilosigkeit seit 1986 bei den REPUBLIKANERN. Entscheidende Parteiaufbauarbeit durch unermüdlichen Einsatz. Heute ist Hubert Peter Fladung Landes- und Bundesvorstandsmitglied der REPUBLIKANER und gleichzeitig Kreisvorsitzender des Kreisverbandes Frankfurt. Sein politischer Schwerpunkt: Bezahlbares Wohnen in einem lebenswerten Umfeld".[171]

1991 verläßt Fladung die „Republikaner" wegen, wie es im Austrittsschreiben heißt, „anhaltender Querelen" und der „Unfähigkeit, positive Kräfte zu bündeln".[172]

Polizisten sind ein bedeutender Pfeiler des „Republikaner"-Sozialprofils. Diese Klientel umwirbt Schönhuber wie kaum eine andere, steht sie doch für „Recht und Ordnung" und deutsche Tugenden. Obwohl keine Zahlenangaben vorliegen, hat die Partei bei den Ordnungshütern vergleichsweise große Sympathien. Nach Auffassung des Vorsitzenden der Arbeitsgemeinschaft der Sozialdemokraten in der Polizei, Kramer, sind Polizisten „sehr anfällig". Dies liege an einer von „Haus aus wertkonservativen Haltung, einer schlechten sozialen Situation mit zahlreichen Überstunden und Schichtdienst und dem Negativ-Image eines Schutzhelm- und Schlagstock-bewehrten Polizisten".[173] Dies machen sich die „Republikaner" zunutze. Von „anhaltendem Zulauf von der Polizei" berichtet das Parteiorgan.[174] Funktionäre wie der zeitweilige

Berliner Landesvorsitzende Bernhard Andres, gelernter Polizeiobermeister, der Kriminalhauptkommissar Heinz Hohensinn („Kripo-Heinz“), „Münchens bekanntester Kriminellenschreck“[175], oder auch der 1990 zurückgetretene Vorsitzende des baden-württembergischen Landesverbandes, Kriminalhauptkommissar Klaus-Peter Köhler, zugleich Abgeordneter im Europäischen Parlament, illustrieren das Bild einer Rechtspartei mit großer Anziehungskraft auf die Polizei.

Nach dem Einzug der „Republikaner“ in das Berliner Abgeordnetenhaus haben Auseinandersetzungen innerhalb der Gewerkschaft der Polizei (GdP) um die politische Affinität zu den „Republikanern“ stattgefunden. Nachdem bekannt wurde, daß auf der Funktionärsebene Polizeibeamte stark bei den „Republikanern“ vertreten waren und nachdem verschiedene interne Stimmungsberichte aus den Revieren dieser Partei großen Rückhalt aus Polizeikreisen signalisierten, verlangt der ehemalige GdP-Vorsitzende Schröder, „Republikaner“ innerhalb der Polizei „nicht mit Nachsicht“ zu behandeln.[176] Der GdP-Chef Hermann Lutz geht in die Offensive, vergleicht das „Republikaner“- mit dem NSDAP-Programm und warnt in einem Rundbrief die Mitglieder nachdrücklich vor dieser Partei.[177] Ein zentraler Vorwurf an die GdP-Führung lautet, man sei auf dem linken Auge blind. Grüne, Alternative, „Chaoten“, „Steinewerfer“ – das seien die wahren Feinde der Demokratie. Ein Polizeioberkommissar aus Mittelfranken begründet seinen Austritt aus der GdP und die Mitgliedschaft bei den „Republikanern“ so:

> „Gerade auf dem Gebiet der inneren Sicherheit stellen die entsprechenden Punkte im Programm der REPUBLIKANER eine für die Polizei durchaus interessante Alternative zu anderen Parteien dar, die für die vorgenannten Mißstände verantwortlich sind... In einer Gewerkschaft, die sich als verlängerter Arm der politischen Mitte mißbrauchen läßt, weil ein großer Teil ihrer Führung hier parteilich angesiedelt ist, fühle ich mich nicht mehr zu Hause. Aus diesem Grunde werde ich meine finanzielle Unterstützung in Form von Mitgliedsbeiträgen dort anbringen, wo man sich für die Belange der Polizei wirklich einsetzt – z. B. bei den REPUBLIKANERN“.[178]

Bündnisstrukturen, Sozialprofile und das Auseinandertreten von internen und externen Politikstrategien kreisen um den zentralen Punkt der „Republikaner“-Politik: die Strategie des Legalismus. Ihr geht es darum, intern rechtsextremistische Tendenzen aufzufangen, zu kaschieren und zu kanalisieren, extern aber deren Existenz zu bestreiten und gleichzeitig durch Andeutungen, Sprachregelungen und symbolische Gesten die extreme Rechte anzubinden und einzuschwören auf den

Kurs des rechten Populismus. Der Ausbau von Sozialprofilen und die Integration von Multiplikatoren aus der Mitte der Gesellschaft sind Eckpfeiler der legalistischen Strategie.

3. Innerparteiliche Auseinandersetzungen

> „Und ich sage Ihnen: Es gibt keinen Parteivorsitzenden, dem seine Partei mit solcher Wärme entgegentritt wie diese Partei der ‚Republikaner'. Und es wird keiner Presse gelingen, die ‚Republikaner' von Schönhuber oder Schönhuber von den ‚Republikanern' zu trennen".[179]

Auf dem Deggendorfer Parteitag am 13./14. Juni 1992 haben die „Republikaner" eine Reihe von Satzungsänderungen beschlossen. Das schien auch dringend vonnöten, um die nicht immer freiwilligen Fluktuationen rechtlich besser in den Griff zu bekommen. Nach „einigen Ordnungsmaßnahmen", heißt es im Vorwort eines parteiinternen Kommentars zu Satzungen und Programmen, habe die Partei sich der „Extremisten" entledigt und könne sich nun Sachfragen widmen.[180] Vorausgegangen waren monate- und jahrelange Grabenkämpfe. Von „Recht und Ordnung" innerhalb der Partei kann dabei kaum die Rede sein. In ihrer neunjährigen Geschichte haben mittlerweile acht ehemalige Vorsitzende bzw. stellvertretende Parteivorsitzende, acht ehemalige Landesvorsitzende und ungezählte Mandatsträger die Partei freiwillig verlassen oder sind innerparteilichen „Säuberungen" zum Opfer gefallen.[181]

Am 10. Februar 1990 notiert die „Frankfurter Rundschau", Wolfgang Ross, ehemals Chef des Bundesschiedsgerichts der „Republikaner" und als solcher gut vertraut mit den Interna der Partei, sei „aus Protest gegen den Vorsitzenden Franz Schönhuber und den Sprecher Harald Neubauer" und gegen „antidemokratische Strukturen" aus der Partei ausgetreten. Als Realsatire könnte man den Austritt von Korvettenkapitän Gerd Ernst bezeichnen. Einen Tag nach seiner Wahl zum Bürgermeister der 2000-Seelen-Gemeinde Halfing bei Rosenheim am 18. März 1990 (51,4%) verläßt, wie die Süddeutsche Zeitung am 20. März vermeldet, der bis dahin erste und einzige „Republikaner-Bürgermeister" die Partei mit der Begründung, wirkliche Demokratie finde bei der Schönhuber-Partei nicht statt.

Ähnliche Meldungen waren und sind seit Anfang 1989 und auch zuvor an der Tagesordnung. Schönhuber reagiert darauf bis zu seinem kurzzeitigen eigenen Rücktritt im Mai 1990 öffentlich zurückhaltend, aber deutlich. Beim Parteitag im Januar 1990 in Rosenheim geht er davon aus, „daß auch Steckenpferdreiter nicht aus der Kolonne ausscheren und sich kompromißfähig zeigen“ und: „Die Torpedos der eingeschleusten U-Boote können unser Schiff nicht mehr zerstören“.[182] Wenige Wochen zuvor, im Dezember 1989, hatte der baden-württembergische Landesverband Klartext geredet. In einer Resolution heißt es, Schönhuber genieße volles Vertrauen für „innerparteiliche Ordnungsmaßnahmen“. Die „parteischädlichen Querelen in Niedersachsen und Nordrhein-Westfalen“ seien durch „geeignete Maßnahmen“ zu beenden, „ewiggestrigen Querulanten und Störenfrieden“ müsse entgegengetreten werden.[183] Schönhubers Rücktritt als Parteivorsitzender im Mai 1990 ist der vorläufige Höhepunkt in einer langen Kette innerparteilicher Auseinandersetzungen. Sie werfen Fragen auf: Signalisieren die Konflikte innerparteilich gärende Zerfallsprozesse oder liegen sie im Rahmen der für alle Parteien üblichen personellen Fluktuation? Verbergen sich dahinter Richtungskämpfe oder sind es die enttäuschten Erwartungen einzelner? Überwiegen politisch-programmatische Konfliktlinien oder handelt es sich am Ende, wie „Europa vorn“ befürchtet,[184] um „einen Zusammenschluß der zu kurz Gekommenen, die an den Pfründen dieses Establishments teilhaben wollen“? Schließlich wäre auch die Stellungnahme der Bundesgeschäftsführerin zu bedenken. Ihr zufolge „ist es leider so, daß die menschlichen Schwächen sich überdeutlich in den Vordergrund schieben“.[185]

Zunächst gilt es, an die Erfahrungen mit der NPD Ende der sechziger Jahre zu erinnern. Dort gab es von Anbeginn zwei Linien: Die nationalkonservativ-christliche, vertreten durch den ersten Vorsitzenden Fritz Thielen, und die stärker nationalistisch-rechtsgerichtete um den nachfolgenden Vorsitzenden Adolf v. Thadden. Ein Insider, der ehemalige bayerische Landesvorsitzende Franz-Florian Winter, dem konservativen Flügel nahestehend, hat die Konflikte seinerzeit kenntnisreich beschrieben und vor den „antidemokratischen, antipluralistischen, von vorindustrieller Mentalität getragenen, nationalistischen demagogischen Parolen der Verführer auf der äußersten Rechten“ gewarnt.[186] Adolf v. Thadden begründete 1971 seinen Rücktritt als Parteivorsitzender mit der ausgebliebenen „radikalen Säuberung der Partei von jenen Kräften, von denen zu erwarten ist, daß sie auch künftig dafür sorgen, daß die Partei nicht wählbar bleibt“.[187] Heute wissen wir, daß die NPD seinerzeit aus sieben Landtagen verschwunden ist aufgrund der Besetzung ihrer Themen durch die Union in der Opposition nach 1969, daß sie aber auch an ihren innerparteilichen Auseinandersetzungen gescheitert ist. Nach diesen historischen Erfahrungen ist zu fragen: Werden auch die „Republikaner" an ihren inneren Konflikten zerbrechen?

Dem von Schönhuber & Co. öffentlich propagierten Bild von Recht und Ordnung, Gemeinschaft, Anständigkeit und Kameradschaft haben die „Republikaner" innerparteilich nie entsprochen. Es gibt mittlerweile mehrere Bücher, in denen ehemalige „Republikaner" über ihre Erfahrungen berichten und ein Bild der Partei aus der Distanz zeichnen, das eher dem Bild eines intriganten, zerstrittenen, von einem schwachen Vorsitzenden geführten Vereins entspricht als einer angeblich starken und geschlossenen nationalen Gemeinschaft.[188] Autoritäre Strukturen im Inneren und die Dynamik von Wahlerfolgen bestimmen die innere Stabilität der „Republikaner". 1985 wird Schönhuber aus der Partei ausgeschlossen.[189] Der Vorsitzende Franz Handlos hatte ihm vorgeworfen, die Partei auf rechtsextremen Kurs bringen zu wollen – mit denselben Vorwürfen wird Schönhuber einige Jahre später die Gruppe um Harald Neubauer, die sich Ende 1991 zur „Deutschen Liga" formiert, aus der Partei hinausdrängen. Das Bonner Landgericht hebt Schönhubers Ausschluß auf, worauf Handlos selbst seinen Austritt erklärt. 1987 kommt es am Rande des Bremerhavener Parteitags zu ähnlichen Auseinandersetzungen. Eine Gruppe um den ehemaligen stellvertretenden Vorsitzenden Berger betreibt erfolglos den Versuch, Schönhuber zu entmachten. Berger begründet seinen Austritt mit mangelnder innerparteilicher Demokratie, autoritärem Führungsstil Schönhubers und unklarem Finanzgebaren der Partei.[190] Im Umfeld des Parteitags verlieren die „Republikaner" drei Landesvorsitzende: Karl Mechtersheimer (Baden-Württemberg) tritt aus, Hans Bastian (Rheinland-Pfalz) und Wolfgang Klinke (Bremen) werden ausgeschlossen.[191] Zusätzlichen Konfliktstoff bewirkt die Verhaftung des Schönhuber-Vertrauten Gutwald wegen Steuerhinterziehung.[192] Er war zuvor Kreisvorsitzender in Rosenheim, Mitglied im Bundesvorstand und Geschäftsführer des parteinahen Verlags „res publica". Im März 1988 trennt sich der Bremer Landesverband von den „Republikanern" und nennt sich nun „Bremische Republikanische Partei". Schönhuber kommentiert die Vorgänge auf dem Hambacher Parteitag 1988 so:

> „Aber als wir dann plötzlich drei Prozent hatten, da drängten eine Menge von Menschen in unsere Partei hinein, die davon ausgingen, nachdem sie bei anderen Parteien gescheitert sind, bei uns mindestens Staatssekretär, wenn nicht gar Minister zu werden. ... Viele von den Neuankömmlingen kannten sich. Die Folge waren Querelen. Man muß natürlich wissen, daß eine Partei, die keinen Außengegner mehr hat, ihre Kräfte nach innen richtet, und dann kommt

es zu Querelen, zu Streitigkeiten, zu einer Art Hahnenkampf untereinander. Aber diese Auseinandersetzungen haben unsere Arbeit unendlich gelähmt. Ich hatte Wochen und Wochen nichts anderes zu tun, als von einem Kadi zu anderen zu laufen, den Anwalt zu befragen, jenen Anwalt zu befragen, statt das zu tun, was die legitime Aufgabe eines Parteivorsitzenden ist, nämlich Stimmen zu gewinnen, zu kämpfen dafür, daß diese Partei beweist, daß sie notwendig ist ... ".[193]

Spaltungen der beschriebenen Art sind die Regel bei den Rechtsaußen: Ende September 1989 enthebt der saarländische Landeschef Keßler seine beiden Stellvertreter ihrer Ämter und kündigt seinen Rücktritt an, denn der Vorstand sei ihm „entschieden zu rechtslastig".[194] Keßler initiiert wenig später die „Liberalen Republikaner Saar". Ende Dezember 1989 tritt der niedersächsische Landesvorsitzende Margraf (vormals NPD) aus der Partei aus und kündigt die Gründung der „Alldeutschen Republikanischen Partei" an.[195] Umgekehrt verlassen nach einem Grabenkrieg ohne Ende auch Konservative die Partei und heben im Oktober 1989 die „Demokratischen Republikaner Deutschlands" aus der Taufe. Sie werfen Schönhuber vor, er könne sich weder „aus der Gefangenschaft des ihn umgebenden NPD-Kaders befreien" noch von Margraf und dessen Getreuen trennen.[196]

Die bedeutendste Abspaltung erfolgt Ende 1991. Die „Deutsche Liga" ist nach dem Muster der NPD-Gründung 1964 der Versuch, eine Sammlungsbewegung zu initiieren. Gründungsimpulse gehen aus von Vertretern der DVU und der NPD. Teile von „Republikaner"-Spitzenfunktionären, die unzufrieden sind über den gemäßigten, sich nach rechts abgrenzenden Kurs Schönhubers, schließen sich an.[197] Der Gründungskongreß der „Deutschen Liga" ist am 3. Oktober 1991.[198] Zu den drei gleichberechtigten Bundesvorsitzenden gehören Jürgen Schützinger (Ex-Landesvorsitzender der NPD in Baden-Württemberg), Harald Neubauer (Ex-„Republikaner"-Generalsekretär und Europa-Abgeordneter) und Rudolf Kendzia (Ex-„Republikaner", Abgeordneter in Berlin); Bundesgeschäftsführer ist Franz Glasauer, zuvor Bezirksvorsitzender der „Republikaner" in Oberbayern.[199] Zur „Deutschen Liga" gehören überdies der ehemalige NPD-Vorsitzende Martin Mußgnug, der ehemalige NPD-Generalsekretär Walter Seetzen, der Herausgeber der Monatsschrift „Nation Europa", Peter Dehoust, der Ex-Landesvorsitzende der hessischen „Republikaner", Erich Fuchs und Karl Richter, ehemals Chefredakteur der Parteizeitung „Der Republikaner".[200] An der Spitze des im Februar 1992 gegründeten Landesverbandes Berlin und Brandenburg stehen ehemalige „Republikaner"-Funktionäre.[201]

Die „Deutsche Liga“, bei Wahlen und öffentlicher Resonanz bis 1992 noch im Schatten der „Republikaner“, könnte durchaus eine ernstzunehmende Konkurrenz für Schönhuber werden: Das Angebot von rechts wird zunehmend pluralisiert und dezentralisiert. Zumal Einbrüche bei Wahlen oder, wie in Köln geschehen, der Übertritt von „Republikaner“-Abgeordneten zur „Deutschen Liga“, längerfristig die politische Hegemonie der „Republikaner“ rechtsaußen gefährden könnten – die Nachfolger stehen bereit, mit, wie die „Deutsche Liga“ zeigt, professionellen und erfahrenen „Machern“ an der Spitze.

Die Gründung der „Deutschen Liga“ ist auch eine politische Konsequenz aus der Auseinandersetzung zwischen Schönhuber und einer rechten Gruppierung um Harald Neubauer. Sichtbarer Ausdruck dafür waren der kurzzeitige Rücktritt Schönhubers als Parteivorsitzender und seine Wiederwahl zum Vorsitzenden beim Ruhstorfer Parteitag am 7./8. Juli 1990, der als Sieg gegenüber der innerparteilichen rechten Opposition um Neubauer zu werten ist. Wenige Wochen zuvor hatten die fünf „Republikaner“-Abgeordneten im Europäischen Parlament, Neubauer, Köhler, Schodruch, Grund und Schlee, Schönhuber wegen der Vorwürfe als Sprecher und Vizepräsidenten der Technischen Fraktion der Europäischen Rechten abgesetzt.[202]

Die Wahlerfolge der „Republikaner“ seit 1989 sind für den inneren Zustand der Partei von großer Ambivalenz. Einerseits bewirken sie öffentliche Aufmerksamkeit und Beachtung, raschen Mitgliederzuwachs und insgesamt große politische Dynamik. Andererseits fällt eine Vielzahl von Mandaten an unvorbereitete, zu wenig qualifizierte, amateurhaft-unprofessionelle Funktionäre. So entsteht der Widerspruch, daß die Partei von ihren Wahlerfolgen profitiert, aber darunter gleichzeitig auch leidet, sie lebt von den Erfolgen, wird aber gleichzeitig von ihnen aufgezehrt. Diese Krisenhaftigkeit durch zu schnelles Wachstum wird noch dadurch verschärft, daß die Konflikte informell-intern, auf Parteitagen oder durch symbolische Gesten wie Unvereinbarkeitsbeschlüsse ausgetragen werden, nicht aber auf der Ebene demokratischer Willensbildung. Dadurch tragen die Konflikte Züge nicht enden wollender Querelen. Demokratische Parteien haben Traditionen des Umgangs mit ihren Flügeln herausbilden können, die konflikthaft, aber nicht bestandsgefährdend sind: Man denke etwa an Sozialliberale und Wirtschaftsliberale in der FDP, den Stamokap-Flügel in der SPD der siebziger Jahre, „Fundis“ und „Realos“ bei den Grünen. Indem die „Republikaner“ solche Tendenzen nicht offen austragen, sie vielmehr mit dem Gehabe einer „Führerpartei“ autoritär lösen, bilden sie keine Traditionen des Umgangs mit inneren Konflikten und könnten daran möglicherweise langfristig zerbrechen. Die zeitweiligen Zustände in den Landesverbänden Berlin, Niedersachsen und Nordrhein-Westfalen nach den Wahlerfolgen 1989, der kurzzeitige Rücktritt Schönhubers, sein Versuch der Säuberung der Partei von Extremisten und die Abspaltung der „Deutschen Liga" liefern für die innere Krisenhaftigkeit des Unternehmens „Republikaner" reiches Anschauungsmaterial.

In Nordrhein-Westfalen wird im Umfeld der Kommunalwahl am 1. Oktober 1989 gegen die „Republikaner" strafrechtlich ermittelt. Die Staatsanwaltschaft leitet Verfahren ein wegen des Verdachts gefälschter Unterschriftenlisten in Köln, Herten, Troisdorf und im Raum Winterberg.[203] Auf politischen Hintergründen beruht ein erbitterter Machtkampf im Landesverband. Nachdem bekannt wird, daß 11 von 21 Vorstandsmitgliedern aus rechtsextremen Organisationen kommen, darunter der Landes-Chef Beckmann (Ex-NPD) und sein Stellvertreter Denkewitz (Ex-NPD), versucht eine Gruppe jüngerer Kölner Funktionäre, die Riege der Alt-Rechten zu verdrängen.[204] Vier der sieben Kölner Ratsmitglieder, die bei den Kommunalwahlen ein Mandat erhalten haben, sind aufgrund der Machtkämpfe und Querelen ausgeschieden oder haben ihr Mandat erst gar nicht antreten können.[205] Wenige Monate vor der Bundestagswahl läßt Schönhuber, einem Kölner Ratsmitglied zufolge, den zwanzigköpfigen Kreisvorstand bis auf eine Ausnahme aus der Partei ausschließen „zum Zwecke der Säuberung von rechtsextremistischen Elementen".[206] Ähnlich geht es in Düsseldorf zu. Von den fünf „Republikaner"-Vertretern, die nach den Kommunalwahlen in den Rat der Stadt einziehen, sind wenig später nur mehr zwei übrig. Zwei der drei Dissidenten werfen dem Stadtrat und Kreisvorsitzenden Rau (Ex-NPD) vor, „rechtstotalitäre Kräfte" zu fördern und Hitler-Geburtstagsfeiern zu dulden.[207] Nach dem Rücktritt des Landesvorsitzenden Beckmann versucht dessen Nachfolger, der ehemalige CSU-Bundestagsabgeordnete und „Republikaner"-Mitbegründer Ekkehard Voigt, eine politische Befriedung des nordrhein-westfälischen Landesverbandes.[208] Doch auch in der Folgezeit leidet der Landesverband Nordrhein-Westfalen weiter unter Mitgliederschwund, den der Verfassungsschutzbericht auf interne Auseinandersetzungen und die Abwanderung von Funktionären und Mitgliedern zur „Deutschen Liga" zurückführt.[209]

In Niedersachsen führen Richtungskämpfe Mitte und Ende 1989 zu einer „linken", christlich-sozialen, und einer „rechten", extremistischen Abspaltung. Dem Austritt des niedersächsischen Landesvorsitzenden, dem ehemaligen NPD-Landtagskandidat Margraf, Ende Dezember 1989 gehen monatelange interne Auseinandersetzungen voraus, die auch Grenzen der Autorität Schönhubers verdeutlichen. Eine gemäßigte innerparteiliche Oppositionsgruppe wirft Margraf und seinen Anhängern vor, die Partei auf NPD-Kurs zu bringen. Als acht von vierzehn Kreisverbänden Margrafs Rücktritt fordern, reagiert dieser Ende Juli mit der Amtsenthebung von elf aufsässigen Funktionären. Auf dem Landesparteitag am 10. September versucht Schönhuber erfolglos, die Wiederwahl Margrafs zu verhindern. Trotz gegenteiliger Empfehlung Schönhubers wird Margraf erneut zum Landesvorsitzenden gewählt.[210] Eine gemäßigte Oppositionsgruppe gegen Margraf um den ehemaligen Pressesprecher Dimpfl tritt aus der Partei aus und gründet die „Deutschen Republikaner“, die sich fortan als nördliche CSU versteht. Dimpfl hatte, wie die FAZ meldet, „Margraf einen selbstsüchtigen, menschenverachtenden Stil nach Nazimethode vorgeworfen“.[211] Schließlich wird der niedersächsische Landesvorstand von der Münchener Zentrale amtsenthoben und der Hannoveraner Universitätsprofessor Tschammer-Osten als Landesbeauftragter kommissarisch eingesetzt.[212] Nach wochenlangem Streit verläßt Ende des Jahres Margraf die Partei und gründet die rechtsgerichteten „Alldeutschen Republikaner“. Im Februar 1990 wird der Göttinger Finanzmakler Haase zum neuen Landesvorsitzenden gewählt. Noch vor der Versammlung hatte der bis dahin als Spitzenkandidat geltende Gastwirt Fehlig (Ex-CDU) sein Parteibuch mit der Begründung zurückgegeben, es seien zu viele ehemalige Mitglieder von DVU, NPD und FAP bei den „Republikanern“ aktiv.[213] Noch im Juli 1991 teilt Schönhuber in einem Rundschreiben an den Bundesvorstand mit, in den Landesverbänden Schleswig-Holstein, Niedersachsen und Berlin gebe es nach wie vor „Rechtsextremisten“.[214]

Die Entwicklung des Berliner Landesverbandes ist das hervorragendste Beispiel für die kontraproduktiven Wirkungen eines zu raschen Wachstums. Sie steht aber auch für eine kaum ausgeprägte demokratische Streitkultur in der Schönhuber-Partei. Der erste Landes-Chef der 1987 gegründeten Berliner „Republikaner“, der Fachhochschulprofessor Klaus Weinschenk (vormals SPD), wirft bereits nach einem Jahr das Handtuch, weil er aufgrund des Schwächezustandes der Partei eine Wahlbeteiligung nicht für sinnvoll hält.

Am 10. September 1989, gut ein halbes Jahr nach dem spektakulären Wahlerfolg bei den Wahlen zum Abgeordnetenhaus, enthebt das Präsidium seinen Nachfolger, den Polizeibeamten Bernhard Andres und zwei seiner Stellvertreter, ihrer Ämter.[215] Der Informationsdienst „Blick nach rechts“ notiert am 11. September:

> „Bei den Berliner ‚Republikanern‘ herrschen seit Monaten heftige Machtkämpfe, die mittlerweile in Androhung von Gewalttätigkei-

> ten der verfeindeten Flügel untereinander ausgeartet sind. So beklagte sich der Fraktionsvorsitzende Franz Degen in einem Schreiben an den Bundesvorsitzenden Franz Schönhuber, daß es inzwischen erforderlich sei, ‚Staatsschutzmaßnahmen in Anspruch zu nehmen, um sich vor den eigenen Parteifreunden zu schützen'. Schon auf dem letzten Parteitag der Berliner ‚Republikaner' im Juli war von einigen Delegierten der Landesvorstand als ‚gelähmt, zerstritten, machtgierig, orientierungslos und führungsschwach' kritisiert worden. Doch da Kritik nicht erwünscht ist, wurde die Diskussion vom großen Bundesvorsitzenden kurzerhand abgewürgt".[216]

Vorausgegangen war die Absetzung Andres' als Fraktionsvorsitzender durch die eigenen Fraktionskollegen sowie die Austritte des Abgeordneten Göllner und der stellvertretenden Landesvorsitzenden Alexandra Kliche.[217] Zu dem Richtungskampf zwischen rechtsorientierten Funktionären und ehemaligen Aktivisten vorwiegend aus der Jungen Union tritt eine Konfliktstruktur, die geprägt ist von Intrigen, Militanz und Halbwelt-Milieu.[218] Im Oktober 1989 verläßt Andres die Partei und gründet mit einigen Dutzend Getreuen „Die deutschen Demokraten". 34 Mitglieder des Bezirks Tempelhof erklären in einem offenen Brief an Schönhuber ihren Austritt. Sie werfen ihm vor, ehemalige NPD-Funktionäre durch undurchdachte Personalpolitik in führende Positionen gebracht zu haben.[219] Der neue starke Mann der Berliner „Republikaner" ist der 28-jährige Carsten Pagel, ehemals Rechtsaußen der Berliner Jungen Union, Kreisvorsitzender und Bezirksverordneter. Er war 1987 einem Parteiausschlußverfahren der CDU durch den Übertritt zu den „Republikanern" zuvorgekommen. Pagel, als Landesvorsitzender nur wenige Monate im Amt, distanziert sich wenig später scharf von Schönhuber.[220] Sein Nachfolger ist eine Art „Idealbesetzung", weil er nicht aus der rechtsextremen Szene kommt, sondern aus dem politischen Establishment: Werner Müller, vormals SPD, bis 1978 Ministerialdirektor und Chef der Abteilung Inland im Bundespresseamt, führt seit Herbst 1991 den Berliner Landesverband.[221]

Claus Leggewie hat Anfang 1987, lange vor dem „Republikaner"-Durchbruch und ohne Kenntnis der weiteren innerparteilichen Zustände in einem bemerkenswerten Beitrag die Chancen neuer Rechtsparteien abgewogen. Er kommt zu dem Ergebnis, es handele sich „um Gesinnungsparteien mit hoher programmatischer Konkurrenz auf engstem Raum mit wenig Organisationsmanagement". Entscheidend sei, vor dem Hintergrund der letzten Jahrzehnte, „die notorische Zersplitterung und das geringe Vereinigungspotential der rechten Parteikeime untereinander".[222] An anderer Stelle prognostiziert er den „Republikanern" „eine von innen determinierte Wachstumskrise".[223] Sie ist nach 1989 eingetreten. Die innerparteiliche Entwicklung zeigt mehr als eine Wachstumskrise: Sie droht den Bestand der Partei längerfristig zu gefährden. Der Beschluß des „Republikaner"-Bundesvorstands vom 16./17. Mai 1988, der ein „Eintrittsverbot für noch amtierende Funktionäre der DKP, DVU, NPD und FAP" festschreibt, ist nicht nur aufgrund seiner Links-Rechts-Gewichtung lächerlich und aufgrund der faktischen Verhältnisse Makulatur. Er soll die Attraktivität und die Eintrittsschwellen für ewiggestrige „Störenfriede" erhöhen, intern zur Stabilisierung beitragen und extern als symbolischer Nachweis demokratischer Zuverlässigkeit gelten. Doch mit oder ohne solche symbolische Politik: Die Partei ist zerstritten, von einem äußerst labilen Kräftegleichgewicht getragen, ohne professionelle Mechanismen der Konfliktregulierung, dauerhaft bedroht von Abspaltungen nach rechts oder in christlich-konservative Richtungen. Es mangelt ihr an qualifizierten, professionellen Mandatsträgern und an innerparteilicher Demokratie. Schönhubers Integrationsfunktion, die weit über die innerparteiliche Position anderer Parteivorsitzender hinausgeht, rechtfertigt es, auch im Hinblick auf autoritäre und rechtsextremistische Politik-Definitionen innerhalb der „Republikaner", von einer „Führerpartei" zu sprechen. Perspektiven, daß diese Partei an ihren inneren Zerwürfnissen scheitern könnte, sind jedenfalls nicht von der Hand zu weisen.

4. Schönhuber – Konturen eines Rechtspopulisten

> „Da ist etwa das Klischee des Redners selbst. Er stellt sich hin als den großen kleinen Mann, der genau ist wie alle anderen und doch ein Genius, ohnmächtig und doch vom Widerschein der Macht verklärt, durchschnittlich und doch ein Halbgott. ... Zu diesem Klischee gehört die Behauptung, der Agitator, der es doch stets mit einer mächtigen Clique halten möchte und sich ihr als zuverlässiger Büttel empfiehlt, stehe ganz allein, verfemt, bedroht, auf nichts gestützt als auf die eigene Kraft. ... Die Aufteilung der Welt in Schafe und Böcke endlich zielt zunächst auf die Eitelkeit ab. Die Guten werden so bestimmt, daß man selber ihnen gleicht und ohne weiteres sich zur Gruppe der Guten rechnen kann; das Schema erspart einem, als Guter sich erst zu bewähren. Und daß es die schlechthin Bösen geben soll, liefert den Schein eines Rechtsgrundes dafür, die eigenen sadistischen Impulse auf die jeweils bezeichneten Opfer loszulassen. Überall kommt es dem Agitator darauf an, den Zuhö-

rern durch die Rede an sich Ersatzbefriedigungen zu verschaffen: die Versammlung selbst tritt gleichsam an die Stelle der Ziele freien Handelns, die etwa in einer demokratischen Versammlung diskutiert werden."[224]

Führungsfiguren, Leitbilder, Identifikationsobjekte und politische Repräsentanten sind für den Bestand aller Parteien und sozialen Bewegungen von Bedeutung. Ganz besonders aber für die Rechte, denn: Sie ist, seit den Tagen der bündischen Jugendbewegung in den zwanziger Jahren, mehr als andere strukturiert nach dem Führer-Gefolgschaftsprinzip. Dafür gibt es keine organisatorische, wohl aber eine ideologisch-weltanschauliche Begründung. Rechte Bewegungen verstehen sich als weltanschauliche „Gemeinschaft", nicht als kompromißhafter Zusammenschluß individueller Interessen. Gemäß den sozialdarwinistischen Grundprinzipien setzt sich der Stärkere durch, dem die Gefolgschaft die Treue hält, ihm folgt sie und an ihn glaubt sie. Nach diesem Prinzip sind – mehr oder weniger – alle rechten Gruppierungen strukturiert. Nach dem Krieg hat die politische Rechte in der Bundesrepublik keine Führungspersönlichkeiten hervorgebracht. In den fünfziger Jahren waren allzu viele NS-belastet, v.Thadden war später für einige Jahre eine Autorität. Doch was ihm fehlte, darüber verfügt Schönhuber: Rhetorik, Charisma, persönliche Ausstrahlung und die Fähigkeit zum Volkstribun, zur Volkstümelei. Jürgen Leinemann hat ihn einen „Kampfredner" genannt, einen „heimtückisch-naiven Spontanbegeisterer, der alles glaubt – solange es ihm Beifall und Bestätigung einträgt".[225] Peter Glotz hält ihn für einen Populisten, fügt aber warnend hinzu: „Der Populist ist niemand, der von außen kommt... Das Problem ist, daß er einer von uns ist". Volk gegen Machtblock, ehrlich gegen verlogen – darin sieht Glotz die Grundstrategie Schönhubers. Für ihn ist er ein Kondottiere nach dem Muster der italienischen Reitergeneräle der Renaissance, die sich, mit eigenen Heerhaufen, mal für den einen, mal für den anderen Fürsten schlugen.[226] Mit seiner Wiederwahl zum Parteivorsitzenden beim Deggendorfer Parteitag im Juni 1992, der ihm rund 88 Prozent Zustimmung brachte, ist Schönhubers Position nach unendlichen Querelen vorerst, so scheint es, unangefochten. Es scheint nützlich, sich mit ihm als Politiker zu beschäftigen, denn sein politischer Stil ist der der „Republikaner", sein Charisma hat die Strukturen der Partei über Jahre hinweg geprägt. Nicht zuletzt auch wird man der populistischen Dimension des „Republikaner"-Phänomens ohne die gebührende Berücksichtigung ihres langjährigen Vorsitzenden nicht auf die Spur kommen können.

Schönhuber, Jahrgang 1923, der Metzgersohn, dessen Vater schon

1931 als „alter Kämpfer" der NSDAP beitritt, findet den Weg zum Jungvolk und zur Hitlerjugend ohne Schwierigkeiten.[227] Der Freikorps-Kämpfer Albert-Leo Schlageter und der NS-Märtyrer Horst Wessel werden zu Vorbildern. 1941 wird er als Achtzehnjähriger in der NSDAP aufgenommen. 1942 meldet er sich freiwillig zur Waffen-SS. Nach dem Krieg arbeitet er als Sportjournalist für die „Deutsche Woche", ein getarntes Organ der KPD. Ob Schönhuber diesen Hintergrund kannte, ist ungewiß. Später ist er freier Mitarbeiter bei Funk, Fernsehen und Presse. Ende 1969 wird er für einige Monate Chefredakteur der Münchener Boulevard-Zeitung „tz", danach Kolumnist bei der „Abendzeitung". Zu dieser Zeit unterstützt er, verheiratet mit der Münchener Stadträtin Ingrid Schönhuber, den linken Flügel der SPD und die Jusos. Als Kolumnist rühmt er die Ostpolitik der sozialliberalen Koalition, nimmt Willy Brandt vor den Angriffen der CSU in Schutz und reitet von links her Attacken gegen die „unduldsamen" und „demagogischen" Vertriebenenfunktionäre.

1975, ein Jahr, nachdem Ingrid Schönhuber ihr Stadtratsmandat und ihr SPD-Parteibuch zurückgegeben hat, mutiert Schönhuber zum CSU-nahen Liberal-Konservativen. Das war die Voraussetzung, um nun beim Bayerischen Fernsehen Hauptabteilungsleiter für den Bereich „Bayern Information" und später stellvertretender Chefredakteur zu werden. Als Moderator der vielgesehenen Sendung „Jetzt red' I" erprobt und vertieft er den deftigen Wirtshaus-Diskurs, der ihm später noch politische Früchte weiter rechtsaußen eintragen wird. Der damalige bayerische Ministerpräsident Alfons Goppel läßt es sich nicht nehmen, dem inzwischen zum Vorsitzenden des bayerischen Journalistenverbandes aufgerückten shooting star seine vermeintlichen journalistischen Meriten mit dem Bayerischen Verdienstorden zu vergelten. Bald gehört Schönhuber zum „Franzensclub", einer logenähnlichen Runde von CSU-Oberen um Strauß und den Hähnchen-Brater Jahn. Um 1980 dann tauchen im Bayerischen Rundfunk Gerüchte um die NS- und SS-Vergangenheit Schönhubers auf. Er geht in die Offensive mit seinem Bekenntnisbuch „Ich war dabei", das sein späterer Adlatus Harald Neubauer bald darauf in den rechtsextremen Blättern Gerhard Freys hochjubelt.[228] Die „National-Zeitung" kürt es zum „Buch des Jahres":

> „Das Buch des Jahres ICH WAR DABEI von Franz Schönhuber, stellvertretender Chefredakteur des Bayerischen Fernsehens, stellt mutig viele Drahtzieher unserer Meinungsindustrie an den Pranger, räumt mit den Tabus unserer Zeit auf und läßt der Waffen-SS

im besonderen und dem deutschen Soldaten im allgemeinen Gerechtigkeit angedeihen".[229]

„Die Zeit" notiert am 6. November 1981, kurz nach Erscheinen des Buches, in kluger Voraussicht, damit habe sich Schönhuber ins „journalistische Aus" begeben. Seine Bekenntnisse und der Beifall von der falschen Seite führen in der Tat zu einem abrupten Karriere-Knick: Die CSU läßt ihn fallen, der Bayerische Rundfunk wird seinen Hauptabteilungsleiter erst nach mehreren Arbeitsgerichts-Prozessen und einer reichlichen Abfindung los.

Verweilen wir einen Augenblick bei Schönhubers Bekenntnissen zur Waffen-SS, denn hier zeigen sich bemerkenswerte Schnittmengen mit den konservativen Strömungen der Mehrheitskultur. Wenn Regierungssprecher Hans Klein (CSU) ein gleiches Bekenntnis zur Waffen-SS ablegt, ohne dafür mit Rücktrittsforderungen konfrontiert zu werden, kann dann die Schönhuber'sche Version verwerflich sein? Zur Erinnerung: Klein erklärt im Mai 1989, die „Republikaner"-Wähler im Auge: „Die Waffen-SS war doch eine kämpfende Truppe, keine Verbrecher. Die glaubten, ihr Vaterland verteidigen zu müssen". Nichts anderes bekundet Schönhuber. Kleins Persilschein wäre noch entschuldbar, wenn es sich um einen der zahllosen verbalen Ausrutscher handelte, mit denen Unionspolitiker in Sachen NS-Vergangenheit regelmäßig aufzuwarten pflegen. Doch der Regierungssprecher im Ministerrang, in den siebziger Jahren in der rechtskonservativen „Deutschland-Stiftung" aktiv, gibt nur das zum besten, was er seit Jahren denkt. Der Vorgang zeigt, wie sehr Schönhubers Denken im rechtskonservativen Spektrum auf Gleichgesinnte trifft und wie wenig Veranlassung besteht, Schönhubers Positionen als die eines Außenseiters zu betrachten. Richard Stöss hat die These vertreten, „daß Schönhuber sich auch nach 45 Jahren innerlich nicht vom Nationalsozialismus verabschiedet hat. Er ist mit dem Zusammenbruch des ‚Dritten Reiches' nicht fertig geworden, er will und er kann es sich nicht nehmen lassen, daß dieses System auch seine guten Seiten hatte. Dabei handelt es sich, psychologisch gesehen, um den Selbstschutz einer Person, die – wenigstens anfänglich – begeistert mitgemacht hat und heute noch irgendwie stolz ist, dabeigewesen zu sein."[230] Diese These wäre zu ergänzen und auszuweiten: Derartige vordemokratische Selbstschutz-Mechanismen sind in den untergründigen Schichten des kollektiven Selbstverständnisses weit verbreitet, im Verhältnis von Konservatismus und Rechtsextremismus kommen sie zum Ausdruck und stehen für den offenen Grenzverkehr zwischen den beiden Lagern.

Aus der biographischen Vorgeschichte des „Republikaner"-Chefs lassen sich einige Gesichtspunkte zusammenfassen, die das Profil des rechten Populisten näher kennzeichnen. Schönhuber verfügt in seiner NS- und Waffen-SS-geprägten Erziehung und Jugend über eine (offensichtlich immer noch kaum zu ersetzende) wichtige politische Voraussetzung für die Akzeptanz rechts disponierter Wähler und Aktivisten. Grundwerte, Ideale, politische Perspektiven stammen, wie gebrochen auch immer, aus der politischen Sozialisation im Nationalsozialismus. Dennoch kommt Schönhuber nicht aus Kreisen der alten Rechten nach 1945, sondern war über Jahrzehnte verwurzelt in der politischen und gesellschaftlichen Mehrheitskultur. Das macht ihn für seine Anhänger umso glaubhafter. Er gehört, im Gegensatz zu anderen Funktionären rechtsaußen, zum gesellschaftlichen Establishment. Er verfügt, wie es Herz in Anlehnung an einen Begriff Bourdieus formuliert hat, über „ein anderes ‚soziales Kapital' als die traditionellen Parteiführer der extremen Rechten. Er verkehrt in anderen Kreisen als die Mitglieder der traditionellen extremen Rechten. Das Netzwerk sozialer Beziehungen und gegenseitiger Verpflichtungen, die er in seiner Karriere gesammelt hat, kann er jetzt gegen den Versuch einsetzen, seine Partei zu kontrollieren".[231] Er ist, wie seine journalistischen Stationen zeigen, ein gelernter „Kommunikator" – im Zeitalter der Abhängigkeiten von Politik und elektronischen Medien eine nicht nur unschätzbare, sondern unabdingbare Voraussetzung erfolgreicher Politiker. Darüberhinaus verfügt er über detaillierteste und genaueste, über Jahrzehnte erworbene Kenntnisse der CSU-geprägten bayerischen Politikstrukturen ebenso wie der bayerischen politischen Mentalitäten und Milieus. Schließlich zeigen seine Wandlungen und biographischen Brüche nicht nur Züge des Opportunismus, sondern sie deuten auf eine für rechte und rechtsextreme Politik zentrale Komponente: die Fähigkeit, in glaubwürdiger Weise allen alles zu versprechen.

Schönhubers Bedeutung für die „Republikaner" erschöpft sich nicht in seinen „Macher"-Qualitäten. Entscheidend ist seine Begabung, Menschen anzusprechen. Interviews mit Schönhuber-Anhängern haben dies bestätigt: Seine „Fernsehauftritte haben auf viele Befragte offenkundig stimulierend gewirkt. Er hinterließ den Eindruck eines Mannes, der (im Gegensatz zu den führenden Politikern der großen Parteien) ‚kämpft' und ‚sich wehrt'. Nicht untypisch für die fast begeisterte Äußerung einer jungen Berchtesgadenerin: ‚Er ist ein Mann! – Er will durchsetzen, was er vorhat, und das merkt man auch', oder die Bemerkung eines 24-jährigen Mannheimers: ‚Schönhuber ist der Turm in der Schlacht, ein ruhender Pol'".[232]

Einige Grundmuster der politischen Rhetorik Schönhubers lassen sich am Beispiel seiner Rosenheimer Parteitagsrede vom Januar 1990 aufzeigen.[233] Sie steht unter dem Motto „Angriff heißt die Parole!" Es signalisiert Mobilisierung der Anhängerschaft, Kampfbereitschaft, Zusammenstehen gegen Widerstände, politische Gegner und Feinde. „Angriff" meint Wehrhaftigkeit gegen angebliche Verleumdungen und Nachstellungen der Presse:

> „Aber wenn man uns schon diese Schlammschlacht aufzwängt, so werden wir uns zu wehren wissen!"

Schönhuber zitiert unausgesprochen einen Mythos der alten Rechten, den er aufgreift und fortführt: den Mythos von Verfolgung und Entrechtung. Es folgen Bemerkungen über Heinz Galinski, den 1992 verstorbenen Vorsitzenden der Berliner Jüdischen Gemeinde und des Zentralrats der Juden in Deutschland. Bedürfte es eines Beweises, daß Schönhuber nichts aus der NS-Vergangenheit gelernt hat, daß es ihm an demokratischer Einsicht und Sensibilität fehlt, so liegt er hier vor. Galinski wirft er „Geschmacklosigkeit" vor, in der „Prawda" und dem „Neuen Deutschland" „wieder einmal das braune Gespenst an die Wand zu malen" sowie „Kumpanei mit dem stalinistischen Diktator Honecker".

> „Herr Galinski", fährt er fort, „ich bin alles andere als ein Antisemit, aber hören Sie auf, uns deutsche Patrioten zu verleumden. Sie sind schuld, wenn es den verachtenswerten Antisemitismus wieder geben sollte".

Schönhubers Äußerungen sind keineswegs spontan. Sie sind wohl kalkuliert. Einige Wochen zuvor, beim Dinkelsbühler Parteitag am 3. Dezember 1989, hatte er sich wie folgt geäußert:

> „ ... Aber, und ich sage das in aller Deutlichkeit. Ich mag diesen Herrn Galinski nicht mögen müssen (Beifall). Ich habe etwas gegen die täglich praktizierte Demütigung unseres Volkes. Ich halte sie für nicht länger hinnehmbar. Ein Herr Galinski ist möglicherweise mitschuldig an einem erneuten Aufkommen des von uns so deutlich abgelehnten Antisemitismus. Gegen einen Herrn Galinski (Beifall) Gegen einen Herrn Galinski ist Simon Wiesenthal beinahe eine Art Nathan der Weise ... ".[234]

Hat der Vorsitzende des Zentralrats der Juden „Schuld" auf sich geladen? Sind am Ende die Juden am Antisemitismus selber schuld? Unterscheidet man Gesagtes von Gemeintem, so wird hier eine spezifische Form von Antisemitismus deutlich. „Krypto-Antisemitismus" hat Adorno eine Haltung genannt, die das Tabu offener Aggression gegen die Juden kalkuliert und verwandelt in Andeutungen und Anspielungen. Antisemitismus ist, wie Adorno hervorhebt, „das Gerücht über die Juden“.[235] Genau dieser Technik bedient sich Schönhuber. Er relativiert, deutet an, nimmt zurück, am Ende bleibt der Vorsitzende des Zentralrats der Juden (auch diese Funktion Galinskis wird hier nicht explizit erwähnt, doch jeder weiß es) der bewußt verschwommen gezeichnete Übeltäter im Hintergrund. Andernorts hat Schönhuber wiederholt die böse Äußerung getan, er müsse „Herrn Galinski nicht mögen müssen“. Auch hier verstehen seine Anhänger zwischen Gesagtem und Gemeintem klar zu unterscheiden: Ein ehemaliger, sich dazu offen bekennender freiwilliger Angehöriger der Waffen-SS möchte den Vorsitzenden des Zentralrats der Juden „nicht mögen müssen“ – so lautet die unmißverständliche Botschaft. Sie ist Wasser auf die Mühlen der Ewiggestrigen und hohe Kunst der Verstellung in einem – scheint es dem Trommler doch zu gelingen, eindeutige Signale am formaljuristischen Auge von Justiz und Verfassungsschutz vorbeizuschmuggeln. Auf diese Weise werden neue Feindbilder entworfen und bestehende vertieft – Antisemitismus 1990.

Schon bei der Waldheim-Affäre 1986, als der österreichische Bundespräsident an seiner Kriegs-Vergangenheit zu scheitern drohte, hatte Schönhuber die Karte des „Krypto-Antisemitismus“ gezogen. „Gegen gutes Geld“ hätten, heißt es in einem Artikel im Parteiblatt[236], jüdische Professoren die Kampagne gegen Waldheim geschürt, und: „In der Bundesrepublik zieht man sofort den Kopf ein, wenn jüdische Kreise einen Angriff starten“. Das „Gerücht über die Juden“, wie Adorno bemerkte – in solch perfiden legalistisch-demagogischen Sprachspielen äußert sich der Antisemitismus der „Republikaner“.

Schönhuber, der Aufwiegler, jetzt als Integrator: Er fährt fort mit einem – vor dem Hintergrund faktischer innerparteilicher Konflikte mehr als unwahrhaftigen – Lobgesang auf den inneren Zustand der Partei. Unbotmäßigen Gedanken an die tatsächlichen Zerwürfnisse in den Landesverbänden begegnet er mit dem Schlachtruf:[237]

> „Die Torpedos der eingeschleusten U-Boote können unser Schiff nicht mehr zerstören!“

Wir, die Guten, die Tapferen und Anständigen – dort die Bösen, die Angreifer, die „U-Boote“ und Verschwörer von der feindlichen Seite. „Wir“, die Anständigen, werden von den Medien „fertiggemacht“, „wir“ wollen uns

„nicht abfinden mit der immer größer werdenden Korruptheit, der moralischen Verkommenheit, der Verlogenheit von etablierten Parteien, etablierten Politikern".

„Wir", die nicht-etablierten kleinen Leute, die Anständigen und Ehrlichen – dort die „Etablierten", die Verkommenen und Korrupten. Immer wieder die Zelebration der gleichen Muster: Schafe und Böcke, Täter und Opfer, „wir", die Guten, werden verfolgt und zu den underdogs gemacht:

„Nun wird ein Kreuzzug gegen uns in Gang gesetzt mit dem Ziel, uns zu stigmatisieren und zu kriminalisieren. Da wird gegen mich eine Art Pogromstimmung erzeugt. Da benimmt sich die IG Medien wie weiland die Reichsschrifttumskammer unseligen Andenkens".

Schönhuber, der Trommler, Aufwiegler und Populist, der „Kampfredner" (Leinemann), in der Rolle des Märtyrers im Kampf gegen Verschwörer und finstere Mächte:

„Die politisch Verfolgten von heute sind wir, die Republikaner".

Anspielungen, wie hier auf das Asylrecht, gezielte, andeutende Begriffe („Pogrom", „Reichsschrifttumskammer") kehren den allgegenwärtigen, antizipierten NS-Vorwurf um, machen die Opfer zu Tätern, die Täter zu Opfern, die Angreifer zu Angegriffenen, denen man jede Gelegenheit zur Gegenwehr nimmt. Kaum einer der Medienvertreter sei bereit,

„live mit mir in den Ring zu steigen".

Das Gespräch als militante Schlacht, das Publikum als tosende Menge – das ist die Welt des Kommunikators Schönhuber. Der große Vorsitzende als underdog, der von „den anderen" mißachtet wird, gleichzeitig als Halbgott, mit dem es keiner aufzunehmen wagt. Schönhuber, der Märtyrer:

„Aber wie verrottet unsere Gesellschaft ist, geht daraus hervor, daß ein Mann wie der Herr von Schnitzler, der es an propagandistischer Giftspritzerei durchaus mit dem einstigen antisemitischen Schmierenbold Streicher aufnehmen könnte, hierzulande von einer Talkshow eingeladen worden ist. Das Mikrofon, das man mir verweigert, gibt man bereitwillig einem Zerstörer unserer demokratischen Gesellschaft".

Höhnische Rancune prägt den Angriff auf den Bundespräsidenten:

> „Wir haben es satt, von Ihnen permanent die Weltmeinung interpretiert zu bekommen“. Richard von Weizsäcker sei Präsident der Deutschen, „nicht der Präsident des Vereins der internationalen Bedenkenträger“.

Damit ist das Stichwort für die Schönhuber'sche Geschichtsbetrachtung gefallen. Durch die „sogenannten amerikanischen Umerzieher“ wurde „unsere“ Geschichte verfälscht, auf zwölf Jahre reduziert, „wir“, die Guten, die Märtyrer, sollen

> „ewig an den Marterpfahl der Vergangenheitsbewältigung“ gekettet werden. Aber „wir“ wissen uns zu wehren, zu kämpfen: „Wir lassen uns nicht am Auszug aus der babylonischen Gefangenschaft der Vergangenheitsbewältigung hindern“, „die Deutschen wollen sich wieder in aufrechter Gangart bewegen“.

Kampfesmutig und tapfer, auf „schwerem“ und „steinigem“ Weg, wenden „wir“ das Schicksal („Manchem mag der Atem ausgehen, mancher mag verzagen, wenn wir einen Rückschlag erleiden“), „Angriff heißt die Parole“.

Eine populistische Zugabe für den kleinen Mann darf nicht fehlen: Der Preis der Wiedervereinigung

> „darf nicht zu Lasten der Ärmsten der Armen gehen, sondern hier müssen jene helfen, die dazu in der Lage sind, dazu müssen jene Kreise ihr Geld geben, die es im Übermaß haben“.

Der sachbezogene politische und programmatische Informationsgehalt der Rosenheimer Rede ist gering. Aber darum geht es Schönhuber auch nicht. Den Zweck der Veranstaltung verrät die Bildzeile unter dem Schönhuber-Foto: „Mit seiner Rede zog er sofort den Parteitag in seinen Bann“. Die Rede zielt auf das Gefühl, nicht auf den Verstand. Sie soll aufrütteln, nicht überzeugen. Agitation ist gefragt, nicht Argumentation. Sie soll nicht informieren und zum Nachdenken anregen, sondern „in den Bann ziehen“. „Bei Veranstaltungen der Republikaner“, sagt ein Wähler dieser Partei (Lagerarbeiter, 28 Jahre, aus Mannheim), „tobt die ganze Bude, sie reden eine klare Sprache, nicht so wie bei den anderen Politikern, die viel außenherum reden“.[238] Die Faszination für die Schönhuber-Anhänger liegt im szenisch-emotionalen Arrangement der Rhetorik. Sie ähnelt in frappierender Weise der Struktur faschistischer Agitation, wie sie Adorno am Beispiel von Martin Luther Thomas' Rundfunkreden aus dem Jahr 1935 in den USA analysiert hat.[239] Vergleichen wir die Hauptmerkmale dieser Rundfunkreden mit der Rosenheimer Rede Schönhubers, so ergibt sich folgendes Bild.

Kreuzzugsmentalität. Schönhuber kehrt den Begriff freilich in der ihm eigenen Weise um und wähnt „uns“ als Opfer des Kreuzzugs der anderen. Festhalten am Gerücht des *jüdischen Machwerks.* Am Beispiel des Vorsitzenden des Zentralrats der Juden wendet Schönhuber diese Technik an. „*Einsamer-Wolf-Trick*“: Die ständige und wachsende Furcht vor der Manipulation durch die anderen, bei Schönhuber im festen Glauben an die Verlogenheit und Korruptheit der Medien und der „Etablierten“. „*Trick der verfolgten Unschuld*“: Schönhuber und die „Republikaner“ wähnen sich als Opfer von Kriminalisierung und Stigmatisierung, das deutsche Volk als Opfer der „Umerzieher“. „*Sendboten-Trick*“: Die „Republikaner“ als Vollstrecker einer historischen Mission, als Abgesandte des Schicksals, um Deutschland zu befreien. Und schließlich der „*Trick der Unermüdlichkeit*“: „Angriff heißt die Parole!“

Eine demokratische Rede in republikanischem Geist wird man die Rosenheimer Selbstinszenierung des Trommlers Schönhuber eingedenk solcher Techniken nicht nennen können. Schönhubers politische Agitation steht in der Kombination all dieser Techniken in der Tradition der Strukturen faschistischer Propaganda. Allerdings: In sprachbereinigter, zeitgemäß-unverfänglicher Weise. Schönhubers politischer Stil, die Summe aus seiner politischen Biographie und seiner öffentlichen Selbstdarstellung, ähnelt in frappierender Weise einigen Zügen des zumindest zeitweiligen Vorbilds Jean-Marie Le Pen. Auch er rühmt sich seiner Vergangenheit als „alter Kämpfer“ (im Algerien-Krieg), auch er ist ein begabter Demagoge und Populist, auch er ein Meister der gezielten Anspielung. Diese Mixtur kennzeichnet den modernen rechtsextremen „Führer“-Typus. Was ihn vom Konservatismus unterscheidet, sind die fundamentalistischen Prinzipien: die Unbedingtheit im Grundsätzlichen, die Unversöhnlichkeit mit den politischen Gegnern und die mangelnde Kompromißbereitschaft.

III. Das Programm: Zwischen Konservatismus und Rechtsextremismus

Der parlamentarische Durchbruch der „Republikaner" erfolgte bei der Wahl zum Berliner Abgeordnetenhaus am 29. Januar 1989. 7,5 Stimmenprozente erreichte die Partei auf Anhieb. In ihrem Wahlprogramm forderte sie unter anderem: „Rechtssicherheit für alle Bürger", eine restriktive Ausländerpolitik und „aktive Wiedervereinigungspolitik". Das Berliner „Wahlprogramm 1989" wurde eingeleitet von folgenden Formulierungen:

> „Berlinerinnen und Berliner! Terror von extremistischen Gewalttätern als Ausdruck der Auflösung jeglicher Wertvorstellungen, zunehmende Verwahrlosung des öffentlichen Rechtsempfindens, Vernachlässigung der Rechte der deutschen Nation, uneingeschränkte Zuwanderung von zahllosen Scheinasylanten, die allmähliche Überfremdung unserer Heimatstadt, weiter steigende Arbeitslosenzahlen, Schwinden der öffentlichen Sicherheit, Korruption und Filz beweisen, daß die im Abgeordnetenhaus zur Zeit sitzenden Parteien versagt haben. Es wird Zeit, daß sich zur Wahrung unserer Interessen etwas gründlich ändert. Wir brauchen eine neue politische Kraft: Die Republikaner!"

Das Ausländer-Thema, der Vorwurf der Dekadenz, die Betonung von Nationalismus und innerer Sicherheit im starken Staat – das waren hier und sind bis auf weiteres die zentralen Themen der „Republikaner". Der Einwand, sie hätten den Wahlerfolg nicht aufgrund des Programms, sondern wegen der öffentlichen Affäre um ihren ausländerfeindlichen Fernseh-Wahlkampfspot und der damit verbundenen Medienaufmerksamkeit erringen können[240], ist nicht von der Hand zu weisen. Auch wäre zu bedenken, daß viele Wähler das Programm gar nicht kennen. Trotzdem ist eine Programm-Analyse unumgänglich, denn sie offenbart Sprachregelungen, politische Strategien, politisches Selbstverständnis, sie ermöglicht das Herstellen von Bezügen zur politischen Ideengeschichte und ist von daher hilfreich für die politisch-historische Verortung des „Republikaner"-Phänomens.

Aus der Faschismusforschung wissen wir, daß rechtsextreme Programme nicht bei ihrem begrifflichen Nennwert genommen werden sollten. Zu ihrem Verständnis bedarf es einer wichtigen Voraussetzung: einer Verständigung darüber, wie sie zu lesen sind. Aus diesem Grunde werden wir uns zunächst mit den Grundzügen rechtsextremen Denkens beschäftigen.

1. Grundzüge rechtsextremistischen Denkens

„Nicht Leitsätze und ‚Ideen' seien die Regeln Eures Seins. Der Führer selbst und alleine ist die heutige und künftige deutsche Wirklichkeit und ihr Gesetz". Martin Heideggers unrühmliche Apologie des Nationalsozialismus in der Freiburger Studentenzeitung vom 3. November 1933 verweist auf eine zu wenig beachtete Besonderheit rechtsextremistischen Denkens. Nicht Theorie, sondern Praxis, nicht Programmdebatten, sondern Rituale, nicht politisches Denken, sondern Haltung, Gesinnung und Weltanschauung prägen die extreme Rechte. Bei den Parteitagen der NSDAP bis 1934 wurden keine Programme diskutiert, sondern der Führer wurde zelebriert. Das 25-Punkte-Programm von 1920 war bei den Anhängern der NSDAP wohl ebensowenig bekannt wie die Inhalte von Hitlers „Mein Kampf". Daran gilt es zu erinnern, denn in der politischen Auseinandersetzung unserer Tage wird zuviel Text-Exegese betrieben, wobei das Wesentliche leicht aus dem Blickfeld gerät.

Die wirklichen Absichten der „Republikaner" können nicht aus den offiziellen Parteiprogrammen erschlossen werden, denn: Neben den taktischen Zugeständnissen an die kritische Öffentlichkeit, den Verfassungsschutz und die diversen innerparteilichen Strömungen ist zu beachten, daß die „Republikaner" keine Programm-, sondern eine *Weltanschauungspartei* sind. Das verbindet sie mit der alten und neuen extremen Rechten à la NPD und DVU, mit denen Schönhuber offiziell nichts zu tun haben will. Zur Erinnerung: Schönhubers Waffen-SS-Bekenntnis-Buch „Ich war dabei" wurde von der National-Zeitung, dem publizistischen Sprachrohr der DVU, zum „Buch des Jahres 1981" gekürt.

„Schönhuber & Co." bieten kein Programm an, sondern sie verkünden eine Botschaft: Anhänger und Sympathisanten leben vom *Glauben* an die gute alte Zeit, an Deutschland, an Recht und Ordnung, an die Homogenität der Völker und Rassen, an den starken, ordnenden Staat. Sie teilen die Welt in Schafe und Böcke. Auf der Seite des Bösen stehen der Liberalismus, die Völkerverständigung, die dekadente anglo-amerikanische Kultur, die Ausländer bzw. Asylbewerber, die Arbeitsverweigerer und andere Außenseiter der Gesellschaft. Ein Blick in die Partei-

Zeitung, ein Augenblick Geduld für eine Schönhuber-Rede und einige Eindrücke von Parteiversammlungen sagen mehr aus über das Wollen dieser Partei als noch so tiefsinnige Programm-Analysen.

Schönhuber hat es gelernt, dem Volk aufs Maul zu schauen. Seine Partei-Veranstaltungen gleichen seit dieser Zeit politischen Feierritualen einer verschworenen Gemeinschaft. Hier geht es nicht um die Diskussion von Programmen, Strategien und langfristigen Zielen. Es geht ausschließlich darum, die Weltanschauung der Rechten zu zelebrieren, emotionale Kräfte freizusetzen, Gemeinschaft zu exerzieren. Wer einmal eine Großveranstaltung dieser Partei erlebt hat, wird sich des Eindrucks nicht erwehren können, daß Argumente und offene Debatten hier zu allerletzt gefragt sind. Was zählt, sind politische Ästhetik, die triumphale Geste, Geschlossenheit, politische Religiosität: der Glaube an Deutschland.

Sollte man daraus schließen, eine Beschäftigung mit dem Programm sei überflüssig? Diese Folgerung ist unberechtigt. Man muß es nur anders lesen als die Programme anderer Parteien. Diese werden zwar auch nicht von ihren Anhängern ständig unterm Arm getragen. Doch in ihnen spiegelt sich das innerparteiliche Kräfteverhältnis, die politische Kompromißstruktur nach oft langjährigen Debatten. Deshalb sind sie nicht nur politische Richtungs-Indikatoren, sondern sie geben Auskunft über den generellen Zustand der Partei. Anders bei den „Republikanern". Ihre Programmatik entsteht nicht in der innerparteilichen Diskussion, sondern als Ergebnis von inhaltlichen und taktischen Überlegungen der Führungs-Clique. Sie ist daher kein Gradmesser für die Politik der Partei, sondern sie gibt Auskunft darüber, wie die führenden Leute zwischen bürgerlichem Konservatismus und offenem Nazismus sich einzurichten gedenken.

In der öffentlichen Debatte und auch in der politischen Bildung überwiegt oft das „Bäumchen-Wechsel-Dich"-Spiel, und das geht so: Die Verfassungsschutzbehörden, in seltener Einigkeit mit wohlmeinenden Linken, fahnden nach nazistischen Text-Inhalten. Das wissen Schönhuber und seine Kameraden und geben sich alle Mühe, ihr Programm und ihre Publizistik aus den Verdachtszonen herauszubugsieren und sich von unbedachten Äußerungen unterer Chargen zu distanzieren. Die Kritiker lassen nicht locker, Schönhuber wehrt sich, bedient sich für das Programm 1990 sogar der sachkundigen Mithilfe eines Sympathisanten im Rang eines Amtmannes im Kölner Bundesamt für Verfassungsschutz, um den hartnäckigen Verfolgern die Suche nach belastenden Formulierungen zu erschweren. Jetzt beginnt das Spiel von vorn.

Andere machen es sich einfacher und lassen sich darauf erst gar nicht ein: Die einen halten die „Republikaner“ und ihr Programm einfach für nazistisch, der „Wolf-im-Schafspelz“-Methode folgend, die anderen betonen die rechtskonservative Substanz in den Grenzen des demokratischen Spektrums. Wieder andere meinen, mit der „freiheitlich-demokratischen Grundordnung“ ein Kriterium gefunden zu haben. Doch wer glaubt ernsthaft daran, die „Republikaner“ würden fundamentale Prinzipien der „freiheitlich-demokratischen Grundordnung“, wie sie in der Rechtsprechung des Bundesverfassungsgerichts mehrfach bekräftigt worden sind und die als Grundlage der Extremismus-Definition des Verfassungsschutzes dienen wie

- die Achtung vor den im Grundgesetz konkretisierten Menschenrechten, vor allem vor dem Recht der Persönlichkeit auf Leben und freie Entfaltung
- die Volkssouveränität
- die Gewaltenteilung
- die Verantwortlichkeit der Regierung
- die Gesetzmäßigkeit der Verwaltung
- die Unabhängigkeit der Gerichte
- das Mehrparteienprinzip
- die Chancengleichheit für alle politischen Parteien
- und das Recht auf verfassungsmäßige Bildung und Ausübung einer Opposition

in ihrem Programm direkt oder indirekt abstreiten? Im Gegenteil: Im Programm von 1990 bekennen sich die „Republikaner“, so als ob sie sich demonstrativ vor den Kriterien des Verfassungsschutzes verbeugen wollten, ausdrücklich zu diesen Grundprinzipien.

Am Anfang unserer Programmanalyse stehen einige Überlegungen über die Grundzüge des rechtsextremistischen Denkens, denn: Nicht einzelne Formulierungen des Programms, der Partei-Presse oder von einzelnen Funktionären sind entscheidend, sondern die in ihnen zum Ausdruck kommende Haltung und Weltanschauung. Es ist weiter davon auszugehen, daß es einen gemeinsamen ideologischen Kernbestand aller rechtsextremer Programmatiken gibt: Kollektivistisches Denken und homogene Gesellschaftsbilder sind, wie Wolfgang Gessenharter hervorgehoben hat, Elemente dieses Kernbestandes.[241] Zwei so unterschiedliche Denker wie Kurt Sontheimer und, zuvor, Herbert Marcuse haben die Bezugspunkte des rechten Denkens überzeugend dargestellt, beide vor dem Hintergrund des Scheiterns der Weimarer Republik. Sontheimers zuerst 1962 vorgelegte Analyse[242] geht aus von einer „Politisierung des Irrationalismus“: Die radikale Rechte verachtet den Liberalismus und die Demokratie, sie betrachtet die gegenwärtigen Zustände als „dekadent" und sieht in der Idee des autoritären Staates und des „Führers" ein Mittel zu deren Überwindung. „Volk", „Gemeinschaft", „Nation" und „Organismus" sind zentrale Begriffe der rechten Welt-Anschauung. Sie sind nicht Teile von Programm-Diskussionen, sondern vielmehr Eckpfeiler einer rechten Mythologie, die nicht argumentativ angeeignet, sondern quasi-religiös „geglaubt" wird. Darin zeigen sich unübersehbare fundamentalistische Elemente des rechten Denkens.

Rechtsextreme Bewegungen haben keine diskursive, prinzipiengeleitete politische Theorie entwickelt, die von ihrer Struktur her etwa sozialistischen oder neokonservativen Theorien vergleichbar wäre. Darin zeigt sich eine gemeinsame Wurzel mit dem altkonservativen, anti-aufklärerischen Denken, das, so Karl Mannheim, gegen das moderne Naturrecht und die Prinzipien rationalistischer Universalnormen einen „Denkstil" setzt. Er umfaßt eine harmonistische, ganzheitliche, seinsverbundene Welt-Auffassung, die sich sperrt gegen das moderne Auseinandertreten von System und Lebenswelt. Die Entstehung rechtsextremer politischer Grundauffassungen Ende des 19. Jahrhunderts radikalisiert und transformiert den altkonservativen „Denkstil" in eine *Weltanschauung*, eine *Haltung* gegenüber der Welt und dem Leben. Es sind Strukturen des mythischen Denkens, die sich in der Natur- und Gesellschaftsauffassung und im Menschenbild der extremen Rechten zusammenfinden. Betrachten wir zwei Begriffe etwas genauer: Natur und Volk.

Natur ist nicht ein der Gesellschaft gegenüberstehender eigenständiger Lebensraum, sondern existentielle Daseinsweise. Sie ist ewig, gottgewollt und insofern auch ein nicht-hintergehbares Regulativ für das menschliche Zusammenleben. Aus dieser Mystifizierung der Natur können die wesentlichen politischen Grundannahmen der extremen Rechten gefolgert werden. Sie dient darüber hinaus als theoretischer Kern des antidemokratischen Denkens, indem sie den Primat des Vernunftbegriffs ablehnt und diesen den aus der Natur abgeleiteten politisch-sozialen Regulativen unterwirft. Darwinistische Überlebensprinzipien, die Homogenität der Rassen, die Verteidigung territorialer Besitzansprüche, das Führer-Gefolgschafts-Prinzip – dies sind die wesentlichen Beobachtungen der Fauna, die am Anfang des rechtsextremen Denkens zu „natürlichen", auch für das soziale Leben der Menschen verbindlichen Leitlinien verklärt werden. Kampf der Völker, Nationalismus, Ethnozentrismus, die Ungleichwertigkeit der Menschen, Antikommunismus und Antiliberalismus, Militarismus und die demokratischer Legitimation entgegenstehende Forderung nach Durchsetzung des natürlicher sozialer Auslese folgenden Führerprinzips auf allen gesellschaftlichen Ebenen sind die zu politischer Programmatik gewendeten Folgerungen der Natur-Mystifizierung. Sie sind einer demokratischen, kompromißorientierten Infragestellung entzogen, weil sie als natürlich, als nicht hintergehbar angesehen werden – und dies scheint auch der Grund dafür zu sein, warum es eine politische Theorie der extremen Rechten gar nicht geben kann.[243]

Schönhuber sagt auf dem Dinkelsbühler Parteitag im November 1989:

> „Die Stunde der Besinnung kommt. Die Stunde der Wende ist nahe und es wird das historische Verdienst der Republikaner sein und davon wird man in den Geschichtsbüchern in den nächsten Jahrzehnten lesen können. Die Partei der Republikaner hat es verstanden, unser Volk aus der permanenten Gefangenschaft durch Geschichtsfälschung hervorgerufenen babylonischen Gefangenschaft herauszuholen".[244]

Schönhuber bedient sich hier einer Betrachtungsweise, die immer schon in der Gedankenwelt der extremen Rechten eine zentrale Bedeutung hatte. *Volk* ist historisches Subjekt, politisches Objekt und, nach Familie und bündischer Gemeinschaft, fortgeschrittene Form des menschlichen Zusammenlebens, es ist höchste Autorität. „Volk" ist nicht soziologische Kategorie, auch nicht bloß die additive Gemeinschaft von Staatsbürgern, die als Souverän ihre Grundrechte einklagen können, sondern lebendiger Organismus. Es kann gesund sein oder krank, stark oder schwach, stolz oder gedemütigt. „Volk" wird nicht zuletzt dadurch zum Mythos, daß es als unaufhebbar ethnisch definierte „Schicksalsgemeinschaft" seine Mitglieder aneinander kettet. „Die besonderen Schicksale der Individuen", hat dazu Herbert Marcuse frühzeitig bemerkt[245], „ihre Strebungen und Bedürfnisse, ihre Not und ihr Glück, – all das ist nichtig, vergänglich, das Volk allein ist bleibend; es steht in der Geschichte wie die Natur selbst als die ewige Substanz, das ewig Beharrende in dem ständigen Wechsel der ökonomischen und sozialen Verhältnisse, die ihm gegenüber akzidentiell sind, vergänglich, ‚unbedeutend'". Schon von daher ergibt sich eine ideengeschichtlich begründete scharfe Frontstellung gegenüber allen Formen des Individualismus, Liberalismus und Hedonismus, die dem Glücksstreben des einzelnen Vorrang einräumen. Es folgt aber auch eine Frontstellung gegen die Priorität der Menschenrechte im demokratischen Rechtsstaat, die die Freiheit des einzelnen gegen den Staat betonen. Demgegenüber ist bei der Rechten der einzelne Teil seines Volkes, er steht ihm aber auch in seiner individuellen Existenz gegenüber. Aus dieser Spannung entwirft die extreme Rechte ein Menschenbild, das sich an vorgeblich ewigen Naturgesetzen und der historischen Größe und dem geschichtlichen Auftrag des Volkes orientiert. Gegen die emanzipativen Bewegungen seit der Aufklärung, gegen die kantische Idee der Befreiung des Menschen aus selbstverschuldeter Unmündigkeit setzt die extreme Rechte die Verwurzelung des Individuums in Familie, Volk, Nation, Tradition einerseits und seine genetische Determination andererseits. Der einzelne ist Diener seines Volkes, dem er ethnisch und kulturell, eben ganzheitlich angehört. Biologische, angeborene Grundausstattung und althergebrachte, im Volk verwurzelte Verhaltensmuster begrenzen einen Verhaltensspielraum, der wiederum mythisch aufgeladen wird: Ehre und Treue, Hingabe an einen Führer, heldische Tugenden wie Wagemut und Opferbereitschaft ästhetisieren das rechtsextreme Menschenbild zu einem vorgeblich natürlichen, der Reflexion entzogenen Verhaltensstil. Im Bild des politischen Soldaten verdichten sich die Tugendhaftigkeit des Einzelnen und sein Aufgehen in der Gemeinschaft zu einer Glorifizierung des Irrationalen.

In einem zeitgenössischen Beitrag hatte Herbert Marcuse schon 1934 die wohl seinerzeit bemerkenswerteste Analyse jener Strömungen vorgelegt, die seiner Ansicht nach die „‚liberalistische‘ Staats- und Gesellschaftstheorie“ bekämpfen. Neben den auch später von Sontheimer hervorgehobenen Begriffen betont Marcuse die mythische Bedeutung von „Blut und Boden“, „Volkstum“, „Natur“. „Volk“ ist „Schicksalsgemeinschaft“, es ist „blutbedingt“, an die „Heimat“ gebunden, seine rassische Reinheit ist Bedingung seiner Existenz und seiner historischen Kraft. Der Verklärung des Bauerntums als einzig naturgebundenem Stand entspricht der Kampf gegen die moderne Großstadt und ihren „widernatürlichen Geist“. Überhaupt ist „Kampf“ eine zentrale Kategorie: des einzelnen als Teil der „Volksgemeinschaft“, diese in der Auseinandersetzung mit anderen Völkern. „Kampf“ ist nicht strategische Kategorie oder notwendiges Übel, sondern existentielle Kategorie auf der Basis eines unbegründeten Voluntarismus: Der Wille ist entscheidend für den Gang der Dinge. All dies ist, wie Marcuse und Sontheimer betonen, keineswegs eine zur Disposition stehende und der Korrektur offenstehende Theorie, sondern eine *Weltanschauung*, ein politisches Glaubensbekenntnis. Es zielt nicht auf den kritischen und mündigen Verstand, sondern auf nicht-hinterfragte Vorurteile, volkstümliche Überlieferungen, fragwürdige Legenden, es schöpft aus dem Reservoir der Halbbildung. Auf diesen sozialen Nährboden zielt der Populismus der Rechten, hier setzen die Politisierungen nach rechts ein, hier beginnt die „Verführbarkeit“ der Menschen.

Marcuse, mehr noch aber Sontheimer, hat darauf hingewiesen, daß die Programmatik der extremen Rechten nicht innerhalb einer Partei entsteht. Ihr politisches und gesellschaftliches Umfeld ist mitentscheidend für das, was innerhalb der Partei programmatisch zum Durchbruch kommt. Es sind eine Fülle von geistigen Zeitströmungen, Einflüsse von konservativen „Denkfabriken“ (Leggewie) und auch Deutungen der politischen Tagesordnung, welche die Programmatik bedingen und ihre konkrete Ausprägung veranlassen. Nur so sind die Dauer-Themen der extremen Rechten nach 1945 verständlich:

- Das Festhalten am Reichs-Mythos, der die Nachkriegs-Realitäten leugnet und an den deutschen Grenzen von 1937 festhält.
- Der mittlerweile salonfähige Geschichts-Revisionismus, der an den angeblich guten Seiten des Dritten Reiches festhält, die Ehre der deutschen Soldaten in den Schmutz gezogen sieht, die Schuldfrage offensiv abwehrt und das Schema gegenseitiger Aufrechnung immer wirkungsvoller in die Diskussion bringt.
- Die Dekadenz-These, die vom sittlichen Verfall von Kultur und Gesellschaft nach 1945, besonders aber nach 1968, ausgeht. Familie, Kultur, Moral und bürgerliche Tugenden sind aus dieser Sicht „überfremdet“ durch amerikanischen Kultur-Imperialismus und südeuropäisch-afrikanisch-asiatische Zuwanderer. Die anhaltende Asyl-Debatte in der Mitte der Gesellschaft wertet diese These auf, verleiht ihr Dynamik und Tagesaktualität. Objektiv zielt der Nachkriegs-Rechtsextremismus darauf ab, demokratische, sozialistische und liberale Strömungen und Tendenzen zurückzudrängen zugunsten eines autoritären Modells von Staat und Gesellschaft.

Was Marcuse und Sontheimer vernachlässigt haben, ist in den Befunden der politischen Psychologie und später der Meinungsforschung nachzulesen: Rechtsextremismus ist nicht nur politisches Denken, das an den Rändern des Konservatismus entsteht, konservative Positionen radikalisiert, überspitzt und ihnen neue Inhalte hinzufügt – besonders völkisches Denken und Rassismus – sondern auch verbreitete vorpolitische Einstellung.

2. Das „Siegburger Manifest“ von 1985

Beim Bundesparteitag der „Republikaner“ am 16. Juni 1985 wurde ein fünfseitiges Papier verabschiedet, das als „Siegburger Manifest“ eine Vorstufe des späteren Programms von 1987 darstellt. Es enthält, wie alle folgenden Programme, eine Vielzahl von Gemeinplätzen („Bürgernahe und sparsame Verwaltung“, „Schutz des Lebens und der Umwelt“ etc.), die uns hier wegen ihrer Banalität nicht weiter beschäftigen. Wichtiger ist der Duktus, das Grundverständnis. Das Manifest plädiert in der Tradition der alten Rechten für einen starken Staat, und zwar in zweierlei Hinsicht: Es gehe um die Wiedererlangung der völkerrechtlichen und politischen Souveränität und um die entschiedene Bekämpfung der Kriminalität. „Unsere Zukunft als deutsches Volk ist bedroht“, heißt es, vor allem durch die „Verfälschung bewährter Wertbegriffe“ und die Zuwanderung von Ausländern. Besondere Aufmerksamkeit verdient die Präambel. Sie lautet:

> „Die nationale Lage erfüllt uns mit großer Sorge: Arbeitslosigkeit, Schulden, Ausverkauf deutscher Interessen und nicht zuletzt die Überfremdung bedrohen unser Land. Deutschlands Vergangenheit heißt Niederlage und Schuld, seine Gegenwart ist Teilung und Fremdbestimmung, seine Zukunft wird das Ergebnis heutiger Politik sein. Wir Deutschen können unser Lebensrecht nur sichern, wenn wir uns wieder auf die Grundsätze nationaler Interessenwahrnehmung besinnen. Dazu wollen wir Republikaner als Partei demokratischer Erneuerung beitragen, getreu dem Bekenntnis: Andere Völker achten wir, unseres aber lieben wir“.

Diese Formulierungen entspringen nicht – wer hätte es auch erwartet? – einem innerparteilichen Diskussionsprozeß, einer Willens- und Meinungsbildung innerhalb der Partei und von unten nach oben. Ihre Herkunft verweist in eine andere Richtung. Ein Jahr zuvor, 1984, hatte der von neokonservativen und neu-rechten Intellektuellen gebildete sogenannte „Deutsche Nationalrat“ eine Erklärung verabschiedet, die ein Jahr später fast wörtlich in der Präambel wieder auftaucht. Diesem ominösen think tank gehören folgende Unterzeichner an: Hellmut Diwald, Wolfgang Seiffert, Hans Joachim Arndt, Robert Hepp, Bernard Willms und Armin Mohler, mithin also reputierliche Autoren konservativer Zeitschriften, gerngesehene Vortragsredner neokonservativer Zirkel und „opinion leaders“ der rechten „Denkfabriken der Wende“ (Leggewie).[246]

In der Präambel finden wir drei zentrale Denkmuster, die in der Tradition des Nachkriegs-Rechtsextremismus stehen und offenbar sehr zielgerichtet an das alte rechte „Lager“ appellieren. Sie kreisen um Volk, Nation und historischen Revisionismus. Das Volk ist „überfremdet“ durch den „Ausverkauf deutscher Interessen“, es ist gedemütigt durch die Nachkriegsentwicklung. Bezugspunkt ist die „nationale Lage“, Richtwert eine „nationale Interessenwahrung“. Es geht um die Umkehr in revisionistischer Absicht: Niederlage und Schuld, Teilung und Fremdbestimmung gilt es zu überwinden. Diese Präambel steht nicht nur ganz in der Tradition des alten Rechtsextremismus nach 1945, geprägt über vier Jahrzehnte von den „Unverbesserlichen“ und „Ewig-Gestrigen“ der „Deutschen Reichs-Partei“ (DRP) und der NPD, sie offenbart auch dessen zentrale Denkfehler. Subjekt sind nicht die Menschen und ihre Interessen und Bedürfnisse, auch nicht das allgemeine Wohl, sondern „die Deutschen“. Politisches Selbstverständnis entspringt nicht kritischer Vergegenwärtigung von Gegenwart und Vergangenheit, sondern verbohrter Schuldabwehr und pathetischem Nationalstolz. „Nation“ und „Volksgemeinschaft“ sind die letztlichen Bezugspunkte eines Denkens, das die Konsequenzen eines gescheiterten extremen Nationalismus im Deutschland des zwanzigsten Jahrhunderts nicht wahrhaben will.

In der Partei-Presse wird das Manifest unterstützt durch Deutungsstrategien, die einzelne thematische Schwerpunkte besonders betonen. Zwei Beispiele sollen herausgegriffen werden, um zu zeigen, wie sehr das „Siegburger Manifest“ dem traditionellen Rechtsextremismus der „Unbelehrbaren“ noch verhaftet ist. Im September 1985 ruft Schönhuber auf – ganz im Einklang mit der Dekadenz-These der alten Rechten – zum „Widerstand gegen den Sittenverfall“.[247] Es gebe, so Schönhuber, keine Spur von moralischer Wende, die Angst vor Rowdytum und Kriminalität nehme zu. Gefängnisse seien „Zwingburgen der Homosexualität“. Aids sei eine Folge der „hemmungslosen Liberalisierung“, der „Ich-Bezogenheit unserer Gesellschaft“, Symptom für den „Verfall der Sitten“. Im November 1985 beschwört Generalsekretär Harald Neubauer ganz im Duktus der alten Rechten die „Folgen der Umerziehung“, die „kollektive Selbstverleugnung“ der Deutschen[248] – Deutungsmuster, die Neubauer zuvor zwölf Jahre lang als Redakteur des „Deutschen Anzeiger“ im Hause des Rechts-Presseverlegers und DVU-Chefs Gerhard Frey Woche für Woche propagiert hatte.

Sprachmuster und Deutungen der „Republikaner“ belegen dreierlei: zunächst das Anknüpfen an den alten Rechtsextremismus in der Bundesrepublik. Sodann das Aufgreifen von Themen und Interpretationen, die den geistig-politischen Vorläufern des Nationalsozialismus entlehnt sind: der rechten Weimarer Kulturkritik. Und drittens: Es gehört zu den Strategien der „Republikaner“, moderat formulierte Programme in der Parteipresse so zu präsentieren, daß die rechte Klientel Bescheid weiß. Wird bei der Ausarbeitung der Programme Rücksicht genommen auf die Wirkung in der kritischen Öffentlichkeit, so ist in der Partei-Presse Klartext zu lesen. Den Abonnenten, Stammwählern und Sympathisanten werden hier eindeutige Signale gegeben, und die des

„Siegburger Manifest“ lauten: Die „Republikaner“ knüpfen dort an, wo der alte, gescheiterte Rechtsextremismus stehengeblieben ist. Ihr Programm zielt auf Vorurteile, soziale Ängste und Ressentiments.

3. Das Parteiprogramm von 1987

Das offizielle Programm von 1987 setzt auf fünfzehn Seiten die mit dem „Siegburger Manifest“ verabschiedeten Leitlinien fort und ersetzt das im November 1983 beschlossene Grundsatzprogramm. Der den „Republikanern“ nahestehenden Zeitschrift „Junge Freiheit“ zufolge endete der Bremerhavener Programmparteitag mit einem „Debakel“. Beobachtern zufolge sei „in einer handstreichartigen Aktion das von einer Programmkommission vorgelegte Änderungskonzept zum alten Programm von der Parteiführung vom Tisch gefegt worden und stattdessen ein Entwurf des pensionierten Konteradmirals Poser duchgeboxt worden“.[249] Von einer „Umerziehung der Deutschen“ ist zu Beginn des Programms die Rede und davon, „daß in ganz Deutschland die geistige und politische Kultur verwahrlost, die Sitten mißachtet werden“. Die „Kriegspropaganda der Siegermächte“ habe in die deutschen Geschichtsbücher Einzug gehalten, jetzt gehe es um „nationale Selbstbesinnung und geistig-moralische Erneuerung“. Beklagt wird die angebliche Fixierung der deutschen Vergangenheit auf zwölf Jahre NS-Diktatur, notwendig sei – einen Begriff des oben erwähnten „Deutschen National-Rats“ aufgreifend – die „Entkriminalisierung“ der deutschen Kultur und Geschichte.

Neben diesen Verbeugungen vor den Traditionen des Rechtsextremismus ist das Programm bemüht, auch CDU/CSU-Wähler anzusprechen. Gefordert wird die „geistig-moralische Erneuerung“ als Voraussetzung für Recht und Ordnung und die Wiedervereinigung. Ausländer werden – in Anspielungen auf Äußerungen Alfred Dreggers – gleichfalls als „Gäste“ bezeichnet. Strenge Gesetzgebung und unnachsichtige Härte gelten dem Kampf gegen den Terrorismus. Ein reaktionäres Frauenbild – die „Berufung der Frau“ liege darin, „durch Wärme und Hingabe ein Klima der Geborgenheit zu schaffen, in welchem Familie und Kinder gedeihen können“ – kann als Hinweis darauf verstanden werden, daß die „Republikaner“ taktisch sehr geschickt beide Ansprechpartner umwerben: die alte Rechte in der Tradition des Rechtsextremismus ebenso wie die Rechts- und Altkonservativen im Umfeld der Union. Weite Passagen des Programms sind nur vor diesem Hintergrund verständlich. Der Ruf nach einem europäischen Friedensvertrag setzt die Offenheit der deutschen Frage inklusive der polnischen Westgrenze voraus. Der Appell an die „Leistungsgemeinschaft aller Arbeitenden" assoziiert die Einschränkung der Gewerkschaftsmacht ebenso wie den später von Schönhuber häufig gebrauchten Begriff des „Sozialpatriotismus". Der mehrfach betonte Vorrang der Staatsräson gegenüber den bürgerlichen Freiheitsrechten zielt ab auf die Staatsgläubigkeit der alten Rechten und das Credo „Erst Sicherheit, dann Freiheit" der Unions-Konservativen. Auch die Ausführungen zur Ausländerpolitik – Deutschland müsse „das Land der Deutschen" bleiben, kein Ausländer-Wahlrecht, schnellere Abschiebe-Möglichkeiten – ist wohl ganz bewußt nach beiden Seiten konsensfähig. Die bündnis-strategisch motivierte bürgerlich-konservative Bereinigung setzt sich auf der wirtschaftsprogrammatischen Ebene fort. Hieß es noch im „Siegburger Manifest": „Weder Kapitalismus noch Sozialismus sind in der Lage, das wirtschaftliche und soziale Wohlergehen eines Volkes zu gewährleisten", tritt jetzt an die Stelle der mißverständlichen Kapitalismus-Kritik das offene Bekenntnis zur Marktwirtschaft ohne wenn und aber: „Für ein Wirtschafts- und Steuersystem, das die Bildung von Privateigentum jedes Bürgers fördert und schützt, den Wettbewerb sichert und die Leistungswilligen aller Lebens- und Arbeitsbereiche unterstützt".

Das Programm enthält, wie Norbert Lepszy treffend angemerkt hat,[250] antidemokratische Tendenzen, rückwärtsgewandte Denkfiguren und NS-verwandte Sprachmuster, wenn etwa von den „Deutschen aller Volksschichten" die Rede ist oder die „Erhaltung des Bestandes des deutschen Volkes, seiner Gesundheit und seines ökologischen Lebensraumes" gefordert wird. Der Hinweis jedoch, die Partei stelle sich nicht zentralen Fragen und Zukunftsproblemen, das Programm sei wenig konkret und enthalte kaum Sachaussagen, beruht auf einem symptomatischen Mißverständnis. Seit dem Aufstieg der NSDAP in den zwanziger und dreißiger Jahren wissen wir, daß rechtsextreme Parteien keine Programm-, sondern Weltanschauungsparteien sind. In ihren Programmen finden sich kaum Überlegungen zu politischen Grundwerten und sachpolitischen Aussagen. Im Mittelpunkt steht das um „Volk" und „Nation" begrifflich zugespitzte Bekenntnis zu einer überzeitlich gültigen Weltanschauung.

Nicht abwägendes, rationales politisches Denken kennzeichnet die Programme der extremen Rechten, sondern das Zelebrieren des um „Volk" und „Nation" gruppierten Mythos. Diese Struktur findet sich im „Republikaner"-Programm von 1987 und schon deshalb handelt es sich um ein antidemokratisches, rechtsextremes Programm.

4. Das Programm von 1990

Brauchte die SPD mehr als dreißig Jahre, um ihr „Godesberger Programm“ von 1959 durch ein neues zu ersetzen, begnügt sich die CDU in ihrer mehr als vierzigjährigen Geschichte mit einem einzigen, dem 1968 verabschiedeten und 1971 überarbeiteten „Berliner Programm“, dauert es bei den „Republikanern“ gerade drei Jahre, um das alte durch ein neues Programm abzulösen. Der Grund dafür liegt weder in der innerparteilichen Diskutierfreudigkeit noch in ihrem Charakter als Programmpartei. Durch die Serie von Wahlerfolgen 1989 plötzlich ins Rampenlicht der Öffentlichkeit geraten, sahen und sehen sich die „Republikaner“ vielmehr einer massiven Kritik ausgesetzt, die darauf zielt, die nazistischen Teile des Programms offenzulegen. Denn wem in der Bundesrepublik das Stigma des Nazismus angeheftet werden kann, der findet sich unversehens im politisch-parlamentarischen Abseits – ob dies nach „Hoyerswerda“ und „Rostock“ weiter gilt, sei hier dahingestellt. Wissenschaftlich ernstzunehmende Analysen im Auftrag von Parteien und Verbänden haben den rechtsradikalen/rechtsextremistischen Charakter der „Republikaner“ mehrfach betont. Eine Studie der CDU sieht die Partei „an der Schwelle zum Rechtsextremismus“, eine der SPD betrachtet ihre Programmatik als „rechtsextrem und antidemokratisch“, und eine des Instituts der deutschen Wirtschaft sieht sie in der Tradition des bundesdeutschen Rechtsradikalismus.[251] Nordrhein-Westfalens Innenminister Schnoor läßt die „Republikaner“ ebenso wie das Land Hamburg seit dem Herbst 1989 vom Verfassungsschutz observieren. Verschiedene Gewerkschaften wie die IG Metall und die Gewerkschaft der Polizei (GdP) haben Unvereinbarkeitsbeschlüsse gefaßt. Eine aufsehenerregende ZDF-Reportage über „Die Führerpartei“ von Hariolf Reitmeyer bekräftigte den öffentlichen Eindruck, bei den „Republikanern“ handele es sich um eine rechtsextreme Partei.[252] Selbst innerhalb der Partei sorgten zahlreiche Auseinandersetzungen für ein wenig förderliches Image. Für einen Eklat sorgte im April 1989 die damals neunzehnjährige stellvertretende Berliner Landesvorsitzende Alexandra Kliche. In ihrer Austritts-Begründung berichtet sie von Intrigen, finanziellen Manipulationen, Gewalttätigkeiten und neonazistischen Tendenzen.[253]

So brachte das Jahr 1989 nicht nur einen politischen Durchbruch für die „Republikaner“, nicht nur Abgeordnete und Diäten, steigende Mitgliederzahlen und üppige Wahlkampfkosten-Erstattungen, sondern auch bedrohliche Gefahren öffentlichen Ansehens-Verlustes und medienwirksamer politischer Demontage. In dieser für die Partei neuen

Situation sind nicht Programmdebatten, da ist wirksame public relations gefragt. Nun galt es, aus dem Scheitern der alten NPD Ende der sechziger Jahre zu lernen: Hatte diese trotz bedrohlicher öffentlicher Kampagnen, in deren Zentrum zu Recht der Vorwurf nazistischer Tendenzen stand, unbeirrt an ihrem Kurs festgehalten und so ihr parlamentarisches Aus mitverschuldet,[254] bemühen sich die „Republikaner", durch flexible Anpassung das Schlimmste zu verhindern.

Aufgrund des öffentlichen Drucks, zusätzlich geschürt von innerparteilichen Auseinandersetzungen, entspringt das Programm von 1990 dem politischen Kalkül, durch weitere Sprachbereinigungen weniger Angriffsflächen zu bieten und die Strategie des „sowohl als auch" unter Bedingungen größerer öffentlicher Aufmerksamkeit fortzusetzen. Dabei geht es um drei Adressatenkreise: Die „Ewig-Gestrigen" des rechtsextremen Lagers sollen bei der Stange gehalten, enttäuschte Unions-Wähler sollen umworben und ehemalige SPD-Wähler durch populistische Parolen geködert werden. Die Verabschiedung des Programms erfolgt unter der Voraussetzung, diese drei Adressatenkreise miteinander zu verbinden und das öffentliche Image der Partei durch bedachtsame Äußerungen nicht noch mehr zu gefährden.

Diesem Gebot folgend kündigt Schönhuber bei der Vorstellung des Programm-Entwurfs am 27. November 1989 umfangreiche Säuberungsaktionen in den eigenen Reihen an:

> „Wir haben inzwischen nahezu 25 000 Mitglieder. Das bedeutet: Wir haben uns in diesem Jahr verdreifacht. Das bedeutet, daß wir selbstverständlich Wachstumsschwierigkeiten haben. Das bedeutet, daß eine ganze Menge von U-Booten in die Partei hineingeschleust worden sind mit dem erkennbaren Ziel, im richtigen Augenblick das richtige zu sagen, d. h. das richtige im Sinne des Verfassungsschutzes.
>
> Wir wissen, daß wir bestimmte Teile aus dieser Partei entfernen müssen. Wir haben damit in Nordrhein-Westfalen angefangen. Es wird weitergehen in Niedersachsen. Es werden auch andere Landesteile drankommen. Ich gehe davon aus, daß etwa 300 Parteimitglieder durch den Rost fallen werden, weil sie unseren Vorstellungen von republikanischen Überzeugungen nicht entsprechen. Das ist ein Prozeß, den wollen wir aber durchführen, und da wollen wir nicht von außen gestört werden."[255]

Das Programm, dessen Präambel der Erlanger Historiker Hellmut Diwald verfaßt hat,[256] liefert ein „Bekenntnis zur demokratischen Grundordnung" und signalisiert schon dadurch Verfassungskonformität. Entschärft sind die ausländerpolitischen Forderungen, die nun den Vorstellungen der Union zum Verwechseln ähneln. Das reaktionäre Frauen-Bild ist nun moderater formuliert. Das Frauen-Verständnis, demzufolge die Schaffung eines Geborgenheits-Klimas, in dem Familie und Kinder „gedeihen“ können, zu den wichtigsten Bestimmungen der Frauen gehört, ist entfallen. Jetzt heißt es, man wehre sich gegen die „Diffamierung der Frau in ihrer Rolle als mütterlicher Mittelpunkt der intakten Familie“ und: „Frau und Mann sind gleichberechtigt, das Recht auf Selbstverwirklichung steht Frau und Mann gleichermaßen zu, das gilt insbesondere für das berufliche Leben“. Die Forderung nach „Erhaltung des Bestandes des deutschen Volkes, seiner Gesundheit und seines ökologischen Lebensraumes“ findet sich, offenbar aufgrund der zu großen Nähe zum NS-Sprachgebrauch, nicht mehr. Dennoch – nichts geändert hat sich an der insgesamt deutschtümelnden, völkischen und nationalistischen Grundhaltung. Es gehe um den „Schutz deutschen Kulturgutes und eine verstärkte Förderung von Tradition und Brauchtum“, um die „Wiederherstellung Deutschlands“ in den Grenzen von 1937 und um die Schaffung eines militärisch-neutralen, bewaffneten Gesamtdeutschland. Die deutsche Frage sei „absolut offen“. „Das gilt für die Memelland-Problematik, für die deutschen Ostgebiete insgesamt und auch für Berlin“. Hier gehen die „Republikaner“ freilich noch einen Schritt weiter als der rechte Unionsflügel: Sie halten das „Anschlußverbot“ im österreichischen Staatsvertrag von 1955 für eine „völkerrechtswidrige Regelung“, will heißen: auch die „Ostmark“ gehört zum Reich, auch Österreich soll zu Deutschland gehören.

Geistig-politisch sei Politik nicht länger „hinzunehmen als Fortführung der feindlichen Kriegspropaganda mit den Mitteln der Umerziehung und Erziehung, Infiltration und Medien. Wir verweigern uns einer Politik der ununterbrochenen Schuldtilgung, zu der die Deutschen seit Jahrzehnten über die Generationen hinweg genötigt werden“. Der von Gerhard Paul hervorgehobene nationalistische Dreiklang besteht im Programm ’90 nicht nur weiter fort, in der neuen, sprachbereinigten Version wird er einmal mehr bekräftigt. „Nationale Identität“ meint, so Paul, „dreierlei: die Forderung nach ‚nationaler Selbstbestimmung‘ und nach Wiederherstellung des ‚Deutschen Reiches in allen seinen Teilen‘, die Ablehnung der multikulturellen Gesellschaft und die Forderung nach der ‚Entsorgung unserer Geschichte‘“.

Bezeichnend ist die Art und Weise, wie bei den „Republikanern“ Programme verabschiedet werden. War schon 1987 der Bremerhavener Parteitag von tumultartigen Kontroversen, Rücktritten und Ausschlüssen von drei Landesvorsitzenden begleitet, entspricht auch der Rosenheimer Parteitag im Januar 1990 keineswegs demokratischen Gepflogenheiten: Die „Frankfurter Rundschau“ notiert über das Verhalten des Vorsitzenden Schönhuber:

> „... Ähnlich autoritär mischte er sich in die Programmdebatten am Sonntagmorgen ein, als ihm alles zu langsam und mühsam ging und die ‚Wortklauberei‘ kein Ende nehmen wollte. ‚Abstimmung blockweise – dafür und dagegen‘ verlangte der Vorsitzende –, und er wußte, daß er dem Parteivolk aus der Seele sprach, das sich mit ganzen sieben Stunden Diskussion über ein Programm auch völlig verausgabt hatte. Da wurden Anträge (angeblich gab es immerhin 15 Aktenordner voll davon) ohne jede Aussprache abgebügelt, da kommentierte und manipulierte die Tagungsleitung, daß es eine wahre Pracht war (‚Haben Sie neue Gedankengänge? Nein? Dann also auch keine Wortmeldung?‘): Schönhubers Parteibasis wollte entmündigt werden – und so geschah es auch“.[257]

5. Schnittmengen: Konservative und rechtsextremistische Elemente der „Republikaner“-Programmatik

Thomas Herz hat auf einen bedeutenden Unterschied zwischen der NPD in den sechziger Jahren und den „Republikanern“ in den Achtzigern hingewiesen: Diese bearbeiten Themen des aktuellen politischen Diskurses, während jene, mit durchaus ähnlichen Themen und Deutungen, politische Außenseiter blieben. Daraus folgert Herz: „Je stärker sich die Probleme überlappen, die die etablierten Parteien und die Rechtsextremen thematisieren, desto schwieriger wird es, eine eindeutige Grenze zwischen konventioneller und extremer Politik zu ziehen; desto schwieriger ist es, durch die Markierung eindeutiger Grenzen soziale Kontrolle auszuüben“.[258] Haben, wie CDU-Rechtsaußen Heinrich Lummer mehrfach hervorhebt, die „Republikaner“ Teile ihres Programms von der CDU abgeschrieben?[259] Oder, umgekehrt, sitzt Schönhuber bereits indirekt am Bonner Kabinettstisch, gemessen an den asylpolitischen Überlegungen dort? Für die „Republikaner“-Programmatik gilt, was für alle rechtsextremen Parteiprogramme vorzubringen ist: Sie sind ein Gemisch aus altkonservativen, völkischen, nationalistischen, fremdenfeindlichen, antimodernistischen und etatistischen Elementen, durchsetzt von konzessiven Allgemeinplätzen und, zumeist, getragen von legalistischen Strategien der Parteiführung, die bemüht ist, allen gerecht zu werden: Den Anhängern soll das notwendige politische Bekenntnis geliefert werden, Noch-Nicht-Sympathisanten sollen geworben werden; vor allem aber darf es für die publizistische Öffentlichkeit und die Sicherheitsbehörden keine unnötigen Angriffsflächen bieten, die zu politischen und rechtlich-administrativen Ausgrenzungen führen könnten. So bleibt vieles unklar, wird nur angedeutet, verbleibt im nebulösen Geraune. In der Forderung nach dem starken Staat, nach rigider Ordnungs- und Sicherheitspolitik im Innern, in der Ausländer- und Asylpolitik, in der Betonung des Nationalen, der Institutionen und der althergebrachten Werte unterscheiden sich die „Republikaner" kaum von den verschiedenen Spielarten des Konservatismus und dem „Stahlhelm"-Flügel der Union. Das gilt auch für den geistigen Schulterschluß in Sachen Beendigung der „Vergangenheitsbewältigung". Gravierende Unterschiede werden jedoch sichtbar, wenn einzelne Programmpunkte konsequent duchgespielt und zu Ende gedacht werden. Am Beispiel Deutschlandpolitik wird dies besonders deutlich.

Im Auftrag des Parteipräsidiums stellt die Europa-Abgeordnete und stellvertretende Parteivorsitzende Johanna Grund – gegen die 1990 im Zuge innerparteilicher „Säuberungen" ein Ausschlußverfahren eingeleitet wird – das deuschlandpolitische Konzept der „Republikaner" vor.[260] Das Programm war innerparteilich höchst umstritten, wurde aber beim Rosenheimer Parteitag im Januar 1990 angenommen.[261] Dabei handelt es sich um eine Präzisierung und Fortentwicklung der entsprechenden Aussagen im Parteiprogramm. Frau Grund repräsentierte bis zu ihrem Austritt 1990 als Redaktionsmitglied der Vertriebenen-Zeitschrift „Der Schlesier" eine wichtige politische Strömung bei den „Republikanern" sowie eine Grauzone, in der die Berührungspunkte zu Teilen der Union stark ausgeprägt sind. Neben einer Fülle von Gemeinplätzen, Bekenntnissen und Worthülsen finden sich in diesem Konzept politische Vorstellungen, die ganz in der Tradition der extremen Rechten stehen, die den konservativen Diskurs radikalisieren und kaum mit ihm vereinbar sind. Deutschland sei das Herz Europas, heißt es, dieses Herz sei krank, „und ohne gesundes Herz wird der gesamte Körper krank und anfällig bleiben". Diese Metapher diagnostiziert naturalistisch-bekenntnishaft die angebliche Notwendigkeit zur Einheit. Wenn dann von „der historischen Mission und Verpflichtung unseres Volkes, wieder zu einem gemeinsamen, einheitlichen und freien Staat zusammenzuwachsen" die Rede ist, wird die nationale Frage in Dimensionen des Völkischen, Schicksalhaften, Auserwählten gerückt, die der rechtsextremen, nicht der konservativen Ideengeschichte verbunden sind. Auf programmatischer Ebene wird hier fortgeführt, was als völkische Krisentheorie schon längst in die Parteipresse Eingang gefunden hat. Ein Beispiel: In dem Aufmacher-Artikel „Volk in der Krise" heißt es u.a.:

> „Das in Jahrtausenden gemeinsamer Geschichte gewachsene, auf geistigen und blutsmäßigen Bindungen beruhende Gemeinschaftsbewußtsein unseres Volkes wird brüchig werden. Das Gefühl innerer Verbundenheit, das auch in schweren Zeiten Halt und Kraft verlieh, geht verloren und mit ihm die Fähigkeit zu gemeinsamem Handeln ... “.[262]

Daß die Rückgabe der von Deutschen bewohnten Gebiete östlich der Oder/Neiße ebenso eingefordert wird wie Verhandlungen über einen autonomen Sonderstatus des Sudentenlandes, unterstreicht die revanchistischen, expansionistischen Elemente der „Republikaner“-Programmatik.

Im Schlußkapitel finden wir Visionen über die wiedervereinigte „Republik Deutschland“. Diese sei an Verträge mit der EG bzw. dem RWG nicht mehr gebunden. Verfassungsorgane seien Reichstag, Reichsregierung und vom Volk gewählter Reichspräsident. Obwohl die „Republikaner“-Programmatik insgesamt in Duktus und Sprachregelung konsequent legalistisch, aus taktischen und Image-Gründen auf Distanz zum Rechtsextremismus formuliert ist, verrät die Gesamtheit dieser deutschlandpolitischen Konzeption umgekehrt eine Distanz zum Konservatismus und eine Nähe zur Tradition der extremen Rechten. Die Unterschiede zu den Programmen der Rechtsaußen-Konkurrenten NPD und DVU-Liste D sind nicht prinzipieller, sondern gradueller Natur. Die hier vorgestellte deutschlandpolitische Konzeption ist Teil eines völkisch-nationalistischen Weltbildes, in dessen Mittelpunkt die völkische Umwertung des Grundgesetzes steht.[263] Die Krankheit des (Volks-?)-Körpers, die auf der Basis einer zum Glaubensbekenntnis, zur Weltanschauung erhobenen „historischen Mission unseres Volkes“ zu überwinden sei durch geopolitische Expansion, Neutralismus und in der Verfassungskonstruktion von Reichstag, Reichsregierung und starkem Reichspräsidenten – hier lebt die Reichsidee der alten extremen Rechten wieder auf, mehr noch: Diese Verfassungskonstruktion steht dem Ende von Weimar näher als dem Grundgesetz, dieses selbst steht zur Disposition.

IV. Wahlkämpfe und Wähler: Wer wählt die „Republikaner", wer steht rechts?

Die „Republikaner", 1983 gegründet, sind eine relativ junge Partei. Von dem Image einer neuen, unverbrauchten politischen Kraft rechts der Union haben sie seit 1989 bei Wahlen zehren können. Dennoch hat die Partei zunächst eine wahlpolitisch anhaltende Durststrecke überwinden müssen. Tabelle 1 zeigt, daß sie nach ihrem Achtungserfolg in Bayern 1986 bundesweit zunächst über den Status einer parlamentarisch relativ bedeutungslosen Splitterpartei nicht hinauskommt.

Dies verändert sich in der ersten Jahreshälfte 1989 gravierend. Das Berliner Wahlergebnis hat offenbar die Wirkung eines Flächenbrandes, rechts von der Union entsteht ein ernstzunehmendes Protestpotential. Bei den nachfolgenden Kommunalwahlen, besonders aber bei der Europa-Wahl werden die „Republikaner" zu einem unübersehbaren politischen Mitbewerber. Erst die im Zeichen der Vereinigung beider deutscher Staaten stattfindenden Landtags- und Kommunalwahlen des Jahres 1990 haben diesen Trend vorübergehend gestoppt bis zum erneuten Aufschwung bei der Landtagswahl in Baden-Württemberg 1992.

Die Wahlen haben deutlich gemacht, daß es in Deutschland ein ernstzunehmendes und keineswegs zahlenmäßig unbedeutendes Wählerpotential für Rechtsaußen-Parteien gibt. Bevor wir auf detaillierte Befunde eingehen, sollte die Frage nach diesem Potential in grundsätzlicher Hinsicht aufgeworfen werden. Was kennzeichnet eine hohe Aufnahmebereitschaft für rechtsextreme Deutungen? Welche Personen sind besonders anfällig, welche Voraussetzungen bringen sie mit, wo fällt die Agitation von rechts auf besonders fruchtbaren Boden?

In den berühmt gewordenen „Studien zum autoritären Charakter" betonte eine Forschergruppe des exilierten Frankfurter Instituts für Sozialforschung unter Leitung von Theodor W. Adorno eine in den weißen Mittelschichten des US-amerikanischen Westens vorfindliche „autoritätsgebundene Charakterstruktur".[264] Diesen in den vierziger Jahren in den USA durchgeführten Untersuchungen verdanken wir die Einsicht, daß patriarchalische Erziehung und Sozialisation in einer kapitalistischen Gesellschaft wesentliche Bedingungen hervorbringen für die Anfälligkeit bestimmter gesellschaftlicher Gruppen für rechte, autoritäre Deutungsmuster. Zu diesen Bedingungen gehören der überstrenge Vater,[265] eine autoritäre Familienstruktur und Liebesentzug, so daß die

Tabelle 1
Wahlergebnisse der „Republikaner" von 1989

Wahlergebnisse der „Republikaner" von 1989	
Wahl	*Stimmen in %*
Landtagswahl un Bayern 1986	3,0
Bürgerschaftswahl in Bremen 1987	1,2
Landtagswahlen in Baden-Württemberg 1988	1,0
Landtagswahlen in Schleswig-Holstein 1988	0,6

Betroffenen später das wiederholen, was ihnen in der Kindheit selbst widerfuhr. „Dabei erwies sich", so Forscher des Instituts für Sozialforschung später, „der totalitäre Charaktertyp insgesamt als relativ starre, unveränderliche Struktur, auch wenn die politischen Ideologien noch so verschieden sind. Ihm gegenüber ist der nicht-totalitäre Typ weit differenzierter. Wesentlich für die Starrheit des totalitären Charakters ist dessen Autoritätsgebundenheit – die blinde, verbissene, insgeheim aufmuckende Anerkennung alles dessen, was Macht ist, was Macht hat. Nachdruck wird gelegt auf jeweils geltende konventionelle Werte, wie äußerlich korrektes Benehmen, Erfolg, Fleiß, Tüchtigkeit, physische Sauberkeit, Gesundheit und konformistisches, unkritisches Verhalten. Durchweg denken und empfinden solche Menschen hierarchisch. Sie unterwerfen sich der idealisierten moralischen Autorität der Gruppe, zu der sie sich selber rechnen ... und stehen allemal auf dem Sprung, den, der nicht dazugehört, oder von dem man glaubt, er stehe unter einem, unter allerhand Vorwänden zu verdammen. Die populäre Rede von der ‚Radfahrernatur' trifft die Verhaltensweise recht genau. ... Dahinter steht eine tiefe Schwäche des eigenen Ichs, das sich den Anforderungen der Selbstbestimmung angesichts der übermächtigen sozialen Kräfte und Einrichtungen nicht mehr gewachsen fühlt."[266]

Wollte man aus heutiger Sicht ein Fazit ziehen, so wäre zunächst auf die Dauerhaftigkeit eines latent-faschistischen Potentials hinzuweisen. Über dessen Größenordnung läßt sich gewiß streiten, nicht aber darüber, daß diese Einstellungsmuster eine Art „normale Pathologie westlicher Industriegesellschaften" (Scheuch) bilden. Neuere Untersuchungen legen den Schluß nahe, daß sie keineswegs, wie noch Adorno und die Forschergruppe angenommen hatten, ein Mittelschichten-Phänomen sind, sie gehen vielmehr quer durch die Gesellschaft und: Ursächlich sind offenbar nicht nur Kindheitserfahrungen in einer autoritär strukturierten, patriarchalischen, kapitalistischen Gesellschaft, sondern

Tabelle 2
Die wichtigsten Wahlergebnisse der „Republikaner" seit 1989

Wahl	*Stimmen in %*	*Besonderheiten/Hochburgen*
Wahl zum Berliner Abgeordnetenhaus 29. Januar 1989	7,7	Hochburgen in traditionellen Arbeiterbezirken: Wedding, Neukölln, Reinickendorf
Kommunalwahlen in Hessen 12. März 1989	(0,7)	Hochburgen: Rhein-Taunus-Kreis (10,5), Wetterau (7,0). Besonderheit: Die NPD erzielt in Frankfurt 6,6, im Main-Kinzig-Kreis 5,2, in Hersfeld-Rotenburg 5,0
Europa-Wahl 18. Juni 1989	7,1	Süd-Nord-Gefälle: 14,6 in Bayern, 8,7 in Baden-Württemberg, dagegen in den nördlichen Bundesländern im Schnitt 4,5
Kommunalwahlen im Saarland und in Rheinland-Pfalz 18. Juni 1989		Germersheim (13,3), Worms (8,3), Kaiserslautern (5,3), Saarlouis (10,3), Saarbrücken (5,7)
Kommunalwahlen in Nordrhein-Westfalen 1. Oktober 1989	(2,3)	über 5 Prozent in: Köln (7,4), Gelsenkirchen (7,4), Hagen (7,2), Hamm (7,0), Leverkusen (6,4), Dortmund (6,3), Düsseldorf (6,2), Märkischer Kreis (6,0)
Kommunalwahlen in Baden-Württemberg 22. Oktober 1989		über 5 Prozent in: Pforzheim (11,1), Heilbronn (10,8), Stuttgart 9,5), Mannheim (8,8), Ulm (6,6), Freiburg (5,9), Karlsruhe (5,2)
Bundestagswahl 1990 Alte Bundesländer Neue Bundesländer	2,1 2,3 1,3	
Landtagswahlen im Saarland 28. Januar 1990	3,4	Im Vergleich zur Europa-Wahl (5,8) deutlicher Stimmenrückgang
Kommunalwahlen in Bayern 18. März 1990	5,4	In den Hochburgen Rosenheim 11,8, in München 7,3, dort Schwerpunkte in Arbeiterwohnbezirken (über 10 Prozent in Hasenbergl, Ober-Giesing)

Wahl	*Stimmen in %*	*Besonderheiten / Hochburgen*
Kommunalwahlen in Schleswig-Holstein 25. März 1990	0,9	Die „Republikaner" traten nicht überall an. Dort, wo sie kandidierten, erreichten sie bis zu 3 Prozent. Lübeck 3,1, Kiel 2,4
Landtagswahlen in den Neuen Bundesländern 1990	0,6–1,9	
Landtagswahlen in Hessen, Rheinland-Pfalz, Hamburg, Bremen 1991	1,2–2,0	
Landtagswahlen in Schleswig-Holstein 5. April 1992	1,2	Die DVU erzielt 6,3 Prozent. Schwerpunkte in städtischen Regionen im Osten und Südosten des Landes
Landtagswahlen in Baden-Württemberg 5. April 1992	10,9	Regionale Hochburgen im Raum Pforzheim, im mittleren Neckartal und am Rande des Stuttgarter Ballungsraums. Schwächste Ergebnisse im Südwesten zwischen Breisgau und Bodensee und im Regierungsbezirk Freiburg (6,8 %).

vor allem Erfahrungen in der Jugendphase. Wilhelm Heitmeyer hat sie vielfach beschrieben als orientierungs-, bindungs- und perspektivenarme Entwicklungen von Jugendlichen unter Bedingungen einer hochindustrialisierten Leistungsgesellschaft, die mehr und mehr den Aufbau personaler Identität und längerfristiger biographischer Entwürfe erschwert.

Tabelle 3 gibt einen Eindruck von der Größe des rechtsradikalen Wählerpotentials im August 1992. Dabei setzen sich Trends fort, die schon 1989 festgestellt wurden und auf die wir weiter unten eingehen: Schwerpunkte im Sozialprofil sind jüngere, männliche Wähler mit eher einfacher formaler Bildung. Beachtenswert ist, wie Tabelle 4 zeigt, der Einbruch der Rechtsparteien in das Potential der Arbeitnehmer und hier ganz besonders in den Bereich der Gewerkschaftsmitglieder.

Die von Arbeitslosigkeit Betroffenen Arbeitnehmer sehen, wie diese Umfrage zeigt, zu einem bedeutsamen Anteil keine Perspektive mehr bei den etablierten Parteien.

Tabelle 3
Das rechte Wählerpotential insgesamt

Eine Partei rechts von der CDU/CSU würden wählen oder haben schon einmal gewählt ...		
	Westdeutschland	*Ostdeutschland*
Befragte insgesamt	19%	12%
bis 24 Jahre	24%	27%
25–34 Jahre	19%	14%
35–49 Jahre	17%	9%
50 Jahre und älter	17%	8%
Männer	25%	16%
Frauen	14%	10%
einfache Bildung	22%	11%
mittlere Bildung	17%	15%
höhere Bildung	13%	7%
Ortsgröße		
bis 10000 Einwohner	25%	14%
10000–100000 Einwohner	17%	12%
über 100000 Einwohner	17%	11%
Quelle: infas-Repräsentativerhebungen in West- und Ostdeutschland, Deutsche ab 18 Jahre, August 1992, Random-Auswahl		

Die umfassendste Untersuchung der „Republikaner"-Wählerschaft im ersten Halbjahr 1989 unterscheidet sechs Wählertypen:

„– *Die angepaßten Neo-Nazis*
Die Republikaner sind für sie ein annehmbarer Kompromiß zwischen den erfolglosen rechtsextremen Szene-Parteien – z.B. NPD, DVU, für die ihr Herz eigentlich schlägt – und den Unionsparteien, die manche bisher als kleineres Übel gewählt haben.
– *Die enttäuschten Wende-Wähler*
Wähler der konservativ-liberalen Koalition, die 1982/83 auf die versprochene ‚geistig-moralische Wende' gesetzt haben und sich enttäuscht sehen. Der Tod von Franz-Josef Strauß tat ein übriges, sie der Union zu entfremden.
– *Die statusbedrohten Mittelständler*
Zum Beispiel selbständige Landwirte, die ihr Lebenswerk durch die EG-Landwirtschaftspolitik gefährdet sehen. Sie glauben, von der Bundesregierung industriellen Interessen geopfert zu werden und legen dagegen mit dem Stimmzettel Protest ein.
– *Die entfremdeten Kleinbürger*
Ehemalige Stammwähler von SPD oder CDU/CSU, die ihre so-

Tabelle 4
Das rechte Wählerpotential bei Arbeitnehmern

Eine Partei rechts von der CDU/CSU würden wählen oder haben schon einmal gewählt ...		
	Westdeutschland	*Ostdeutschland*
Arbeitnehmer insgesamt	23%	13%
Gewerkschaftsmitglieder	28%	16%
Nicht-Mitglieder	21%	12%
Evangelisch	19%	11%
Katholisch	21%	14%
Konfessionslos	13%	13%
Kirchgänger	19%	9%
von Arbeitslosigkeit betroffen	30%	19%
nicht betroffen	18%	10%
Wirtschaftsoptimisten	15%	14%
Wirtschaftspessimisten	22%	11%

Quelle: infas-Repräsentativerhebungen in West- und Ostdeutschland, Deutsche ab 18 Jahre, August 1992, Random-Auswahl

ziale Lebenswelt (die ‚Heimat') durch den Zuzug von ‚Ausländern' bedroht sehen und ihren Glauben in die politische Kompetenz und Handlungsfähigkeit der großen Parteien verloren haben.

– *Die autoritären jungen Arbeiter*
Zumeist 18- bis 30jährige Facharbeiter mit hedonistischer Lebensphilosophie (‚man lebt, um zu genießen'), die keinerlei Beziehung zu den Traditionen der Arbeiterbewegung haben, Ausländer und Aussiedler als unliebsame Konkurrenz empfinden und den harten, ‚klaren' ausländerfeindlichen Kurs der Republikaner schätzen.
– *Die Opfer der Zweidrittelgesellschaft*
Von Zukunfts- und Selbstzweifeln geplagte Arbeitnehmer am untersten Ende der Lohnskala, Sozialhilfeempfänger oder Langzeitarbeitslose, die sich von Ausländern wirtschaftlich überrundet sehen und dafür Politiker und Behörden verantwortlich machen. Diese auf der Grundlage einer vergleichsweise kleinen Stichprobe gewonnene Typologie – wir verweisen ausdrücklich auf ihren hypothetischen Charakter – läßt erkennen, wie facettenreich die Wählerschaft der Republikaner tatsächlich ist. Ehemalige Wähler der SPD finden sich vor allem in den letzten drei Kategorien".[267]

Zu sehr bedenkenswerten Überlegungen kommt die Studie bei der Analyse von ehemals sozialdemokratisch orientierten „Republikaner"-Wählern. Sie entschieden sich für diese Partei, obwohl sie kaum geschlossene rechtsextreme Weltauffassungen haben. Bei ihnen dominieren vielmehr „kulturell motivierte Fremdenfeindlichkeit" und die Projektion eigener Probleme auf Fremdgruppen: Ausländer, Asylbewerber, Aus- und Übersiedler.

Rechtsradikalismus heute ist nicht mehr nur, wie im Übergang von der Weimarer Republik zum Nationalsozialismus und beim NPD-Aufschwung 1966 bis 1969 ein soziopolitisches Phänomen ländlicher, kleingewerblich-mittelständischer protestantischer Wählerschichten. Die Erfolge von Le Pens Front National in und um Paris und in Marseille, des Vlaams Blok in Antwerpen, der „Republikaner" in Berlin und anderen Großstädten, der DVU in den Hochhausbezirken Bremerhavens und Jörg Haiders FPÖ in Wien verweisen auf *großstädtische Lebenszusammenhänge als Schubkräfte des Rechtsradikalismus.* Nicht nur bei Wahlen, sondern auch im Bereich jugendlich-militanter Skinheads und Neonazis spielen urbane Verfallserscheinungen offenbar eine wichtige Rolle. Nachdem in Österreich eine Wehrsportgruppe festgenommen wurde, schrieb kürzlich „Die Zeit": „Fast alle festgenommenen Aktivisten stammen aus ghettoartigen Stadtrandsiedlungen, Jugendliche ohne Raum, Perspektive und meist auch ohne Stellen".[268]

Rechtsextremistisches Protestverhalten ist, worauf Schacht zu Recht hinweist, „vor allem in den Großstädten ein sozialer Protest. Er kann als ‚Notsignal' aus den anonymen Wohnstrukturen des Massenwohnungsbaus verstanden werden, in denen Isolation und Entfremdung herrschen. Hier zeigt sich die häßliche Seite des Individualisierungsprozesses, soziale, psychologische und ideologische Heimatlosigkeit bei den unteren sozialen Schichten. Es scheint in den sozialen Problemgebieten der Großstädte ein politisch ungebundenes Wählerpotential der Unterschichten zu geben, das früher einmal SPD wählte, dann auf die CDU die Hoffnungen setzte und jetzt enttäuscht zu rechtsextremen Parteien wandert".[269]

Umfragen, die noch vor der Vereinigung beider deutscher Staaten durchgeführt wurden, zeigen, daß auch in der ehemaligen DDR rechtsextremistisches Protestverhalten insbesondere ein städtisches Phänomen ist. In Ost-Berlin ist, verglichen mit dem Westteil der Stadt, rechtsextremistisches Protestverhalten weniger parteienfixiert, ideologisch offener, aber auch gewalttätiger.[270] Die industrialisierten Regionen um Berlin und im Süden der ehemaligen DDR sind davon besonders betroffen. So fand das Leipziger Zentralinstitut für Jugendforschung bereits 1988 heraus, daß sich landesweit zwei Prozent der Jugendlichen als aktive Skinheads bezeichneten, in Ost-Berlin und Leipzig waren es jedoch sechs Prozent.[271] Diese teilweise militanten Jugendlichen bewegen sich in einem Umfeld jugendlicher peer-groups, bei dem davon auszugehen ist, daß die Sympathien für rechtsextremistische Deutungsmuster größer sind als in der alten Bundesrepublik.[272] Dabei spielen sozialräumliche Aspekte wiederum eine bedeutsame Rolle. Insbesondere die Hochhaussiedlungen im Umfeld der großen und mittleren Städte „produzieren“ ein Sozialklima, das Orientierungslosigkeit und Anomie sowie das Verlangen nach autoritären Lösungen nach sich zieht.[273]

Ursächlich dafür sind, so scheint es, sozialräumlich in den großstädtischen Ballungsgebieten konzentrierte Prozesse sozialer Desintegration: soziale Ungleichheit, relative Deprivation, Überfremdungsängste und Anomie können dort, wie die Wahlanalysen zeigen, nicht mehr durch relativ intakte sozialmoralische Milieus (etwa in den Arbeiterwohnbezirken) aufgefangen werden. Kollektive Bedrohungsängste in großstädtischen Ballungszentren heute können vielfältige Ursachen haben: die Anonymität von Bürokratien und sozialen Beziehungen, das Gefühl, nicht mehr mithalten zu können bei den beruflichen und gesellschaftlichen Leistungsanforderungen, die Konkurrenz um Wohnungen und Arbeitsplätze, Angst vor dem Zuzug von Ausländern, Aussiedlern und Asylbewerbern und damit auch vor fremden Kulturen, vor dem Fremden schlechthin. Ängste können real begründet sein, oft aber speisen sie sich aus tradierten Vorurteilen, besonders dann, wenn sie sich in aggressiver Weise gegen Minderheiten richten. Alle Generationen sind davon mehr oder weniger betroffen, doch Jüngere und Ältere mehr als die mittleren Altersgruppen. „Für die Älteren trifft dies zu“, so eine neuere empirische Studie[274], „weil sie bestimmte autoritäre Gewohnheiten und Interpretationsmuster während ihrer frühen Sozialisationsphase erworben haben könnten und zusätzlich wegen einer natürlichen Tendenz, im Alter weniger flexibel und tolerant zu sein. Für die Jüngsten könnte dies gelten, weil sie einer ‚no future‘-Generation mit hoher Arbeitslosigkeit und genereller Zukunftsunsicherheit angehören, während insbesondere den weniger Gebildeten oft die zum Umgang mit komplexen sozialen und politischen Phänomenen notwendige Erfahrung und Toleranz fehlen dürfte“. Das Beispiel Frankfurt vermag diese Zusammenhänge gut zu veranschaulichen.

Einige nähere Aufschlüsse geben Wahlanalysen im Anschluß an die Kommunalwahl vom 6. März 1989, die der NPD mit 6,6 Prozent den Einzug in den Frankfurter Römer bescherten.[275] Das rechtsradikale Protestverhalten läßt sich aufschlüsseln nach sozialräumlichen Differenzierungen einerseits und Berufs- und Bildungsabschlüssen andererseits. Deutlich wird, daß Bewohner von „abgehängten“ Stadtteilen mit insgesamt größeren sozialen Problemen stärker nach rechts tendieren als die neuen Wohneliten in den teuren Stadtteilen mit guten lokalen Infrastrukturen. So ist es kein Zufall, daß in den innerstädtischen Regionen des Westends und des westlichen Nordends nur etwa vier Prozent NPD-Wähler wohnen, im Gallusviertel (10,2%), in Nied (9,3%), Sindlingen und Zeilsheim (je 8,8%) jedoch deutlich mehr.[276] Hennig kommt in Verbindung dieser sozialräumlichen Befunde mit bildungs- und berufssoziologischen Überlegungen zu folgender Einschätzung:

> „Die Stadtsegmentierung folgt dem Muster ‚Arbeiterviertel‘ und ‚Selbständige und neue Mittelschichten‘ bzw. Arbeiter, Hauptschule, beengte Wohnverhältnisse gegenüber Angestellte, Selbständige, formal höhere Bildungsabschlüsse, mehr Wohnraum. ... In denjenigen Stadtteilen, in denen die Rechtsparteien NPD und Republikaner am 12. März bzw. 18. Juni 1989 gut abschneiden, sind unter der Wohnbevölkerung viele Personen mit einem Hauptschulabschluß vertreten. Die Erwerbstätigen dieser Stadtteile sind in einem überdurchschnittlichen Ausmaß Arbeiter, während Selbständige und Angestellte dort deutlich schwächer vertreten sind. Die Wohnqualität (gemessen an Wohnfläche je Person) ist in den Schwerpunkten der rechten Parteien ‚schlechter‘. Damit ergibt sich das Bild sozial eher schwächerer Stadtteile, in denen die Rechtsparteien herausragende Wahlergebnisse erzielen.“[277]

Diese Befunde der Wahlforschung belegen, daß die Tendenzen gesellschaftlicher Spaltung in Arm und Reich, Kernbelegschaften und Marginalisierte, wohlhabende Mittelschichten und relativ Depravierte zumindest punktuell sich „übersetzen“ in rechtsradikales Protestwahlverhalten. Die Befunde über das Rechtspotential in der ersten Jahreshälfte 1989 haben Klär u. a. wie folgt zusammengefaßt:

> „Die Republikaner-Anhänger stellen sich in bezug auf soziodemographische Merkmale als ‚auffallend-durchschnittlich‘ dar. Dies ist das Resümé der soziodemographischen Analyse der Republikaner-Anhängerschaft. Als eindeutig auffälliges Merkmal bleibt der hohe Männeranteil sowie ein Schwerpunkt bei den formal schlecht Gebildeten und damit einhergehend den unglernten Arbeitern und zum Teil Facharbeitern. Eine oftmals unterstellte Fixierung auf die Gruppe der besonders Jungen und ganz Alten muß verworfen werden. Gleichzeitig können Republikaner-Anhänger nicht ausschließlich aus dem Kreise der sogenannten ‚sozial Benachteiligten‘ stammen. Darauf weisen die Daten für das Haushalts-Nettoeinkommen sowie die Wohnsituation der Republikaner-Anhänger

Tabelle 5
Wahlanalyse Baden-Württemberg

Landtagswahlen in Baden-Württemberg 1992		
Analyse-Gruppen	*Stimmabgabe in %* *Republikaner*	*NPD*
Geschlecht:		
Männer	12,5	1,1
Frauen	7,1	0,7
Altersgruppen:		
18–24 Jahre	12,4	1,1
25–34 Jahre	11,7	0,5
35–44 Jahre	10,3	0,6
45–59 Jahre	9,6	0,9
60 Jahre und älter	7,8	1,0
Beruf und Beschäftigung:		
Arbeiter	20,5	1,7
Angestellte/Beamte	8,5	0,5
Selbständige	11,3	0,5
Hausfrauen	6,2	0,6
Rentner	8,6	1,6
Arbeitslose	9,7	3,4

Quelle: infas-Repräsentativbefragung am Wahltag 5. April 1992, 9600 Befragte, entnommen aus: Feist, Rechtsruck in Baden-Württemberg und Schleswig-Holstein, in: Starzacher u. a., Protestwähler und Wahlverweigerer, Köln 1992, S. 74

> hin. Der hohe Anteil an Gewerkschaftsmitgliedern unter den Republikaner-Anhängern läßt zumindest den Schluß zu, daß Gewerkschaftszugehörigkeit kein Immunisierungsmittel gegen rechtsextremes Wahlverhalten darstellt."[278]

Über das rechte Protestwähler-Potential, das im Frühjahr 1992 in Baden-Württemberg und Schleswig-Holstein und im September 1992 bei der Kommunalwahl in Passau („Republikaner" 11 Prozent) zum Ausdruck gekommen ist, liegen einige Studien vor. Haben sich die Trends von 1989 fortgesetzt?

Wie die Analyse der „Republikaner"-Erfolge bei der Landtagswahl in Baden-Württemberg am 5. April 1992 zeigt (Tabelle 5), hat sich das Wählerpotential der Rechtsaußen weiter pluralisiert: Einige bisherige Befunde haben sich zwar bestätigt (Männerdominanz, hoher Arbeiter-Anteil, insgesamt geringere formale Bildungsabschlüsse, relative Kirchenferne),[279] doch insgesamt ist der Einzugsbereich flüssiger geworden, klassenunspezifischer, es existiert kein eindeutig dominierendes Sozialprofil. Unter dem Gesichtspunkt der regionalen Verteilung gibt es ebenfalls Schwerpunkte, doch nur in einem einzigen Wahlkreis sind die „Republikaner" unter fünf Prozent geblieben (Waldshut), so daß man auch hier von einer relativen Verbreiterung des Wählerpotentials über das ganze Land sprechen kann. Regionale Schwerpunkte waren der Raum Pforzheim und das mittlere Neckartal (Kirchheim, Backnang, Schorndorf) und der Rand des Stuttgarter Ballungsraums.[280]

Ursula Feist resümiert die Infas-Befunde über die baden-württembergische Landtagswahl 1992:

> „Im Norden wie im Süden haben eher die sozial schwachen Gruppen, die um ihren wirtschaftlichen und sozialen Status bangen, deutlich auch mehr Männer als Frauen, eher die Jüngsten und eher die Ältesten mit Erinnerung an die Nazi-Zeit die Rechten gewählt. Die Rechtsparteien entpuppen sich damit primär als das Sprachrohr der sozialen Unterschichten, die offenbar heute keine Repräsentanz im Parteienspektrum mehr finden, weil sie von beiden großen Volksparteien als Wählerschicht marginalisiert und vernachlässigt wurden. Eine Perspektive, ihre Interessen zu artikulieren, eröffnen ihnen nun die Rechtsparteien. Dabei scheint es keine Rolle zu spielen, unter welchem Namen die Rechtsparteien antreten, wie die gleichzeitigen Erfolge von Republikanern und DVU zeigen. Auch ist ohne Belang, welche Programme die neuen Rechtsparteien vertreten (die der etablierten Parteien sind den meisten WählerInnen auch nicht vertraut). Es geht den neuen Rechtswählern in erster Linie um eine Plattform, mit deren Hilfe sie sich Gehör verschaffen, nicht um Ideologien".[281]

Vergleicht man diese Befunde mit dem Wählerpotential der NPD in den Jahren 1966 bis 1969, so ergeben sich zahlreiche Parallelen. Die wichtigsten Unterschiede bedürfen der besonderen Aufmerksamkeit. Denn nur ein Längsschnittvergleich vermag, bezogen auf mehr als vierzig Jahre Bundesrepublik, die neue Qualität des Protests von rechts zu zeigen.[282]

- Die „Republikaner" haben im Gegensatz zur NPD Ende der sechziger Jahre höhere Resonanz bei Jungwählern. Die Legende, organisierter Rechtsextremismus sei eine Angelegenheit der „Unbelehrbaren" aus der Zeit des Nationalsozialismus ist empirisch endgültig widerlegt. Neue Generationen von Rechts-Wählern sind nachgewachsen, die biographisch nicht in den Nationalsozialismus verstrickt sind, sondern in der Nachkriegszeit aufgewachsen sind.
- Sie haben vergleichsweise stark das Wählerreservoir der großen Par-

teien und das der Nicht-Wähler ansprechen können. Die „Republikaner“-Wahlerfolge sind ein unübersehbares Indiz für die nachlassende Integrationskraft der großen Parteien und ein Signal für die sich verfestigende Unzufriedenheit mit dem politischen System und mit dem Verlauf der Konjunktur.

- Das Nord-Süd-Gefälle bei den „Republikaner“-Wählern hat es bei den Rechts-Wählern Ende der sechziger Jahre nicht gegeben. Damals gab es bundesweite Schwerpunkte, die noch stark den regionalen Hochburgen der NSDAP-Wählerschaft verbunden waren. Das Süd-Nord-Gefälle läßt sich mit einer entsprechenden Diskrepanz der sozialen Lagen der Wähler allein nicht erklären. Plausibel sind zwei andere Faktoren: Eine relativ gefestigte Organisationsstruktur der „Republikaner“ in Süddeutschland, vor allem in Bayern, wird konterkariert durch die innerparteilichen Schwächezustände nördlich der Main-Linie. Darüber hinaus aber zeigt sich an dem regionalen Gefälle, daß die „Republikaner“ in der Tradition der kleinen, regionalistischen Rechts-Parteien der fünfziger Jahre stehen, was wiederum auf die gebrochene Integrationskraft der Union zurückverweist.
- Besonders auffällig ist – entgegen den Hochburgen von NPD und NSDAP – die hohe Bereitschaft zur rechten Protestwahl in den großen Städten, auch – wie die Kommunalwahlergebnisse zeigen – in Nordrhein-Westfalen, wo NSDAP und NPD relativ wenig Fuß fassen konnten. Innerhalb der Städte gibt es wiederum starke Unterschiede zwischen den „Wohlstandszonen“ der Mittelschichten-Wohneliten und „Problemzonen“ mit hoher Arbeitslosenquote, Wohnraum-Problemen und hohem Ausländer-Anteil. In Stuttgart waren die „Republikaner“ 1992 besonders stark in den Stadtteilen der „einfachen Leute“, Mönchfeld, Giebel, Bergheim und Rot. In der Sozialsiedlung Hasenbergl im Münchener Norden erzielten die „Republikaner“ bei der Europawahl 1989 42 Prozent in der heruntergekommenen Paulckestraße, in fünf Wahllokalen der Siedlung waren sie die stärkste Partei. Bei der Kommunalwahl vom 18. März 1990 erzielten die „Republikaner“ in Hasenbergl mit über 10 Prozent ihr bestes Ergebnis in München (dort im Schnitt 7,3%). Die Siedlung hat eine miserable Wohnqualität, einen überdurchschnittlich hohen Ausländeranteil und eine mangelhafte soziale Infrastruktur. Für die Intensität des städtischen Protests und die gesunkenen Hemmschwellen nach rechts spricht die Stimmabgabe für die über Jahrzehnte zum rechtsextremen Außenseiter abgestempelte NPD bei der hessischen Kommunalwahl am 12. März 1989 in Frankfurt. Dort erzielte sie 6,6 Prozent (= 7 Mandate). Innerhalb der Stadt erreichte sie ihre besten Ergebnisse in

Arbeiterwohnbezirken mit hohem Ausländeranteil und schlechter Wohnqualität. Im Wahlbezirk „Am Bügel“, einem sozialen Brennpunkt, kam sie auf 17,4 Prozent, im Stadtteil Riederwald auf 9,3, in den westlichen Stadtteilen im Umkreis des Chemie-Giganten Hoechst auf 6,6 bis zu 10,2 Prozent.

Ähnlich war die innerstädtische Stimmenverteilung zwei Monate zuvor in Berlin: besonders hohe Gewinne für die „Republikaner“ in den Neubaugebieten am Stadtrand (Märkisches Viertel, Gropiusstadt), besonders niedrige in den Villenvierteln von Dahlem, Wannsee und Nikolassee. In den Arbeiterwohngebieten Wedding (9,9%), Neukölln (9,6%) und Reinickendorf (8,5%) zehren die „Republikaner“ von einem „politischen Kleinklima“, das, wie die Forschungsgruppe Wahlen hervorhebt, „durch soziale Verunsicherung und Angst vor Statusverlusten gekennzeichnet ist, auf das die Parteien der politischen Mitte, CDU, FDP und auch die SPD, nach Meinung der Betroffenen keine glaubwürdigen Antworten haben“.[283]

Für die städtische Qualität des Protests und für Feists These, es sei nahezu unerheblich, unter welchem Namen die Rechts-Parteien antreten, spricht das Wahlergebnis der Landtagswahlen in Schleswig-Holstein vom 5. April 1992, wo die DVU des Münchener Rechtsaußen-Verlegers Gerhard Frey auf 6,3 Prozent kam. Besonders im SPD-Wählerpotential waren deutliche Einbrüche zu verzeichnen. Schwerpunkte waren die einfachen städtischen Wohnquartiere. In Lübeck und Neumünster erzielte die DVU über neun Prozent, während sie in den ländlichen Gebieten des Nord-Westens unter fünf Prozent blieb. Im traditionell sozialdemokratischen Itzehoer Wahlbezirk Wellenkamp, das in der Nähe der schleswig-holsteinischen Landeszentralstelle für Asylbewerber liegt, erzielten die DVU zwölf und die „Republikaner“ sechs Prozent bei einer radikal gesunkenen Wahlbeteiligung von nur noch 48 Prozent.[284]

Rechtsextremes Wähler-Votum heute ist offensichtlich verflochten mit der Strukturkrise der großen Städte und ihren urbanen Randzonen, wo sich soziale Konflikte und Segmentierungen und die Dynamik der „Zwei-Drittel-Gesellschaft“ konzentriert wie in einem Brennglas auswirken, wo soziale Ungleichheiten stärker und sichtbarer werden und unter tatkräftiger Mithilfe von Teilen der konservativen Presse, der etablierten Parteien und der diversen „Stammtische“ in Deutungsmuster ethnischer Ungleichheit transformiert werden. Dieser Protest kann offenbar nicht mehr aufgefangen werden durch intakte traditionalistische Sozialmilieus. Negative Individualisierung, Vereinzelung und aggressive politische Apathie sind hier stärker ausgeprägt als in der Region mit relativ stabilen Sozialmilieus.

Lassen diese Merkmale Schlußfolgerungen zu für eine neue Qualität der Rechtsextremismus-Potentiale, gekennzeichnet durch Verjüngung, Unions-Distanzierung, süddeutsche Schwerpunkte und die soziale Krise der großen Städte? Betrachten wir nun zusammenfassend die Befunde über die Motiv-Lagen der neuen Rechts-Wähler (vgl. auch Kapitel I.5.). Vom Durchschnitt der Bevölkerung weichen ihr Problembewußtsein und ihr Weltbild spürbar ab. Asylbewerber und Aussiedler, der Zustrom fremder Menschen in die Bundesrepublik, der Stolz darauf, Deutscher zu sein und das Bedürfnis nach Wahrung deutscher Werte und deutscher Kultur, der Wunsch nach mehr Sicherheit und Ordnung, mehr polizeilichem Schutz vor Kriminalität – das sind Themen und Positionen, die von den „Republikaner"-Wählern höher bewertet und intensiver gefordert werden. Das Vertrauen der „Republikaner"-Wähler in die politischen und gesellschaftlichen Institutionen und die Problemlösungskompetenz der großen Parteien bezüglich der Themen Asyl, Wohnungsmarkt und Arbeitslosigkeit ist besonders gering[285]. Dieter Roth von der Mannheimer Forschungsgruppe Wahlen spricht von einer Vielfalt von Faktoren, von denen die Rechts-Wähler sich leiten lassen:

> „Da ist einmal der wahrgenommene Autoritätsverlust auf den verschiedensten Ebenen, der Parteien genauso betrifft wie die Familien, die Sehnsucht nach der heilen Welt, in der Ruhe und Ordnung herrscht. Da ist der Wunsch, die Komplexität der Prozesse, auch der politischen Entscheidungen zu reduzieren, das Bedürfnis nach einfachen Erklärungsmustern. Da gibt es einen nicht verkrafteten Wertewandel, der auch die Stellung des Mannes in der Gesellschaft und in der Familie verändert hat. Da gibt es die Furcht, daß wir nationale Rechte aufgeben zugunsten von unsicheren Bündnissen wie zum Beispiel der Europäischen Gemeinschaft. Da gibt es eine wahrgenommene Bedrohung des ökonomischen und sozialen Status. Da gibt es das Gefühl der Benachteiligung, daß man zu den Verlierern des Modernisierungsprozesses gehört sowohl in politischer als auch in ökonomischer Hinsicht. Und dann gibt es ein aktuelles Problem, an dem sich viele dieser Ängste festmachen lassen, das man benutzen kann, um diesen angesammelten Unmut los zu werden: das Ausländerproblem oder was als solches wahrgenommen wird".[286]

V. Umgang mit den „Republikanern": Wie verhält sich die Gesellschaft zu dem neuen Rechtsaußen-Phänomen?

Die große Aufmerksamkeit, die die „Republikaner"-Wahlerfolge im ersten Halbjahr 1989 erregt haben, ist im Zeichen des deutsch-deutschen Vereinigungsprozesses und einiger Wahlniederlagen schnell verblaßt. Erst unter Bedingungen der Ernüchterung nach der Vereinigung, der Wahlerfolge der „Republikaner" in Baden-Württemberg und der DVU in Schleswig-Holstein sowie der Anschläge auf Asylbewerberheime seit dem August 1992 widmet sich die breite Öffentlichkeit wieder dem Thema Rechtsextremismus. Aus einer demokratietheoretischen Sicht ist die Frage, wie sich Institutionen und breite Öffentlichkeit dazu verhalten, schon deshalb von überragender Bedeutung, weil sich die Qualität von Rechtsstaat und Demokratie nicht zuletzt darin erweisen, wie Staat und Gesellschaft mit ihren Gegnern umgehen.[287] Außer grundsätzlichen und institutionsbezogenen Überlegungen[288] gibt es kaum systematische Erkenntnisse zu der Frage, ob es wiederkehrende Umgangsformen gibt, wie sie zu beschreiben sind, wie sie ihren Gegenstand beeinflussen und selber am Zustandekommen oder an der Verhinderung des Protests beteiligt sind.[289] Politisch und wissenschaftlich wird bisher arg vernachlässigten Fragen des Umgangs in Zukunft große Bedeutung zukommen, weil sich die Themen der extremen Rechten – Ausländer/Asyl, Innere Sicherheit – im Themenhaushalt der öffentlichen Debatten weiterhin ganz oben finden werden. Im übrigen deutet vieles auf die Formation des Rechtsextremismus als sozialer Bewegung hin (vgl. das Vorwort), so daß auch von daher interaktionstheoretische Fragen von besonderem Gewicht sein werden.

Die Reaktionen auf die „Republikaner", insbesondere seit ihren Wahlerfolgen 1989, waren und sind höchst unterschiedlich und kontrovers. Umgang mit Rechtsextremismus in der Bundesrepublik ist immer auch eine Positionsbestimmung gegenüber der NS-Zeit und ihren Nachwirkungen, ein Gradmesser für den Entwicklungsstand einer Demokratie, die ihre historischen Wurzeln in der Distanzierung vom Nationalsozialismus sieht. Es ist dieser historische Bezug, der die deutsche Situation kaum vergleichbar macht mit den Reaktionen auf rechtsextreme Phänomene etwa in Frankreich oder Großbritannien. Die großen Parteien haben sich mehr (SPD, FDP, Grüne) oder weniger (CDU/CSU) politisch distanziert, alle haben eigenständige wissenschaftliche

Untersuchungen anfertigen lassen. Gewerkschaften und Arbeitgeber haben sich gleichfalls distanzierend geäußert. In den elektronischen und Printmedien 1989 und dann wieder 1992 ist das „Republikaner"-Phänomen zum Gegenstand kontinuierlicher Aufmerksamkeit geworden. Ebenso besorgt über die Demokratie im vereinigten Deutschland zeigt sich die ausländische Presse. Das Verbot bzw. die Nicht-Zulassung der „Republikaner" zu den ersten freien Wahlen in der DDR am 18. März 1990[290] bedeutet eine symbolisch bedeutsame Geste, hat aber, wie die Ausschreitungen seit „Hoyerswerda" und das Meinungsklima unter jungen Leuten zeigen, die Ausbreitung des Rechtsextremismus nicht verhindern können. Der traditionalistische linke Antifaschismus hat im Januar 1989 und im Februar 1990 in Bremen und Frankfurt bei großen Kongressen vor dem Wiederaufleben des Nazismus gewarnt. Nachdem schon der erste Kongreß in der dogmatisch-linksextremen Manier am alles- und nichtssagenden „Neofaschismus"-Begriff festhält und in Verboten das „antifaschistische" Allheilmittel sieht, vollzieht sich beim Frankfurter Treffen ein Jahr später eine überfällige Spaltung: Die Jusos, die IG-Metall-Jugend, die Aktion Sühnezeichen und andere trennen sich von den orthodoxen Alt-Linken um DKP, VVN und grünen „Fundis".[291] Nicht nur diese Spaltung macht deutlich, daß es einen konsensfähigen, glaubwürdigen, politisch begründeten linken „Antifaschismus" in der Bundesrepublik nicht gibt.

Besonders nach den Berliner Wahlen haben sich die Spitzenpolitiker geäußert. Dabei spielen taktische Überlegungen eine zentrale Rolle. CSU-Chef Waigel empfiehlt seiner Partei, mehr auf die Getreuen zu achten („Stammkundschaft geht vor Laufkundschaft"),[292] Genscher warnt die Koalitionsparteien vor „opportunistischer Anpassung",[293] SPD-Politiker Vogel hält Schönhuber für einen „gefährlichen Opportunisten",[294] FDP-Chef Graf Lambsdorff hält ihn gar für einen „Neonazi".[295] Der Vorsitzende des Bundestags-Innenausschuß, Bernrath (SPD), ging sogar soweit, ein Berufsverbot gegen die Schönhuber-Anhänger in Erwägung zu ziehen. Es müsse verhindert werden, „daß Mitglieder der Republikaner Beamte werden oder bleiben. Die rechtsextremen Republikaner gehören nicht in den Staatsdienst".[296] Parteigenosse Peter Glotz hält jedoch die Wähler der „Republikaner" nicht für rechtsradikal und erklärt sich bereit, in der „Welt" vom 31. Juli 1989 ein Streitgespräch mit dem „Populisten" Schönhuber zu führen.

Solche Facetten öffentlicher Wahrnehmungen verraten Unsicherheit, verborgen hinter politischem Kalkül, moralischem Aufschrei oder Verbalradikalismus. Produktiv kann diese Unsicherheit nur dann werden, wenn sie nicht im Ritual steckenbleibt, wenn sie reflektiert und selbst zum Thema gemacht wird. Soll man sich überhaupt mit den „Republikanern“ beschäftigen, schafft nicht erst Publizität das Phänomen, das verhindert werden soll? Gilt wieder, was Golo Mann am 20. Mai 1968 beim Aufstieg der NPD im „Spiegel“ schrieb, daß nämlich „der unzufriedene oder gelangweilte Bürger ganau den wählen wird, den man ihn beschwört, nicht zu wählen; sei es auch bloß, um einmal von der verbotenen Frucht zu kosten. Ohnmächtig, flehende Verneinung baut das auf, was verneint wird“? Was bewirkt die Strategie der gezielten Ignoranz, die von Lokalzeitungen vielerorts dort praktiziert wird, wo die „Republikaner“ oder die NPD in kommunalen Parlamenten vertreten sind? Die SINUS-Umfrage unter „Republikaner“-Wählern in den Monaten Juli und August 1989 berichtet von einer „Trotzreaktion“ bei dieser Gruppe nach dem Muster „Jetzt erst recht“ vor dem Hintergrund der Reaktionen von Politikern und Medien auf die Wahlerfolge der „Republikaner“.[297] Welche Chancen und Anforderungen folgen daraus für den öffentlichen Umgang mit der Partei, ihren Wählern, Anhängern und Sympathisanten? Nach dem fremdenfeindlichen Fernseh-Wahlspot der „Republikaner“ zu den Berliner Wahlen erklärt die IG Medien:

> „Wir fordern die Verantwortlichen in Funk und Fernsehen auf: Laßt keine Wahlsendungen zu mit ausländerfeindlichen Parolen! Arbeitnehmer in Betrieben der Druckindustrie und in Verlagen, in Filmbetrieben, in den Funk- und Fernsehanstalten: Niemand kann verlangen, daß Ihr widerspruchslos an der Herstellung und Verbreitung ausländerfeindlicher Schriften, Filme und Sendungen mitwirkt“.[298]

Gegen diese Forderung steht nicht nur das Grundrecht auf freie Meinungsäußerung. Sie ist vielmehr eingebettet in ein grundsätzliches, konflikthaftes Dilemma politischer Öffentlichkeit. Der Chefredakteur des ZDF, Klaus Bresser, hat die ambivalente Spannbreite zwischen Totschweigen durch Ignoranz und unbeabsichtigtem Hochjubeln durch zuviel Medien-Aufmerksamkeit ausgemessen und auf zwei systembedingte Gefahren aufmerksam gemacht: Totschweigen schaffe den oder die Märtyrer, von denen der Rechtsextremismus zehre, zuviel Berichterstattung hingegen sorge für den nötigen Bekanntheitsgrad der Partei.[299] Diesem Zirkel ist im Zeitalter der elektronischen Informations- und Kommunikationsgesellschaft gewiß nicht auszuweichen. Er ist eine systembedingte Eigenart des Umgangs nicht nur, aber auch mit den „Republikanern“. Nirgendwo ist die Spannbreite zwischen Verharmlosung und Dramatisierung so breit wie in der Berichterstattung der elektronischen Medien.

In diesem Abschnitt soll nicht mehr auf den wohlwollenden Umgang mit den „Republikanern“ eingegangen werden, wie er insbesondere von Teilen des Konservatismus aus strategischen, kulturkämpferischen und geschichtspolitischen Motiven heraus initiiert worden ist (vgl. Kapitel I.4). Hier wollen wir uns mit einigen politisch-gesellschaftlichen Gegenkräften beschäftigen. Am Beispiel der Innenministerien und der Verfassungsschutzbehörden auf der einen, den Gewerkschaften auf der anderen Seite läßt sich zeigen, in welcher Weise, mit welchen Strategien und Argumenten sich die Gegenkräfte formieren.

Hinter dem Rücken der Beteiligten wirken historische und politische Triebkräfte, die das Umgehen mit der Schönhuber-Partei anleiten, das Geschehen prägen und den Akteuren doch oft unbewußt bleiben. Die verschiedenen Formen der „Bearbeitung“ der „Republikaner“ stehen in der Tradition der Reaktionen auf den Rechtsextremismus, die sich in mehr als vierzig Jahren Nachkriegsgeschichte zu Handlungsmustern verfestigt haben, die über den Tag hinaus wirksam sind. Die Vereinigung beider deutscher Staaten, die hinzutretende Last der DDR-Vergangenheit und das vielfach erklärte „Ende der Nachkriegszeit“ wird den Einfluß der spezifisch westdeutschen Tradition über kurz oder lang gewiß zurückdrängen, wie weit und mit welchen Formen wissen wir heute noch nicht. Wollte man diese westdeutsche Tradition mit einigen Stichworten versehen, so bieten sich an: Verharmlosung wie Dramatisierung, Verdrängung wie Überreaktion, Beschwichtigung wie Skandalisierung, Normalisierung wie Moralisierung. Zwischen diesen widersprüchlichen Strategien pendeln die Reaktionen, seitdem es Protest von rechtsaußen gibt. Nicht zuletzt darin spiegeln sich die Schwierigkeiten der Deutschen mit der Aufarbeitung der Vergangenheit. Sie sind ein Gradmesser für die demokratische Reife der Gesellschaft, denn in der Auseinandersetzung mit dem Rechtsextremismus in der Gegenwart thematisiert die Bundesrepublik sich selbst, ihre historischen Ausgangsbedingungen, ihre Vorgeschichte, ihre Distanz zum Nationalsozialismus, ihre demokratische Stabilität und den Grad ihrer demokratischen Zuverlässigkeit vor allem gegenüber den westlichen Partnern und, nicht zuletzt, ihre Attraktivität als internationaler Wirtschaftsstandort. Umgang mit Rechtsextremismus heute bedeutet das Ausbalancieren der schwierigen Gratwanderung zwischen demokratisch-liberaler Toleranz im Sinne Voltaires auf der einen, Repression und Unterdrückung der unliebsamen Rechten auf der anderen Seite.[300] Aber: Kann diese nicht dazu führen, daß die Bekämpfung des Rechtsextremismus undemokratische Züge annimmt? Bedeutet andererseits Gewährenlassen nicht sträfliche Sorglosigkeit, Verantwortungslosigkeit, objektives Hofieren des Faschismus?

Im Begriff einer „streitbaren Demokratie", mehrfach bekräftigt durch das Bundesverfassungsgericht, wurde versucht, diesem demokratietheoretischen Zwiespalt Rechnung zu tragen.[301] Parteien, politische Bildung, politische Justiz und Verfassungsschutz haben in den fünfziger Jahren, unter Bedingungen des Kalten Krieges, diesen Begriff umgesetzt in den wirkungsmächtigen Aufbau von juristischen, administrativen und ideologischen Barrieren und Abwehrmechanismen gegen die vermeintlichen Feinde der Demokratie. Und die standen angeblich rechts und links. Das Kalte-Kriegs-Muster der Gleichsetzung von links und rechts und damit auch der unglückseligen Glorifizierung der Mitte findet sich bis heute in den Strukturen des Verfassungsschutzes, der CDU/CSU und in den Schulbüchern der unionsregierten Bundesländer. Die Abweichung von der interpretationsbedürftigen „freiheitlich-demokratischen Grundordnung" wurde rasch zum Kriterium für politischen Extremismus – und entwickelte sich bald zu einer mächtigen Waffe gegen die Linke. Das Gebot der „geistig-politischen Auseinandersetzung" verkam bald zu dogmatischem Antikommunismus und einer Heiligsprechung der „Mitte" bzw. der bestehenden Verhältnisse. Eine kontinuierliche Beschäftigung mit Rechtsextremismus existiert kaum. Wer also überaus leichtfertig fordert, konservativ-rechtsextreme Brückenparteien wie die „Republikaner" hätten schon 1987 vom Verfassungsschutz observiert werden müssen,[302] der verkennt nicht nur das Parteienprivileg des Grundgesetzes, sondern auch die Logik des nach rechts und links untrennbar zielenden Verfassungsschutzdenkens, der wird Stimmen zwangsläufig auf den Plan rufen, die eine Vorverlagerung auch auf dem linken Spektrum fordern – etwa in die Richtung der Grünen und der PDS.

Die Kenntnis und Berücksichtigung dieser Hintergründe ist unerläßlich, um das Vorgehen der Innenministerien und Verfassungsschutzbehörden in Sachen „Republikaner" angemessen zu würdigen. Als erstes, und neben Hamburg bisher einziges Bundesland läßt Nordrhein-Westfalen seit Ende September 1989 die Partei mit nachrichtendienstlichen Mitteln beobachten. Der Chef des nordrhein-westfälischen Landesamtes, Baumann, ist der Ansicht, Programme, öffentliche Reden und öffentlich zugängliche Papiere böten ausreichenden Anlaß zu dem Verdacht, es handele sich um eine verfassungsfeindliche Organisation. Auch die politische Herkunft eines Teils der Funktionäre sei, so Innenminister Schnoor, ein Grund für geheimdienstliche Observation.[303] SPD-Fraktionschef Farthmann bewertet dies als „allerersten, allermildesten Schritt". Ziel der Beobachtungen müsse es sein, die Grundlagen für ein Verbot der Partei abzusichern.[304] Seit Anfang 1990 hat sich die

Hansestadt Hamburg diesem Vorgehen angeschlossen. Der dortige Verfassungsschutzchef Uhrlau hat im September 1992 erklärt, die Zusammenarbeit von „Republikanern" unterhalb der Führungsebene mit „militanten Extremisten" begründe die Einschätzung der „Republikaner" als rechtsextremistische Partei.[305] Der schleswig-holsteinische Verfassungsschutz praktiziert eine weitere Variante: Er beobachtet die Schönhuber-Partei anhand öffentlich zugänglichen Materials, nicht aber mit geheimdienstlichen Mitteln. Nach Auffassung von Innenminister Hans-Peter Bull liegen „hinreichend Anhaltspunkte für den Verdacht verfassungsfeindlicher Zielsetzung und Betätigung vor".[306] Berlins Innensenator Paetzold lehnt es dagegen noch im Februar 1990 ab, die „Republikaner" überwachen zu lassen. Auch in dem von Innensenator Heckelmann im Sommer 1992 vorgelegten Verfassungsschutzbericht für 1991 fehlen die „Republikaner". Ähnlich verhält sich das Land Hessen. „Bei den Republikanern", so der hessische Verfassungsschutz-Chef Scheicher Anfang März 1990, „sind wir in der Prüfphase. Anders als in den anderen Ländern haben wir in Hessen bisher keine nennenswerte Durchsetzung ihrer oberen Führungsebenen mit uns bekannten Rechtsextremisten erkennen können".[307]

Widersprüchlich ist das Verhalten der zuständigen Behörden auf Bundesebene. Nach den Berliner Wahlen vom Januar 1989 überwiegt in Verfassungsschutzkreisen zunächst die Ansicht, die „Republikaner" seien Radikale, hätten aber die Grenze zum Extremismus noch nicht überschritten.[308] Welche Erkenntnisse geeignet sind, den Grenzübertritt eindeutig festzustellen, darüber herrscht in der breiten Öffentlichkeit Unklarheit. Im Mai ist nach Angaben des stellvertretenden Bremer Verfassungsschutz-Chefs Jachmann „auch die zuständige Fachabteilung des Bundesamtes für Verfassungsschutz eindeutig zu der Festlegung gekommen, daß die ‚Republikaner' beobachtet werden müssen. Der Präsident hat das Votum der Fachabteilung kassiert und gemeint, man müsse noch weiter prüfen".[309] Im Juni werden Untersuchungen des Bundesamtes bekannt, denen zufolge „Tendenzen zu extremistischen Standpunkten" bei den „Republikanern" beobachtet worden seien. Bei 44 von 282 überprüften Funktionären lägen „Erkenntnisse über einen rechtsextremistischen Verlauf" vor, zudem gebe es programmatische und personelle Kontakte zu DVU und NPD.[310] Bei der Vorstellung des jährlichen Verfassungsschutzberichts hebt Innenminister Schäuble hervor, die „Republikaner" betrieben „mit griffigen Parolen und Scheinbeweisen politische Hetze gegen Andersdenkende", „ob die ‚Republikaner' die Schwelle zur Verfassungsfeindlichkeit überschritten haben oder auf dem Wege sind, dies zu tun, wird z. Zt. geprüft".[311] Entschiedener äußert sich das Bundesamt um die Jahreswende 1989/90. Schönhuber und seine Anhänger seien dabei, heißt es jetzt, „die freiheitliche demokratische Grundordnung zu beeinträchtigen“. Ihre ausländer- und gesellschaftspolitischen Vorstellungen seien mit dem Grundgesetz nicht vereinbar. Innenminister Schäuble fordert die Länder-Innenminister auf, die „Prüfphase“ zu verlängern.[312] Mehr als zweieinhalb Jahre später „prüfen“ die Verfassungsschützer immer noch. Anläßlich der Vorlage des Verfassungsschutzberichts für 1991 erklärt Bundesinnenminister Rudolf Seiters im Sommer 1992: „Im vorliegenden Verfassungsschutzbericht 1991 sind die Republikaner nicht erwähnt, weil dieser grundsätzlich nur über extremistische Organisationen informiert. Die diesbezügliche Prüfung der Republikaner auf Bundesebene hält derzeit noch an“.[313] In zweieinhalb Jahren kommt der Innenminister zu keinem Ergebnis bei der Prüfung, ob die „Republikaner“ eine extremistische Partei sind oder nicht. Es ist zu vermuten, daß die Prüfung einer unter dem Verdacht des „Linksextremismus“ stehenden Partei etwas schneller vorangehen würde. Doch das Vorgehen dieser Behörde entspringt keineswegs einer zögerlichen Unsicherheit. Das Verhängen von langdauernden „Prüfphasen“ hat Methode und ist Ergebnis einer politischen Strategie.

Die Logik im Vorgehen der Verfassungsschutzbehörden folgt im wesentlichen den Umgangsformen mit der NPD Ende der sechziger Jahre.[314] Damals wie heute streuen die Innenministerien angesichts von Wahlerfolgen der Rechtsaußen in kontinuierlichen zeitlichen Abständen gezielt Verbotsdrohungen, kündigen „Prüfphasen“ an und versuchen auf diese Weise, die ungeliebte Konkurrenz von rechts wieder loszuwerden, sie einzuschüchtern, in Verruf zu bringen und deren Anhänger in wohldosierter Weise durch symbolische Gesten wieder auf den rechten Weg zu bringen. Darin liegt die politisch-instrumentelle Bedeutung des Verfassungsschutzes. Gerade das öffentlich sichtbare Hin und Her – Nordrhein-Westfalen plädiert für entschiedenes, hartes Vorgehen, der Bundestags-Innenausschuß hingegen spricht sich noch im Februar 1990 gegen eine geheimdienstliche Beobachtung aus[315] – trägt zur Verunsicherung der Mitglieder und Sympathisanten bei, bekräftigt die Dauerhaftigkeit von Drohgebärden und gibt den Unentschlossenen scheinbar eine letzte Chance zur Umkehr. Ihnen, den angeblich mündigen Bürgern, wird nicht Information und Diskussion offeriert, sondern es wird ihnen objektiv nahegelegt, sich von einer in Verruf geratenen Partei zu distanzieren, den Weg zu den etablierten und anerkannten zurückzufinden, um nicht selbst ins politische und gesellschaftliche Abseits zu geraten. Das ist in erster Linie symbolisch-rituelle Politik, die dem eigentlichen Auftrag des Verfassungsschutzes widerspricht: Er soll Materialien über „Bestrebungen“ – was dieser Begriff juristisch alles umfaßt, ist bis heute ungeklärt – gegen die „freiheitliche demokratische Grundordnung“ sammeln und den zuständigen Behörden zuführen. Sein Auftrag besteht aber nicht im Lancieren von Gerüchten, Drohgebärden und Einschüchterungen und: Es gehört zu seinen wichtigsten Aufgaben, zur „geistig-politischen Auseinandersetzung“ mit dem Extremismus beizutragen. Diese Aufgabe haben die Verfassungsschutzbehörden in Bezug auf die „Republikaner“ bislang nicht erfüllt.

Es kommt noch ein weiterer Aspekt hinzu, der die parteipolitische Dienstbarkeit des Verfassungsschutzes einmal mehr unterstreicht: Nachrichtendienstliche Observation baut eine so hohe Hürde öffentlicher Diskreditierung auf, daß offiziell als „extremistisch“ eingestufte Parteien praktisch nicht mehr koalitionsfähig sind für demokratische Parteien. Faktisch, so Lothar Jachmann, als stellvertretender Chef des Bremer Verfassungsschutzes ein Insider, seien die „Republikaner“ eine rechtsextremistische Partei, aber:

> „Aus politisch-opportunistischen Gründen halten es die unionsregierten Länder nicht für geboten, die ‚Republikaner‘ zu beobachten. Es wird wohl überwiegend dort die Ansicht vertreten, man solle die ‚Republikaner‘ noch nicht in den verfassungsfeindlichen Bereich rücken, weil sich die Machtfrage so stellen könnte, daß man die ‚Republikaner‘ noch braucht. Dann wäre es schädlich, wenn sie bereits mit der Etikettierung ‚rechtsextremistisch‘ versehen seien“.[316]

Einer der bedeutendsten Träger politischer und gesellschaftlicher Auseinandersetzung mit allen Formen des Rechtsextremismus sind die Gewerkschaften. Ihr Selbstverständnis als Einheitsgewerkschaft basiert auf, wie es in der Präambel des DGB-Grundsatzprogramms vom März 1981 heißt, „den Erfahrungen der Arbeitnehmer vor und während der Weimarer Republik und der Verfolgung in der Nazidiktatur“.[317] Keine gesellschaftliche Organisation hat sich so vehement und langfristig-intensiv gegen rechts engagiert wie die Gewerkschaften. In der Tradition von Verfolgung und Widerstand ist „Antifaschismus“ ein politischer Grundpfeiler, fest verankert in ihrer politischen Orientierung. „Antifaschismus“ resultiert freilich nicht aus der Doktrin „streitbarer Demokratie“, sondern aus der Tradition der sozialdemokratischen und kommunistischen Arbeiter- und Gewerkschaftsbewegung vor und nach 1933. Seit Anfang 1989 hat die Diskussion in den Gewerkschaften, bedingt durch die „Republikaner“-Wahlerfolge, zugenommen. Sie ist durchaus selbstkritisch und von dem Bemühen getragen, nicht allein den Erscheinungsformen, sondern den gesellschaftlichen Ursachen der Rechtstendenzen in umfassender Weise zu begegnen.

Über die historisch gewachsenen antifaschistischen Orientierungen hinaus haben die Gewerkschaften gute Gründe, den „Republikanern“ entgegenzutreten: Programm und politische Praxis der „Republikaner“ zielen auf die Begrenzung der Gewerkschaftsmacht und der Schönhuber-Partei ist es gelungen, auf der Wähler-, Sympathisanten- und Funktionärsebene im gewerkschaftlichen Potential Fuß zu fassen. GdP-Chef Hermann Lutz zufolge gesellte sich zu der Überraschung bei der Berliner Wahl „der Schrecken, nachdem klar war, daß selbst die Mitgliedschaft eines Arbeitnehmers in einer DGB-Gewerkschaft nicht gegen den rechtsextremen Virus immun macht“.[318] Die IG Bergbau und Energie (IGBE) merkt in einem Vorstandsbeschluß selbstkritisch an, „auch uns ist es offenbar nicht in vollem Umfang gelungen, demokratisches und solidarisches Verhalten in allen Teilen unserer Mitgliedschaft auf Dauer ausreichend zu festigen“.[319]

Gerade dies wurde und wird als Alarmzeichen verstanden, das eine intensive politische Auseinandersetzung erzwingt. Die „Lübekker Erklärung“ der ÖTV vom Juni 1989 hat diesen Zusammenhang betont:

> „Aktionsformen gegen Rechtsextremismus müssen dem Ziel dienen, diejenigen zu gewinnen, die keine Neonazis sind und nach Ventilen für ihren Protest suchen. Überreaktionen bergen die Gefahr, den Rechtsextremisten Sympathisanten zuzutreiben und ihre Feindbilder zu bestätigen. Alte Antifaschismuspositionen müssen überprüft und um neue Ansätze der Auseinandersetzung mit dem Rechtsextremismus ergänzt werden“.[320]

Hermann Rappe, Chef der IG Chemie, Papier, Keramik, hat konsensfähige Positionen abgesteckt, die in weiten Teilen der Gewerkschaften so oder ähnlich gesehen werden. Es gehe um glaubwürdige Politik, um die Auseinandersetzung mit Argumenten und die wirksame Bekämpfung von Arbeitslosigkeit und Wohnungsnot. Rappes Gleichsetzung von rechten und linken Spielarten des Radikalismus, der Doktrin „streitbarer Demokratie“ entlehnt, repräsentiert freilich eine gewerkschaftliche Außenseiter-Position. Rechtsradikale wie linksradikale Politik sei mit gewerkschaftlichen Zielsetzungen unvereinbar.

> „Die Industriegewerkschaft Chemie-Papier-Keramik hat konsequent in den letzten Jahren die staatspolitischen und industriepolitischen Positionen der Grünen politisch bekämpft. Diese Auseinan-

dersetzung wird weitergeführt. Mit besonderer Klarheit und Schärfe nehmen wir jetzt die Bekämpfung des Rechtsradikalismus auf".[321]

Eine große Rolle als symbolische Geste spielen in der gewerkschaftlichen Debatte Unvereinbarkeitsbeschlüsse. Unser Überblick über die Beschlußlage nach den „Republikaner"-Wahlerfolgen 1989 zeigt, wie kontrovers und letztlich unsicher gegenwärtig die Frage politischer und symbolischer Distanzierung behandelt wird.

Der damalige DGB-Vorsitzende Ernst Breit ist der Auffassung, Programm und Politik der „Republikaner" seien mit gewerkschaftlichen Positionen unvereinbar, ein formeller Unvereinbarkeitsbeschluß auf Mitgliedschaftsebene löse die Probleme jedoch nicht.[322] Auszuschließen sei eine solche Maßnahme prinzipiell aber nicht, denn schon 1966 gegenüber der NPD und 1987 gegenüber der DVU seien entsprechende Beschlüsse gefaßt worden.[323] Der bayerische DGB-Vorstand wendet sich ebenfalls gegen generelle Unvereinbarkeitsbeschlüsse, läßt aber die Möglichkeit von Ausschlüssen in Einzelfällen bei „gewerkschaftsfeindlichem Verhalten" von Mitgliedern offen.[324] Die kleinste DGB-Gewerkschaft Gartenbau, Land-und Forstwirtschaft folgt dieser Linie und beschließt im September 1989, Mitglieder der „Republikaner" nicht aus der Gewerkschaft auszuschließen.[325] Die größte, die IG Metall, faßt jedoch Ende 1989 einen Unvereinbarkeitsbeschluß, um ein öffentliches Signal zu setzen. Nach einer der, wie „Der Gewerkschafter" meldet, „kontroversesten und längsten Debatten auf dem Gewerkschaftstag"[326] setzen sich, entgegen einer Empfehlung des Vorstands, diejenigen durch, die eine offensive, ein Zeichen setzende Abgrenzungspolitik befürworten. Gleichwohl hebt IG-Metall-Chef Steinkühler hervor, das eigentliche Problem seien nicht die „Republikaner", sondern die unsoziale Politik der Bundesregierung. „Wir werden", so Steinkühler in seinem Grundsatzreferat, „nicht den Fehler begehen, diejenigen, die aus Unsicherheit, aus Angst und Protest, vielleicht sogar aus sozialer Not Republikaner gewählt haben, pauschal und undifferenziert in die faschistische Ecke zu stellen. Viele der Republikaner-Wähler sind Irregeleitete, Menschen, die politische Zusammenhänge nicht durchschauen und auf entsprechende Propaganda reinfallen".[327] Die Gewerkschaft Handel, Banken, Versicherungen (HBV) verabschiedet eine Entschließung, derzufolge gegen „Republikaner" in den Reihen der HBV Ausschlußverfahren wegen gewerkschaftsschädigendem Verhalten eingeleitet werden sollen.[328] Einen entsprechenden Beschluß hatten zuvor die Deutsche Angestellten-Gewerkschaft (DAG) und die Gewerkschaft

Holz und Kunststoff gefaßt.[329] Ähnlich ist die Beschlußlage in der Gewerkschaft der Polizei (GdP): Funktions- und Mandatsträger der „Republikaner" können ausgeschlossen werden, ein genereller Unvereinbarkeitsbeschluß – wie im Falle der NPD – wird jedoch nicht getroffen.[330] Die IG Bergbau und Energie (IGBE) vertritt die Auffassung, die Probleme seien durch Ausgrenzung nicht zu lösen, vorrangig seien politische Auseinandersetzungen, Bildungs- und Öffentlichkeitsarbeit. Mitglieder der IGBE,

> „die sich durch ihr Eintreten für die Republikaner oder deren Ziele engagieren, schädigen das Ansehen der Industriegewerkschaft Bergbau und Energie, und sie verstoßen gegen die gültigen Bestimmungen unserer Satzung".[331]

Vergleicht man die Unvereinbarkeits-Debatte in den Gewerkschaften mit dem Vorgehen der Innenministerien und Verfassungsschutzbehörden, dann zeigen sich Gemeinsamkeiten und Unterschiede: Beide Male dominiert der Versuch, durch symbolische Aktion die „Republikaner" aus dem unterstellten Konsens der Demokraten bzw. der Gewerkschafter auszugrenzen. Dadurch werden Zeichen gesetzt, wo die Grenzlinien der noch tolerierbaren politischen Orientierung verlaufen. Das Vorgehen könnte man auch als symbolische „Strafandrohung" werten. Sie verfehlt dann ihren Zweck, wenn darüber die Ursachenanalyse und -bekämpfung vernachlässigt wird, denn: Symbolische Repression und die öffentliche Behandlung des „Republikaner"-Phänomens als strafwürdiges abweichendes Verhalten erzwingen politische Konformität, vernachlässigen aber die fortbestehenden Orientierungen in einem nach rechts tendierenden Meinungsklima. Insbesondere eine vernünftige Sozialpolitik, aber auch kontinuierliche politische Bildung und politische Auseinandersetzung sind durch Sanktionsdrohungen nicht zu ersetzen.

Dennoch bleibt auf eine markante Differenz hinzuweisen: Während der Verfassungsschutz nach wie vor der im Kalten Krieg entstandenen Doktrin „streitbarer Demokratie" verhaftet ist, sind gewerkschaftliche Positionen heute lernfähiger und selbstkritischer geworden. An die Stelle des alt-linken antifaschistischen Pathos ist eine neue Sachlichkeit getreten. Nicht mehr Gegenkundgebungen, Gegendemonstrationen und Verbotsforderungen – wie noch Ende der sechziger Jahre gegen die NPD – kennzeichnen gewerkschaftliche Politik gegen rechts, sondern eher Forderungen nach sozial- und bildungspolitischen Lösungen. Darin treffen sie sich mit der neueren Diskussion über eine „antifaschistische" Pädagogik, die zunehmend selbstkritisch die alten, historisch verbrauchten Mythen des „Antifaschismus“ zerstört und eine realistische, alltagsorientierte Pädagogik der kleinen Schritte befürwortet.[332] Es liegt an den Gewerkschaften, diesen Diskurs aufzunehmen, auszubauen und längerfristig fortzusetzen.

VI. Die „Republikaner“ und das „Republikaner“-Phänomen – Vorboten eines neuen rechten Fundamentalismus?

> „Die Kompromißfeindschaft, die Verdächtigung jedes Kompromisses als Verrat der Moral und der Konspiration mit dem Feind, ist das Leitmotiv in der Sprache des politischen Fundamentalismus. Die ganze Macht haben oder die Macht ganz verurteilen. So wird verhindert, daß vom Gewollten geschehen könnte, was jetzt möglich wäre. Der Fundamentalismus kann die Macht nicht teilen. Wo er sie nicht besitzt, denunziert er sie als Bollwerk des Bösen. Wo er sie erobert hat, handhabt er sie ohne Kompromiß und Erbarmen. ... Er ist aber eine langfristig destruktive Macht gegen die Grundlage einer vernunftbegründeten, intellektuellen und politischen Kultur“.[333]

Eine begründete Abschätzung der Frage, ob und inwiefern die „Republikaner“ und ihr geistig-politisches Umfeld, mit oder ohne Schönhuber, eine Gefahr für die Demokratie sind oder werden können, muß mit der zusammenfassenden Betrachtung der Ursachen beginnen. Die Partei steht in historisch-politischen Traditionszusammenhängen, die eng mit der Geschichte der alten Bundesländer verbunden sind. Dabei ist die lange übersehene, zu wenig beachtete Tradition des organisierten Rechtsextremismus eine entscheidende Bestimmungsgröße. Bestehende und fortentwickelte Programme, personelle und organisatorische Netzwerke und Infrastrukturen ermöglichen die Mobilisierung der gesamten extremen Rechten seit Mitte der achtziger Jahre. Nicht nur in der Mitte der Gesellschaft, sondern auch an ihren rechten Rändern üben die „Republikaner“ seit ihren Wahlerfolgen 1989 eine beträchtliche Sogwirkung aus. „Hoyerswerda“ und „Rostock“, Fanale der Gewalt gegen Ausländer, bewirken im Zusammenhang einer öffentlich völlig überbewerteten Asyldebatte einen Dammbruch: Die militanten Randalierer, die Gewalt der Straße und die vergleichsweise gemäßigte Demagogie der rechten Parteien diktieren die Tagesordnung und zwingen, unterstützt von einem nennenswerten Sympathisantenpotential, die Bonner Politik zu Maßnahmen und Debatten, wie sie von rechts gefordert werden. Darin besteht der politische Sieg der Rechten seit Hoyerswerda.

Betrachtet man die Existenz der organisierten Rechtsaußen-Szene als Prozeß, als dynamische Entwicklung, so geht es dabei wesentlich um die Verarbeitung von Erfahrungen politisch aktiver, bis Ende der achtziger Jahre mehr oder weniger gesellschaftlich abgelehnter Kleingruppen. Die Summe von vierzig Jahren Rechtsextremismus in der Bundesrepublik ist die fortwährende Erfahrung von randständiger Subkultur, Ausgrenzung aus der Mehrheitskultur, Außenseiter- und Elitenbewußtsein. Aus diesen Erfahrungen, vor allem aus dem parlamentarischen Scheitern der alten NPD, haben die „Republikaner"-Funktionäre gelernt: Sie wissen, welche Deutungen und Strategien zum politischen Abseits führen, und vermeiden sie nach Kräften. Sie wissen, wie Signale und Botschaften zeitgemäß zu verschlüsseln sind, um die Rechtsaußen-Klientel bei der Stange zu halten und neue, jüngere Wählerschichten anzusprechen. Daraus resultiert die in den Programmen nachzulesende Legalitätsstrategie. Bei diesem Unterfangen ist Unterstützung aus Kreisen der Euro-Rechten zu vermelden. Le Pens Front National dient als politisch-strategisches Vorbild, wenn es darum geht, rechte Inhalte so zu verpacken, daß populistische, wählerwirksame Effekte dabei herauskommen.

Der Wandel der Rechtsaußen-Wählerklientel von ländlichen, mittelständisch-handwerklich-bäuerlichen Schichten hin zu einem heterogenen, eher städtischen Potential von „Modernisierungsverlierern" hat sich in Frankreich schneller und sichtbarer vollzogen als anderswo. Le Pens populistische Methoden, zentriert auf die Einwanderer-Frage und die Kritik an der multikulturellen Gesellschaft, erscheinen heute als Vorbild und Stimulans für die rechtsextremen Protestformen der neunziger Jahre. Für Schönhuber bedeuten sie ein erfolgreiches Modell politisch-massenwirksamer Agitation. Einige theoretische Elemente, wie sie die französische Neue Rechte entwickelt hat, vor allem Ethnopluralismus und nationale Identität, finden Resonanz bei den politischen Köpfen der „Republikaner", tragen sie doch bei zu einem längerfristigen Projekt, zu ideologisch-weltanschaulicher Stabilität und zum Image einer modern-konservativen Protestbewegung.

Die „Republikaner" sind eine Brückenpartei zwischen Konservatismus und Rechtsextremismus. Konservative Traditionen durchmischen programmatisch, personell und vom Parteientypus her ihre Strukturen. Dies gilt im Hinblick auf die Entstehung der Partei als CSU-Abspaltung in Bayern, aber auch bezüglich der Wiederbelebung von Traditionen kleiner national-konservativer Rechtsparteien aus den fünfziger Jahren (DP, BHE, WAV, Bayernpartei). Nicht zuletzt der lebensweltliche Konservatismus der bayerischen Region ist ein starkes Element in dieser Partei, das auf die Vorläufer zurückverweist. Das zumindest zeitweilige Zerbröckeln der Integrationskraft der Union nach rechts ist auch als

Indiz dafür zu verstehen, daß die Vereinnahmung der kleinen Rechtsparteien Ende der fünfziger Jahre sich als weitaus weniger stabil und dauerhaft erwies als angenommen.

Das „Republikaner"-Phänomen weist weit über die Partei selbst hinaus und reicht tief in die politische Kultur der Bundesrepublik hinein. Es ist Ursache und Wirkung zugleich, indem es den Aufstieg der Schönhuber-Partei begünstigt, gleichzeitig damit aber auch rechten Positionen mehr und mehr Geltung verschafft. „Wenn der Begriff ‚Rechtsextremismus'", schreibt Arno Klönne, „das beruhigende Gefühl gibt, es handele sich hier um eine Randposition, so steckt darin eine Selbsttäuschung; Motive und Mentalitäten des rechten Fundamentalismus sind nicht nur bei Wählern und Wählerinnen der ‚Republikaner' oder ‚Nationaldemokraten' zu finden, sondern auch in politischen Stammkulturen der Bundesrepublik".[334] Das „Republikaner"-Phänomen steht für eine längerfristige Veränderung des Meinungsklimas, der politischen Konventionen, des politischen „common sense" nach rechts. Vorangetrieben durch konservative Meinungsführer in der Presse, in den Denkzirkeln und Theoriefabriken am Rande und außerhalb der Union, wird nach 1982/83 die geistig-politische Wende eingeklagt, auch gegen die Union. Nichts weniger als das Rückgängigmachen liberaler und sozialdemokratischer Tendenzen in Justiz, Bildungswesen und Publizistik steht im Mittelpunkt des kulturkämpferischen Konservatismus. Dabei werden Brücken nach rechts wenn nicht errichtet, so doch billigend in Kauf genommen, moralische Hemmschwellen einer ohnehin sensiblen politischen Kultur leichtfertig mißachtet, „nationale Identität" und das „Ende der Vergangenheitsbewältigung" geraten zum offensiven geschichtspolitischen Programm ungeachtet dessen, was sich rechts von der Union entwickelt und Auftrieb erhält, ohne Bedenken darüber, wem und welchen Traditionen hier das Wort geredet wird. Die „Republikaner" entstehen und wachsen in einem populistischen historischen Augenblick, als nationalistische Phantasien zu dominanten, offensiv artikulierten Positionen avancieren. Sie können sich als Gegenentwurf präsentieren zum Faktum und zum Projekt der multikulturellen Gesellschaft und zu den vermeintlichen Zauderern und Skeptikern in der nationalen Frage. Darin gründet ihre über den Tag hinausweisende politische Dynamik.

Bedrückendes Beispiel für das „Republikaner"-Phänomen sind Versuche der Union, den Rechts-Wählern Zugeständnisse zu machen. Kampagnenartige Wahlkampf-Segmente gegen Ausländer und Asylbewerber im bayerischen Landtagswahlkampf 1986, bei der hessischen Kommunalwahl 1989 in Frankfurt und in der Asyldebatte 1991/92 geben einen Vorgeschmack darauf, in welcher Weise das politische Koordinatensystem nach rechts verschoben wird. Die Folgen der Mauer-Öffnung im November 1989 haben die deutsche Frage in fast dramatischer Weise wiederbelebt. Sie haben der Union hinter ihrem Bundeskanzler die Meinungs- und Handlungsführerschaft beschert. Sie haben aber auch einen Effekt freigesetzt, der eine falsche Befriedung der Rechts-Wähler herbeiführen könnte: *die Transformation der sozialen Frage in die nationale Frage, Mythos und Emotion statt Sozialpolitik, nationale Phantasien statt sozialer Demokratie.* Der neue deutschlandpolitische Nationalismus, der nicht zuletzt in den Asyl-Debatten kulminiert, erweist sich so als Ideologie sozialer Integration: Wo das Deutsch-Sein wieder als Qualifikationsnachweis gilt, als Ab- und Ausgrenzungskriterium, wo „die Deutschen" und „das deutsche Volk" wieder als politische Akteure die Bühne der Weltpolitik betreten, wo „Volk" nicht als Staatsbürger-, sondern als Schicksalsgemeinschaft aufgefaßt wird, da ist kein Platz mehr für den sozialen Antagonismus und divergierende Interessen. Die Beschwörung der Nation, der großen „Gemeinschaft", dokumentiert nicht nur populistische Sehnsüchte nach Symbolen traditioneller Lebensformen, mit der harmonistischen Gemeinschafts-Rhetorik werden Wir-Identitäten herbeigerufen, die quer liegen zu den bestehenden gesellschaftlichen Widersprüchen und die gezielt die gegensätzlichen Interessenstrukturen verwischen und unscharf machen sollen.[335] Soziales Leid und strukturell verminderte Lebenschancen erscheinen nurmehr als individuelles Schicksal. *Das „Republikaner"-Phänomen enthält diese konservative Versuchung: die wahltaktisch begründete Um-Interpretation sozialer Fragen der auseinanderdriftenden Zwei-Drittel-Gesellschaft in die Denkweisen eines emotional zurechtgerückten „nationalen Aufbruchs".* Dafür gilt es dann, klaglos Opfer zu bringen, die, denen es schlecht geht, sollen durch nationales Pathos und neue Opfer-Mythologien geadelt werden. In dieser taktischen Umgangsform mit rechten politischen Inhalten stecken enorme langfristige Gefahren für die Demokratie: die fortgesetzte Spaltung der Gesellschaft in ein weiter auseinanderklaffendes „Oben" und „Unten", in West- und Ostdeutschland, die Ausbreitung sozialer Ghettos an den Großstadt-Rändern, die Zunahme von Militanz und Perspektivlosigkeit in Teilen der Jugendkulturen und eine weiter ausgebreitete Ellenbogen-Mentalität in den sozialen Beziehungen, verborgen hinter dem Schlagwort von der „Leistungsgesellschaft".

Aus diesem Blickwinkel ist das „Republikaner"-Phänomen eine bedeutsame Facette der Politik und der gesellschaftlichen Entwicklung, die sich keineswegs allein auf anstehende Wahltermine und -ergebnisse beschränken werden wird. Solange das Faktum der multikulturellen Gesellschaft einhergeht mit Fremdenfeindlichkeit, latenter und offener Militanz, solange Ideologien von der Ungleichheit und Ungleichwertigkeit der Menschen sich ausbreiten und solange die deutsch-deutschen Beziehungen nicht frei sind von historischem Sendungsbewußtsein und nationalistischem „wir-sind-wieder-wer"-Pathos, solange wird das „Republikaner"-Phänomen weiter fortbestehen.

Über die Schönhuber-Partei lassen sich heute nur bedingt Prognosen anstellen. Als CSU-Abspaltung entstanden, hat sie sich in fast zehn Jahren zu einer programmatisch, personell und regional sehr unterschiedlichen Partei entwickelt, die viele Gesichter hat. In Nordrhein-Westfalen, Niedersachsen und Berlin ist sie mit schweren Hypotheken belastet: Hier dominieren Richtungs- und Grabenkämpfe zwischen Konservativen und Rechtsextremen, während etwa in Bayern bis zum Frühjahr 1990 eine relativ geschlossene rechtskonservative, rechtspopulistische Politik betrieben wird. Die politische Dynamik der Partei leidet unter andauernden Grabenkämpfen verfeindeter Flügel und Cliquen, unqualifiziertem Funktionärskader und fortwährenden Abspaltungen. Schönhubers Rücktritt im Mai 1990, seine anschließende Wieder-Einsetzung als Bundesvorsitzender, das Herausdrängen der Schönhuber-Widersacher aus der Partei und die Gründung der Konkurrenzpartei „Deutsche Liga" Ende 1991 signalisieren die Labilität des inneren Gefüges der „Republikaner". Der Eindruck ist nicht von der Hand zu weisen, daß die Partei letztlich an ihren inneren Verhältnissen, an sich selber scheitern könnte. Erinnerungen an das Verschwinden der NPD aus sieben Landtagen nach 1969 bekräftigen diesen Eindruck. Doch die Geschichte wiederholt sich nicht und es ist zu bedenken, daß innerparteiliche Zerwürfnisse kleiner Parteien – im Gegensatz zu den großen – offenbar keine unmittelbaren Auswirkungen auf das Wählervotum haben. Trotz der Nicht-Zulassung zu den ersten freien Wahlen in der DDR am 18. März 1990 verfügen die „Republikaner" nach Angaben eines Verfassungsschützers mittlerweile über Landesverbände in allen neuen Bundesländern.[336]

Die „Republikaner" sind von ihrem Selbstverständnis und von ihren Wahlergebnissen her, etwa im Verhältnis zwei zu eins, eine „Männerpartei". Sind sie, wie Däubler-Gmelin/Kießler mutmaßen, „der letzte politische Hort für ein überlebtes patriarchales Weltbild?"[337] Sie plädieren in der Tat für traditionalistische familiäre Werte und geschlechtsspezifische Rollenzuweisungen. Die Positionierung des Frauenbildes folgt konservativen Motiven und Traditionen, das männerbündische Element – in der Rhetorik, der Veranstaltungsdramaturgie, den politischen

Botschaften, der Soziologie der Funktionäre – steht hingegen eher in rechtsextremistischen Überlieferungszusammenhängen.[338]

Schönhuber selbst verkörpert „männliche“ Tugenden wie Kampfbereitschaft, heldische Märtyrer-Phantasien, Härte, Durchsetzungsvermögen. Er ist die für die Partei sehr bedeutungsvolle Integrationsfigur, gerade weil er der politischen Klasse selber angehört, die er zu bekämpfen vorgibt, gerade weil er nicht aus der rechtsextremen Nachkriegs-Szene kommt sondern aus dem publizistischen Establishment. Sein politischer Stil verrät einiges über die Struktur der Partei: Nicht Programmdebatte, Lösungsvorstellungen und Bemühen um innerparteiliche Demokratie kennzeichnen diesen Stil, sondern Legalitätstaktik, die Rhetorik des Vorurteils und die autoritäre Selbstinszenierung. Schönhuber diskutiert kein Programm, er verkündet eine Botschaft. Sie lautet: Du bist etwas wert, weil du ein Deutscher bist. Das Arrangement der Veranstaltungen und die Rhetorik Schönhubers offenbaren Züge einer „Führer“- und Weltanschauungspartei. Sie erreicht ein Publikum, dem es materiell großteils durchaus erträglich geht, das nicht an Armut und Hunger leidet. „Entscheidend für die Wahlerfolge der Republikaner“, schreibt Richard Stöss, „scheinen in erster Linie also nicht die absolute, sondern die relative Deprivation (Benachteiligung), nicht Armut und soziales Elend, sondern ungleiche Lebenschancen von ‚Modernisierungsgewinnern‘ und ‚Modernisierungsverlierern‘ zu sein“.[339]

Schönhuber artikuliert eine „populistische“ Befindlichkeit, die weit über seine Anhänger hinausreicht. Er appelliert an die Unterschichten des gesellschaftlichen Bewußtseins: an den Widerstreit von Gesellschaft und Gemeinschaft, der sich in den Strukturen der „Risikogesellschaft“ (Beck) nachdrücklicher denn je eingenistet hat. Großorganisationen wie Parteien, Kirchen und Gewerkschaften vermögen immer weniger Orientierungen anzubieten. Die klassischen politisch-sozialen Milieus der Arbeiterbewegung zerfasern in zusammenhanglosen Wohnregionen. Hedonistisch-konsumorientierte Verhaltensweisen überlagern die Gewißheiten und Selbstverständlichkeiten traditioneller Orientierungen. Die Familie hat ihren Charakter als Orientierungs- und Versorgungsgemeinschaft eingebüßt, die Kirchen haben ihre religiös-sinnstiftende Kraft verloren und sind zu Sozialunternehmen für besondere Lebenslagen wie Geburt, Heirat und Tod geworden. Indem aber in der mobilen, die sozialen Umlaufgeschwindigkeiten erhöhenden Gesellschaft die Lebensperspektiven des einzelnen zunehmend materiellen Voraussetzungen und dem Konkurrenzmechanismus überlassen werden ohne die entstehenden Reibungsverluste in solidargemeinschaftlicher Lebenspraxis kompensieren zu können, entstehen neue Bedürfnisse nach Harmonie und Gemeinschaft. *Die „Republikaner" wie auch das weit darüber hinausreichende „Republikaner"-Phänomen sind eine Ausdrucksform dieser industriegesellschaftlichen Entfremdungsprozesse: „Wir"-Gefühle stehen wieder hoch im Kurs, Emotionen stehen gegen Rationalität, der Mythos gegen die Vernunft.* Das Projekt einer sozialen Demokratie basiert jedoch auf den Traditionen der Aufklärung. Verfassung wie auch demokratische politische Kultur sind untrennbar mit ihnen verbunden. Das Ausspielen von „Gemeinschaft" gegen „Gesellschaft" von rechts verweist auf Defizite und Verbiegungen sozialer Demokratie in der fortgeschrittenen Industriegesellschaft. Der relative Erfolg der Rechten und die hohe, teils militante Mobilisierung gegen Fremde und Asylbewerber sind nur möglich aufgrund einer Mehrheits-Mentalität, die, wie Ralf Dahrendorf es beschrieben hat, den Schutz ihrer egoistischen Interessen ebenso betreibt, „wie andere herrschende Klassen das vor ihr getan haben". „Die offizielle Gesellschaft", so Dahrendorf weiter, „hat den Armen noch stets ihre Lebenslage zum Vorwurf gemacht".[340]

Rechtsextremismus ist nicht die einzige mögliche Flucht in neue, fragwürdige „Gemeinschaften". Die neuere sozialphilosophische Debatte über den Fundamentalismus belegt eine Vielfalt von politischen und vorpolitischen Erscheinungsformen. Im Islam, in religiösen Sekten, in der katholischen Kirche, im Marxismus, in der Ökologie- und „New Age"-Bewegung und vielerorts mehr finden sich offene oder unterschwellige Strömungen, denen eines gemeinsam ist: die radikale Kritik an den Werten der Industriegesellschaft, der Art ihres Wirtschaftens und der Form, wie sie zwischenmenschliche Beziehungen regelt. Die Abkehr von Kompromissen, Ungewißheitsvorbehalten und Zweifeln, vom Pluralismus der Lebensformen, Meinungen und Überzeugungen, die Verweigerung von Spielregeln wie Meinungsstreit und Mehrheitsbildung und das Vertrauen auf und der Glaube an Intuition und Gefühl, Mystik und Mythologie gehen einher mit der Überzeugung vom Wahrheitsmonopol eigener Glaubensbekenntnisse. Thomas Meyer sieht im Fundamentalismus die „stets neu belebte Versuchung der Regression in die Geborgenheit und Unmündigkeit. Diese Versuchung kann massenhaft verführen, wenn die Verheißungen der Modernisierung zu ihren Zumutungen und Kosten für viele in unerträglichen Widerspruch geraten".[341] Fundamentalistische Strömungen richten sich nicht nur gegen bestehende Zustände, soziales Elend, ökologische Krise, Skandale und Korruption in Politik und Verwaltung und reklamieren dagegen die „Gemeinschaft" der eigenen Bezugsgruppe. Der Kern des Protests reicht tiefer: Er geht an die Grundlagen der westlichen politischen Kultur, indem er den Idealen des Liberalismus, der Demokratie, der Menschenrechte den Kampf ansagt. Darin besteht seine eigentliche Gefahr: Er untergräbt langfristig die demokratischen Grundwerte und den vernunftbegründeten, rationalistischen, auf Diskussion und Kompromiß begründeten Anspruch der Demokratie.

Die neuen rechtsextremen Protestformen sind nicht frei von fundamentalistischen Strömungen. Am deutlichsten und am offensten kommen sie in der intellektuellen Version der französischen Neuen Rechten zum Ausdruck. Ihre kulturkämpferische Zielsetzung ist nichts weniger als die Beseitigung der Trias von Gleichheit-Freiheit-Brüderlichkeit und die Rückkehr zu den vorrevolutionären, vorchristlichen europäischen Traditionen vor 1789. Sie votiert offen gegen Marxismus, Christentum, Liberalismus, Menschenrechte und Demokratie, die sie als historische Verfallsformen einer sich selbst entfremdeten Kultur ansieht. Betrachtet man die „Republikaner" und das „Republikaner"-Phänomen von dieser Seite, von einer ideologiekritischen Position aus, so zeigen sich auch hier fundamentalistische Tendenzen: Demokratisierung und Liberalisierung sollen rückgängig gemacht werden, der „Gemeinschaft" der Deutschen, des deutschen Volkes, der „Volksgemeinschaft", der Intoleranz gegen fremde Völker und Kulturen wird offen oder nur andeutend das Wort geredet, der Mythos von „Volk" und „Nation" feiert Auferstehung in den neunziger Jahren. Im politischen Stil Schönhubers kommt diese Art Fundamentalismus am klarsten zum Ausdruck: Schönhuber und die Seinen gegen den Rest der Welt, diese ist dekadent und böse, voller Intrigen und Machenschaften, doch die Gemeinschaft der „richtigen" Deutschen ist Bannerträger der historischen Mission, die das Schicksal „den" Deutschen auferlegt hat.

Das Argument des Fundamentalismus dient nicht zur Erklärung des Aufstiegs der „Republikaner". Sein bedenkenswerter Vorzug besteht darin, daß es auf die Langfristigkeit der Gefahren von rechts hinweist, unabhängig von Personen und Organisationen, auf die Kurzschlüssigkeit und Einäugigkeit des bloß taktischen Umgangs mit der Partei und die Notwendigkeit einer längerfristigen geistig-politischen Auseinandersetzung. Die Gefahr von rechts ist kaum mehrheitsfähig. Ungeachtet der bevorstehenden Wahltermine muß aber realistisch gesehen werden, daß rechtsextreme Erscheinungsformen wie Militanz, Rigorismus, Kompromißfeindschaft, Fremdenhaß und radikale Gemeinschaftsideologien im Rahmen einer Zwei-Drittel-Gesellschaft das untere Drittel zunehmend erreichen können. Werden die in diesen Formen zum Ausdruck kommenden Befindlichkeiten und Sehnsüchte „von oben" nurmehr weiter verwaltet, durch die Transformation der sozialen in die nationale Frage und die Stilisierung der Asylfrage in ein Überlebensproblem der Nation weiter ideologisch aufgeladen, dann werden sich undemokratische, rassistische und militante Ausdrucksformen in dieser Gesellschaft offen und untergründig weiter ausbreiten.

In den ansonsten von analytischer Schärfe und luzider Weitsicht kaum belasteten Verfassungsschutzbehörden wächst die Einsicht in die politisch-gesellschaftlichen Perspektiven der neunziger Jahre. „Wir erleben derzeit", so der Hamburger Verfassungsschutzpräsident Uhrlau, „wie sich die innere Ausrichtung von großen Teilen der Gesellschaft umkehrt. Es gibt eine 68er Bewegung von rechts, allerdings mit anderem Charakter und nicht von den Universitäten ausgehend. Die Visionen, die in den vergangenen 20 Jahren unsere Gesellschaft geprägt haben – Intergration von Minderheiten, mehr Partizipation, mehr Bürgerrechte, mehr Europa –, all das wird von einer rückwärtsgewandten, nach innen gerichteten Bewegung zur Disposition gestellt. Die Themen der neunziger Jahre werden Rechtsextremismus, Ausländerfeindlichkeit, Nationalismus und Rückkehr in die Innerlichkeit sein".[342]

Anmerkungen

1 Ursula Feist, Infas, Abt. Wahlforschung, Wer wählt die rechtsradikalen Parteien? Unveröff. Papier zum 2. Forum der Deutschen Postgewerkschaft gegen Ausländerfeindlichkeit und Fremdenhaß, Chemnitz, 29./30.8.1992

2 Vgl. FR, 13.8.1992, S. 4 und den Bericht in: INNERE SICHERHEIT, hrsg. vom Bundesminister des Innern, 3/1992, S. 1 ff.

3 Interview mit dem Hamburger Verfassungsschutzpräsidenten Ernst Uhrlau, in: DER SPIEGEL 38/1992, S. 30 ff.

4 Extremismus in der Schweiz. Bericht des Bundesrates zum Extremismus in der Schweiz vom 16. März 1992, hrsg. vom Informations- und Pressedienst des eidgenössischen Justiz- und Polizeidepartements, Bern 1992

5 Harry Müller/Wilfried Schubarth, Rechtsextremismus und aktuelle Befindlichkeiten von Jugendlichen in den neuen Bundesländern, in: AUS POLITIK UND ZEITGESCHICHTE B 38/1992, S. 16. Breites empirisches Material zu Orientierungsmustern in Ost- und Westdeutschland findet sich in: Ulrich Becker/Horst Becker/Walter Ruhland, Zwischen Angst und Aufbruch. Das Lebensgefühl der Deutschen in Ost und West nach der Wiedervereinigung, Düsseldorf 1992

6 Vgl. Wilhelm Heitmeyer, „Der einzelne steht im Wind – ohne Nischen". Der doppelte Transformationsprozeß der Jugendlichen in den neuen Bundesländern, in: FR, 29.9.1992, S. 17

7 Vgl. dazu Kapitel I.3. des vorliegenden Bandes

8 Vgl. zu dieser Perspektive Hans-Gerd Jaschke, Die Ethnisierung sozialer Konflikte und die Formation einer neuen sozialen Protestbewegung von rechts, in: MITTEILUNGEN 2/1993, hrsg. vom Institut für Sozialforschung, Frankfurt

9 Eine sehr informative Einführung in diese Zusammenhänge ist: Detlef Bischoff/Werner Teubner, Zwischen Einbürgerung und Rückkehr. Ausländerpolitik und Ausländerrecht der Bundesrepublik Deutschland, Berlin 1990

10 Vgl. dazu das jetzt erschienene Handbuch der Dritten Welt, Bd. 1: Grundprobleme, Theorien, Strategien, hrsg. von Dieter Nohlen und Franz Nuscheler, 3. Aufl., Bonn 1992

11 Zu den neuen neonazistischen Skinheadmagazinen und Skin-Rockbands vgl. „Neonazismus in Skinheadmagazinen und -liedern", in: INNERE SICHERHEIT 5/1991, S. 6

12 Vgl. zur „Institutionalisierung" sozialer Bewegungen Otthein Rammstedt, Soziale Bewegung, Frankfurt 1978, S. 167 ff. Vgl. auch das mit „Institutionalisierung" endende, an Rammstedt angelehnte Ablaufmodell sozialer Bewegungen bei Karl-Werner Brand, Neue soziale Bewegungen, Opladen 1982, S. 33 ff.

13 Gerhard Paul (Hrsg.), Hitlers Schatten verblaßt. Die Normalisierung des Rechtsextremismus, Bonn 1989

14 Alexandra Kliche, Nichts wie weg! Warum ich die Republikaner verlassen habe, München 1989, S. 151

15 „Das Kaninchen baut die Schlange auf". Der Historiker Golo Mann über die Nationaldemokratische Partei, in: DER SPIEGEL, 20. Mai 1968

16 Die wichtigsten sind der kommentierten Literaturübersicht am Schluß dieses Bandes zu entnehmen

17 Vgl. Günter Grass, Deutscher Lastenausgleich. Wider das dumpfe Einheitsgebot, Frankfurt 1990

18 Vor allem: Peter Dudek/Hans-Gerd Jaschke, Entstehung und Entwicklung des

Rechtsextremismus in der Bundesrepublik. Zur Tradition einer besonderen politischen Kultur, Opladen 1984 (2 Bde.)

19 Vgl. zu diesem Abschnitt: Dudek/Jaschke, a.a.O.; Richard Stöss, Die extreme Rechte in der Bundesrepublik, Opladen 1989; Hans-Gerd Jaschke, Verschlungene Traditionen: Zur Geschichte des Rechtsextremismus in der Bundesrepublik, in: GEWERKSCHAFTLICHE MONATSHEFTE 9/1989, S. 513–523

20 Vgl. Peter Dudek, Jugendliche Rechtsextremisten, Köln 1985, S. 53ff.

21 Vgl. Franz Greß/Hans-Gerd Jaschke, Politische Justiz gegen rechts: Der Remer-Prozeß 1952, in: Gegen Barbarei. Essays Robert M.W. Kempner zu Ehren, hrsg. von Rainer Eisfeld und Ingo Müller, Frankfurt 1989, S. 453–478

22 Dieses Klima ist eindringlich beschrieben in: Hermann Glaser, Kulturgeschichte der Bundesrepublik Deutschland. Zwischen Protest und Anpassung 1968–1989, München/Wien 1989, S. 19–94

23 Heinrich Sippel, Rechtsextremismus im vereinten Deutschland, in: Wehrhafte Demokratie und Rechtsextremismus, hrsg. vom Bundesminister des Innern, Bonn 1992, S. 75f.

24 Vgl. Peter M. Wagner, Die NPD in der Kommunalpolitik. Ursachen der Erfolge einer rechtsextremistischen Partei in Villingen-Schwenningen, hrsg. vom Arnold-Bergsträsser-Institut, Freiburg 1992

25 Vgl. Peter Dudek, Jugendliche Rechtsextremisten, a. a. O.

26 Zu Kühnen vgl. Rainer Fromm, Ein „Viertes Reich“ als Ziel. Biographie eines fanatischen Neonazis, in: TRIBÜNE 119/1991, S. 157–165

27 Vgl. den Bericht in: INNERE SICHERHEIT 5/1991, S. 7

28 Vgl. dazu Margret Feit, Die „Neue Rechte“ in der Bundesrepublik, Frankfurt 1987; zu den ideengeschichtlichen Hintergründen: Hans-Gerd Jaschke, Nationalismus und Ethnopluralismus. Zum Wiederaufleben von Ideen der „Konservativen Revolution“, in: Institut für Sozialforschung (Hrsg.), Aspekte der Fremdenfeindlichkeit. Beiträge zur aktuellen Diskussion, Frankfurt/New York 1992, S. 101–116

29 Thesenpapiere der JN, hrsg. vom Junge Nationaldemokraten – Bundesvorstand, Wuppertal 1991, S. 3

30 Zur Reaktion von Staat und Gesellschaft auf politischen Extremismus vgl. Hans-Gerd Jaschke, Streitbare Demokratie und Innere Sicherheit. Grundlagen, Praxis und Kritik, Opladen 1991

31 Beispiele in: CDU (Hrsg.), Die REP. Analyse und politische Bewertung einer rechtsradikalen Partei, Bonn 1989, S. 10f. und Leo A. Müller, Republikaner, NPD, DVU, Liste D, Göttingen 1989

32 Vgl. DER SPIEGEL 22/1989, S. 43

33 Vgl. DER SPIEGEL 41/1989, S. 63

34 Interview in: DER SPIEGEL 38/1992, S. 31

35 Vgl. Stöss, Die extreme Rechte, a. a. O., S. 85

36 Hans-Jürgen Puhle, Konservatismus und Neo-Konservatismus: deutsche Entwicklungslinien seit 1945, in: Gegen Barbarei. Robert M.W. Kempner zu Ehren, a. a. O., S. 408

37 Zum Folgenden: Dudek/Jaschke, Entstehung und Entwicklung, a. a. O., Bd. 1, S. 59ff. und Richard Stöss (Hrsg.), Parteien-Handbuch (2 Bde.), Opladen 1983/84

38 Ders., Vom Nationalismus zum Umweltschutz. Die Deutsche Gemeinschaft/Aktionsgemeinschaft Unabhängiger Deutscher im Parteiensystem der Bundesrepublik, Opladen 1980, S. 309; vgl. auch ders., Die extreme Rechte, a. a. O., S. 109ff.

39 Franz-Josef Strauß, Die Erinnerungen, Berlin 1989, S. 528ff.

40 Puhle, a. a. O., S. 407

41 Anne Tristan, Von innen. Als Mitglied der Front National in der Hochburg Le Pens, Köln 1988

42 Interview mit Le Pen in: CREDO. Das politische Magazin für Deutsche 1/1989, S. 3

43 FR, 7. 10. 1989

44 Der Republikaner 12/1989, S. 3
45 FR, 13.7.1989
46 Jean-Marie Le Pen und die Front National. Hoffnung – für Frankreich? Vorbild – für Deutschland?, Weinheim 1992, S. 234
47 Jean-Marie Le Pen, a.a.O., S. 203
48 Ebda., S. 210. Kritisch dazu: Michel Hastings, Der Diskurs Jean Marie Le Pens und seines Front National, in: Christoph Butterwegge/Siegfried Jäger (Hrsg.), Rassismus in Europa, Köln 1992, S. 105–118.
49 Joachim Fritz-Vannahme, Ein Paria will Präsident werden. Vor den französischen Regionalwahlen beherrscht Jean-Marie Le Pen die Szene, in: Die Zeit, 28.2.1992, S. 8
50 Claus Leggewie, Explosion der Mitte. Zum Erfolg von Le Pens „Front National", in: Blätter für deutsche und internationale Politik 7/1988, S. 793–801; Roland Höhne, Die Renaissance des Rechtsextremismus in Frankreich, in: Politische Vierteljahresschrift 1/1990, S. 79–96
51 Vgl. Le Monde, 12.2.1992, S. 8
52 Nach dieser beleidigenden Äußerung hat das Europäische Parlament auf Antrag des französischen Justizministers die parlamentarische Immunität Le Pens aufgehoben, um ein Verfahren einleiten zu können, vgl. „Schäbig und scheußlich". Immunität von Le Pen aufgehoben, in: Das Parlament Nr. 6/2.2.1990, S. 15
53 Das Programm ist abgedruckt in: Jean-Marie Le Pen, a.a.O., S. 251–271
54 Vgl. Der Marsch nach Straßburg, in: Die Zeit, 7.7.1989
55 Interview mit de Benoist in: éléments Nr. 70/1991, S. 24.
56 Auf die organisationsgeschichtlichen Hintergründe gehe ich hier nicht ein, vgl. dazu Franz Greß/Hans-Gerd Jaschke/Klaus Schönekäs, Neue Rechte und Rechtsextremismus in Europa. Bundesrepublik, Frankreich, Großbritannien, Opladen 1990, S. 45ff. Zu den innerfranzösischen Zusammenhängen vgl. Marieluise Christadler, Die „Nouvelle Droite" in Frankreich, in: Iring Fetscher (Hrsg.), Neokonservatismus und Neue Rechte, München 1983, S. 163–260 und Wolfgang Kowalsky, Kulturrevolution? Die Neue Rechte im neuen Frankreich und ihre Vorläufer, Opladen 1991. Einen kurzgefaßten Überblick gibt Armin Pfahl-Traughber, GRECE – Die Neue Rechte in Frankreich, in: Vorgänge 143/1991, S. 15–27
57 Vgl. Greß/Jaschke/Schönekäs, a.a.O., S. 61ff.
58 In deutscher Übersetzung: Aus rechter Sicht (2 Bde.), Tübingen 1983/84.
59 Vgl. Zum Front National: Höhne, Die Renaissance des Rechtsextremismus in Frankreich, a.a.O.
60 Vgl. die Notiz in: éléments Nr. 73/1992, S. 23
61 Wolfgang Gessenharter, Die „Neue Rechte" als Scharnier zwischen Neokonservatismus und Rechtsextremismus in der Bundesrepublik, in: Gegen Barbarei. Essays Robert M.W. Kempner zu Ehren a.a.O., S. 424–452.
62 Vgl. Claus Leggewie, Der Geist steht rechts. Ausflüge in die Denkfabriken der Wende, Berlin 1987. Vgl. dort auch die Bemerkungen zu Rohrmoser (S. 49ff.) und Mohler (S. 187ff.). Zu Willms vgl. Gessenharter, a.a.O., S. 439f.
63 Zu „Mut" vgl. Gessenharter, a.a.O., S. 435ff.
64 Zur Brückenfunktion dieser Zeitschrift zwischen rechts und rechtsaußen vgl. Franziska Hundseder, Die neue alte Rechte und die Jugend, in: Die Feder 9/1989, S. 1f.
65 BNR 1/1989, S. 1f.
66 Vgl. die Notiz in: Europa vorn 4/1989, S. 5
67 Vgl. Mohlers Beitrag „Warum kein Schlußstrich? Das Elend der Vergangenheitsbewältigung", in: Der Republikaner 5/1987, S. 6; zur Person Mohlers vgl. Leggewie, Der Geist steht rechts a.a.O., S. 187ff. und Greß/Jaschke/Schönekäs, a.a.O., S. 258ff.
68 Vgl. Karl Richter (Hrsg.), Franz Schönhuber. Wer ist dieser Mann? Weggefährten berichten, Landshut 1992, S. 69
69 Vgl. die personenbezogenen Hinweise in: Der Spiegel 24/1992, S. 31

70 Krefeld 1985

71 Vgl. den Bericht über einen Rohrmoser-Vortrag in: Junge Freiheit 4/1992, S. 4

72 Zum BFD vgl. Jochen Maes, Bund Freies Deutschland. Sammelbecken einer neuen Rechtspartei, Wuppertal o.J. (1975)

73 Hella Schlumberger, Die Deutschland-Stiftung – rechte APO von Dregger bis Strauß? Wuppertal o.J. (1975); vgl. auch Hans Dieter Bamberg, Die „Deutschlandstiftung" und ihre „Adenauer-Preise", Meisenheim a. Glan 1974

74 Ebda., S. 5

75 Vgl. Konservative Aktion: eine Bewegung für Deutschland, in: Klaus Farin/Leo A. Müller, Die Wende-Jugend, Reinbek 1984, S. 138ff.

76 Vgl. Hans-Gerd Jaschke, Streitbare Demokratie und Innere Sicherheit. Grundlagen, Praxis und Kritik, Opladen 1991, S. 261 ff.

77 Johannes Gross, Phoenix in Asche, Stuttgart 1989

78 Leggewie, Der Geist steht rechts a. a. O.

79 Flugblatt der „Weissen" zur niedersächsischen Landtagswahl im November 1985, vgl. auch Grundsatzprogramm der Weissen, verabschiedet am 10. 11. 1985 (22 S.)

80 Diesen Begriff hat, wenn ich recht sehe, als erster Eike Hennig geprägt, vgl. seinen Aufsatz: Die „nationale Identität" einer „Versöhnungsgesellschaft"? Gedankensplitter zu einem Aspekt neokonservativer Geschichtspolitik, in: Die neue Geselll-schaft / Frankfurter Hefte 7/1988, S. 682–686

81 Vgl. zu diesem Umfeld Arno Klönne, Zurück zur Nation?, Köln 1984, S. 10ff.

82 Wolfgang Benz, Der Nationalsozialismus als Problem der politischen Kultur der Bundesrepublik, in: Unruhe ist die erste Bürgerpflicht. Politik und Politikvermittlung in den 80er Jahren, hrsg. von Irma Hanke/Hannemor Keidel, Baden-Baden 1988, S. 55–74, hier S. 65f.

83 Franz-Josef Strauß, in: Bayernkurier, 29. 11. 1986

84 Zit. nach Heinrich Sprenger, „Bitburg über alles". Versöhnung oder psychologische Nachrüstung?, in: Vorgänge 4/1985, S. 36

85 Vgl. zu diesen Hintergründen H. Joachim Schwagerl, Ihre Ehre heißt Treue. Zur Traditionspflege der ehemaligen Angehörigen der Waffen-SS, in: Die Tribüne Nr. 109–111/1989

86 Vgl. dazu „Historikerstreit". Die Dokumentation der Kontroverse um die Einzigartigkeit der nationalsozialistischen Judenvernichtung, hrsg. vom Piper-Verlag, München 1987 und Eike Hennig, Zum Historikerstreit, Königstein 1988

87 So F.J. Strauß im November 1986, zit. nach Hermann Glaser, Kulturgeschichte der Bundesrepublik, München 1989, S. 344

88 Interview mit Ernst Nolte, in: Die Welt, 21. 9. 1987, S. 9

89 Eckhard Jesse, „Entnazifizierung" und „Entstasifizierung" als politisches Problem, in: Ulrich Battis, Günther Jakobs, Eckhard Jesse, Vergangenheitsbewältigung durch Recht. Drei Abhandlungen zu einem deutschen Problem, Berlin 1992, S. 9–36, hier S. 34

90 Vgl. Gerd-Klaus Kaltenbrunner, Bestimmt Hitler die Richtlinien unserer Politik?, in: Mut Nr. 234, Februar 1987, S. 16f., wieder abgedruckt in: Der Republikaner 1/1987, S. 7. Mut war bis etwa 1982/83 eine rechtsextreme Monatszeitschrift im Umfeld der NPD, vgl. Peter Dudek/Hans-Gerd Jaschke, Revolte von rechts. Anatomie einer neuen Jugendpresse, Frankfurt/New York 1981, S. 35–57.
Seitdem entwickelt sie sich mehr und mehr zu einem Sprachrohr und Bindeglied des christlichen, nationalistischen Konservatismus und zum publizistischen Brückenkopf zwischen Konservatismus und Rechtsextremismus. Zu den Autoren zählen u. a. Franz Alt, Hellmut Diwald, Gertrud Höhler, Armin Mohler, Rupert Scholz. Im Februar 1984 (Heft Nr. 198, S. 18) erschien eine Erklärung des „Deutschlandrats" (= Hans-Joachim Arndt, Hellmut Diwald, Robert Hepp, Armin Mohler, Franz Schönhuber, Wolfgang Seiffert, Bernard Willms), in der als Voraussetzung für ein „selbstverständliches Nationalbewußtsein" eine „Entkriminalisierung unserer Geschichte" gefordert

wird. Diese Erklärung fand Eingang in die Präambel des „Siegburger Manifests“ der „Republikaner“ 1985. Zu MUT vgl. Wolfgang Gessenharter, Die „Neue Rechte“ als Scharnier zwischen Neokonservatismus und Rechtsextremismus in der Bundesrepublik, in: Eisfeld/Müller (Hrsg.), Gegen Barbarei, a. a. O., S. 435ff.

91 Vgl. DIE ZEIT, 25. 9. 1987, S. 1

92 Andreas Hillgruber, Zweierlei Untergang. Die Zerschlagung des Deutschen Reiches und das Ende des europäischen Judentums, Berlin 1986

93 BNR 5/1988, S. 10

94 In ähnlichem Duktus: Jesse, „Entnazifizierung“, a. a. O.

95 Vgl. „Historikerstreit“, a. a. O., S. 174ff.

96 Eike Hennig, Raus „aus der politischen Kraft der Mitte“!, in: GEWERKSCHAFTLICHE MONATSHEFTE 3/1987, S. 160–170, vgl. auch ders., „Disziplin in die Freiheit“: Die patriotische Rückwende des bundesrepublikanischen Neokonservatismus, in: Herfried Münkler/Richard Saage (Hrsg.), Kultur und Politik. Brechungen der Fortschrittsperspektive heute. Für Iring Fetscher, Opladen 1990, S. 155–182

97 in: „Historikerstreit“, a. a. O., S. 77

98 Vgl. Wulf Schönbohm, Die CDU wird moderne Volkspartei, Stuttgart 1985

99 Vgl. Peter Glotz, Die deutsche Rechte, Stuttgart 1989, S. 77ff.

100 FR, 19. 6. 1989, vgl. auch Gerhard Spoerl, Vorpreschen nach rechts. Heinrich Lummer sagt, was er denkt und denkt, was die kleinen Leute ihm sagen, in: DIE ZEIT, 30. 6. 1989, S. 4

101 SÜDDEUTSCHE ZEITUNG, 30. 6. 1989, S. 15 (= Interview mit Edmund Stoiber)

102 Vgl. Rolf Zundel, Grenzen ziehen in der grauen Zone. Union und Republikaner: Wo der Konservatismus die Façon verliert, in: DIE ZEIT, 14. 7. 1989, S. 3

103 Kurt Biedenkopf, Vom „Deutsch-Sein“ und der Suche nach Überschaubarkeiten. Das Abstempeln der neuen Rechten und ihrer Wähler als „Bösewichte“ geht in die falsche Richtung, in: FR, 27. 6. 1989, S. 12

104 Franz Dormann, „Wer Rechtsradikalen nacheifert, wird selbst zum Rechtsradikalen“, in: FR, 16. 7. 1992, S. 16

105 Zundel, Grenzen ziehen, a. a. O.

106 Gegen das Offenhalten der Koalitionsfrage wendet sich in scharfer Form die hessische Junge Union, vgl. den Bericht „Keine Bündnisse mit den ‚Republikanern‘“, in: FR, 2. 7. 1992, S. 25

107 Vgl. FR, 5. 7. 1989

108 Vgl. BNR 21/1989, S. 10

109 Konrad Schacht, Der Rechtsextremismus hat eine Zukunft, in: DIE NEUE GESELLSCHAFT / FRANKFURTER HEFTE 2/1991

110 Eike Hennig, Die Republikaner im Schatten Deutschlands, Frankfurt 1991, S. 219

111 So Wolfgang Frindte, Sozialpsychologische Anmerkungen zur Entwicklung rechtsradikaler Tendenzen in der DDR, in: Christoph Butterwegge/Horst Isola (Hrsg.), Rechtsextremismus im vereinten Deutschland, Bremen 1990, S. 88ff. Vgl. auch im selben Band die Hinweise von Wilhelm Heitmeyer, Einig Vaterland – Einig Rechtsextremismus? Sortierungsüberlegungen zu unübersichtlichen Rechtsextremismuspotentialen im vereinten Deutschland, S. 116–138

112 Vgl. die Übersicht bei Richard Stöss, Die extreme Rechte in der Bundesrepublik, Opladen 1989, S. 39–51; zum Antisemitismus im Zeitvergleich vgl. Werner Bergmann/Rainer Erb, Antisemitismus in der Bundesrepublik Deutschland. Ergebnisse der empirischen Forschung von 1946–1989, Opladen 1991

113 Vgl. dazu Dietmar Loch, Der schnelle Aufstieg der Front National. Rechtsextremismus im Frankreich der 80er Jahre, München 1990

114 Zu Haider vgl. Gero Fischer/Peter Gstettner (Hrsg.), „Am Kärntner Wesen könnte diese Republik genesen“. An den rechten Rand Europas: Jörg Haiders „Erneuerungspolitik“, Klagenfurt 1990

115 Vgl. Extremismus in der Schweiz, a. a. O.

116 Petra Bauer/Oskar Niedermayer, Extrem rechtes Potential in den Ländern der Europäischen Gemeinschaft, in: Aus Politik und Zeitgeschichte B 46/47, 1990, S. 15–26, hier S. 23

117 Der wohl immer noch beste Überblick über psychologische Faschismustheorien ist Ali Wacker, Zur Aktualität und Relevanz klassischer psychologischer Faschismustheorien, in: Jugend und Neofaschismus, hsg. von Gerhard Paul/Bernhard Schoßig, Frankfurt 1980, S. 105–137; zur Psychologie extremistischer Einstellungen und Verhaltensweisen vgl. auch die literaturkritischen Hinweise bei Uwe Backes/Eckhard Jesse, Politischer Extremismus in der Bundesrepublik Deutschland Bd. 2, Köln 1989, S. 194ff.; zur Psychologie der „Republikaner" und ihrer Anhänger vgl. Karola Brede/Alfred Krovoza, Zur politischen Psychologie des Rechtsextremismus am Beispiel der „Republikaner", in: Thomas Jahn/Peter Wehling, Ökologie von rechts. Nationalismus und Umweltschutz bei der Neuen Rechten und den „Republikanern", Frankfurt/New York 1991

118 Erich Fromm, Die Furcht vor der Freiheit, Frankfurt/Berlin 1983, S. 11. Zu dieser Arbeit vgl. auch die einführenden und erläuternden Bemerkungen von Claus Daniel, Theorien der Subjektivität, Frankfurt/New York 1981, S. 73–104

119 Fromm, a. a. O., S. 8

120 Vgl. dazu Hans-Uwe Otto/Heinz Sünker, Nationalsozialismus, Volksgemeinschaftsideologie und soziale Arbeit, in: dies. (Hrsg.), Soziale Arbeit und Faschismus, Frankfurt 1989, S. 7–35

121 Hier sind vor allem die Untersuchungen von Wilhelm Heitmeyer anzuführen, zuletzt: Heitmeyer, Die Bielefelder Rechtsextremismus-Studie, Weinheim/München 1992

122 Viola Neu/Carsten Zelle, Der Protest von rechts, hrsg. vom Forschungsinstitut der Konrad-Adenauer-Stiftung, St. Augustin 1992, S. 5ff. (Interne Studien Nr. 34/1992)

123 Vgl. zu diesem Begriff Detlef Baum, Relative Deprivation und politische Partizipation, Frankfurt/Bern/Las Vegas 1978

124 Infratest Wirtschaftsforschung, Politischer Protest in der Bundesrepublik Deutschland, Stuttgart/Berlin/Köln/Mainz 1980, S. 32

125 Vgl. Eike Hennig, Die Republikaner im Schatten Deutschlands, Frankfurt 1991 und Karl-Heinz Klär u. a. (Hrsg.), Die Wähler der extremen Rechten, Bonn 1989 (3 Bde.)

126 Vgl. den Überblick bei Hartmut Häußermann/Walter Siebel, Neue Urbanität, Frankfurt 1987; Hans-Gerd Jaschke, Die Krise der Ballungsräume, in: SOZIAL EXTRA 6/1992, S. 8f.

127 Müller/Schubarth, a. a. O.

128 Helmut Klages, Kritische Anfragen an den „Wertewandel", in: EICHHOLZ-BRIEF 4/1990, S. 1–6

129 Brähler/Richter, „Mehr action, weniger sozial". Wie sich die Deutschen verändert haben, in: DER SPIEGEL 44/1989, S. 292ff.,

130 Jürgen Habermas, Die neue Unübersichtlichkeit, Frankfurt 1985, S. 143

131 Vgl. die Zusammenfassung dieser Diskussion bei Stefan Hradil, Epochaler Umbruch oder ganz normaler Wandel? Wie weit reichen die neueren Veränderungen der Sozialstruktur in der Bundesrepublik?, in: Umbrüche in der Industriegesellschaft, hrsg. von der Bundeszentrale für politische Bildung, Bonn 1990, S. 73–100

132 Ulrich Beck, Risikogesellschaft. Auf dem Weg in eine andere Moderne, Frankfurt 1986, S. 20

133 Vgl. die tabellarische Übersicht bei Viola Neu/Carsten Zelle, Der Protest von rechts, a. a. O.

134 Beck, a. a. O., S. 209

135 Ebda., S. 210

136 Norbert Elias, Die Gesellschaft der Individuen, hrsg. von Michael Schröter, Frankfurt 1987

137 Wilhelm Heitmeyer, Rechtsextremistische Orientierungen bei Jugendlichen, Weinheim/München 1987

138 Heitmeyer, Die Bielefelder Rechtsextremismus-Studie, a.a.O.
139 Ralf Dahrendorf, Der moderne soziale Konflikt, Stuttgart 1992, S. 235ff.
140 Vgl. Thomas Meyer, Fundamentalismus. Aufstand gegen die Moderne, Reinbek 1989 und ders. (Hrsg.), Fundamentalismus in der modernen Welt, Frankfurt 1989
141 Klär u.a., Weder verharmlosen noch dämonisieren, a.a.O., S. 16ff.
142 Ebda., S. 18f.
143 Franz-Josef Strauß, Die Erinnerungen, Berlin 1989, S. 470ff.
144 Ebda., S. 470
145 Ebda., S. 476
146 Ebda., S. 530
147 Stöss, Die extreme Rechte, a.a.O., S. 192
148 Vgl. „Wir werden einen Flächenbrand erzeugen". Interview mit den CSU-Abtrünnigen Franz Handlos und Ekkehard Voigt, in: Der Spiegel 49/1983, S. 47ff. Das Austrittsschreiben von Voigt an Strauß ist dokumentiert in: Ekkehard Voigt, Verrat an Deutschland? Die Unionsparteien und die deutsche Einheit, Berg am See 1988, S. 188f.
149 Vgl. Der Spiegel 13/1985, S. 58ff.
150 Stöss, Die extreme Rechte, a.a.O., S. 193
151 Vgl. Claus Leggewie, Die Zwerge am rechten Rand – Zu den Chancen kleiner neuer Rechtsparteien in der Bundesrepublik Deutschland, in: Politische Vierteljahresschrift 4/1987, S. 363–383
152 Zur Person und politischen Biographie von Neubauer vgl. Michael Stiller, Die Republikaner, München 1989, S. 90–102
153 Stöss, Die extreme Rechte, a.a.O., S. 197
154 Vgl. Der Republikaner 3/1987, S. 1
155 Kurt Hirsch/Hans Sarkovicz, Schönhuber. Der Politiker und seine Kreise, Frankfurt 1989, S. 41f.
156 Der Republikaner 4/1987, S. 1
157 Vgl. den Hinweis in: Karl Richter (Hrsg.), Franz Schönhuber. Wer ist dieser Mann? Weggefährten berichten, Landshut 1992, S. 63
158 Richter, Franz Schönhuber, a.a.O., S. 67
159 Ebda.
160 Ebda., S. 70
161 Vgl. Herrenrunde zahlt sich aus. Schönhuber bat Mittelständler um Bares für seine Partei, in: FR, 27.5.1989, S. 4 sowie den Hintergrundbericht in: BNR 15/1989, S. 7
162 Vgl. Unter dem Deckmantel. Die westdeutsche Wirtschaft hält Abstand zu den Republikanern, in: Der Spiegel Nr. 43/1989, S. 73ff. Zur analytischen Position der deutschen Wirtschaft vgl. auch die vom Institut der deutschen Wirtschaft angefertigte Studie: Emil-Peter Müller, Republikaner und Grüne – zwischen Ideologie und Protest, Köln 1989
163 Vgl. Junge Freiheit 1/1990, S. 4
164 Vgl. Radikalchristlicher Republikaner-Funktionär darf weiter Religionslehrer sein, in: Die Zeit, 2.2.1990, S. 18; vgl. auch die Notiz in: Badischer Landbote 1/1990, S. 16
165 Vgl. BNR 16/1989, S. 4
166 FR, 19.2.1990
167 Zu Schrenck-Notzing: BNR 5/1990, S. 8f. Der offene Brief der Bundesgeschäftsführerin in: Der Republikaner 4/1990, S. 7
168 So Schönhuber beim Deggendorfer Parteitag 1992, vgl. die Notiz in: Junge Freiheit 6/1992, S. 4
169 Vgl. den Beitrag Frauen in die Politik! in: Der Republikaner 4/1986, S. 3
170 Vgl. die Hinweise bei Stöss, Die extreme Rechte, a.a.O., S. 203
171 Der Republikaner 12/1989, S. 3
172 Richter, Franz Schönhuber, a.a.O., S. 74

173 FR, 24.4.1989; vgl. auch „Alle labern, keiner tut was. Republikaner-Zielgruppe Polizei: Unmut wegen Unterbezahlung und Überstunden“, in: DER SPIEGEL Nr. 25/1989, S. 36–45
174 DER REPUBLIKANER 1/1990, S. 7
175 DER REPUBLIKANER 2/1989, S. 2
176 FR, 1.6.1989, S. 4
177 Die GdP-interne Debatte ist nachzulesen in: DEUTSCHE POLIZEI 3/1989, S. 2f. und 4/1989, S. 27ff. und in: CONTACT. Organ der JUNGEN GRUPPE – Gewerkschaft der Polizei 2/1989
178 Vgl. DER REPUBLIKANER 2/1989, S. 2.
179 So Schönhuber am 12.1.1990, vgl. Ansprache des Bundesvorsitzenden Franz Schönhuber, Bundesparteitag der REP, Rosenheim 1990, Tonbandabschrift S. 1. Vier Monate später, am 25.5.1990, tritt er vorübergehend vom Amt des Bundesvorsitzenden zurück.
180 Johann Mühlberger, REP. Kommentar zu den Satzungen und Programmen der Partei, Erster Teil: Bundesverband, 2. Aufl., Kirchseeon 1992
181 Vgl. die Übersicht in: Richter, Franz Schönhuber, a. a. O., S. 29
182 Ebda., S. 7
183 DER REPUBLIKANER 2/1990, S. 9
184 EUROPA VORN 4/1989
185 Zit. nach DER SPIEGEL 1/1990, S. 42
186 Franz Florian Winter, Ich glaubte an die NPD, Mainz 1968, S. 9
187 Vgl. die Rücktrittserklärung in: Dudek/Jaschke, Entstehung und Entwicklung, a. a. O., Bd. 2, S. 149ff. Ein Überblick über die innerparteilichen Auseinandersetzungen in der NPD findet sich ebda., Bd. 1, S. 319ff.
188 Vgl. Richter, Franz Schönhuber, a. a. O. Dort berichten ehemalige, jetzt ausgetretene Funktionäre sowie Alexandra Kliche, Nichts wie weg! a. a. O.
189 Vgl. Stöss, Die extreme Rechte, a. a. O., S. 192ff.
190 Vgl. das Interview mit Berger, in: NATION EUROPA 2/1988, S. 58. Zur Berger-Affäre vgl. auch Stiller, Die Republikaner, a. a. O., S. 133ff.
191 JUNGE FREIHEIT 3/1987, S. 7
192 Stöss, Die extreme Rechte, a. a. O., S. 196
193 Rede Schönhubers beim Bundesparteitag der „Republikaner“ in Hambach, 17./18.6.1988, Tonbandabschrift S. 12f.
194 FR, 26.9.1989
195 FR, 30.12.1989
196 BNR 22/1989, S. 7.
197 Dokumentiert in: Richter, Franz Schönhuber, a. a. O.
198 Vgl. dazu Verfassungsschutzbericht des Landes Nordrhein-Westfalen, hrsg. vom Innenminister, Düsseldorf 1992, S. 25ff.
199 Vgl. die Notiz in: JUNGE FREIHEIT 11/1991, S. 5
200 Vgl. die Notiz in: JUNGE FREIHEIT 10/1991, S. 4; zur politischen Biographie der Mitglieder des Bundesvorstands der „Deutschen Liga“ vgl. auch den Bericht in: BNR 25/1991, S. 2ff.
201 Vgl. die Notiz in: JUNGE FREIHEIT 3/1992, S. 5
202 Vgl. Richter, Franz Schönhuber, a. a. O., S. 71
203 FR, 5.10.1989
204 DER SPIEGEL 41/1989, S. 63. Zu den rechtsextremen Biographien von „Republikaner“-Funktionären in Nordrhein-Westfalen vgl. Leo A. Müller, Republikaner, NPD, DVU, Liste D..., Göttingen 1989, S. 17ff. Vgl. auch Jürgen Grewen, Der Landesverband Nordrhein-Westfalen der Partei „Die Republikaner“, in: Klaus-Henning Rosen (Hrsg.), Die Republikaner – Aspekte einer rechten Partei, Bonn 1991, S. 51–58
205 DER SPIEGEL 1/1990, S. 43

206 Markus Beisicht, Tabula Rasa in Köln, in: Richter, Franz Schönhuber, a.a.O., S. 11–14, hier S. 13
207 Vgl. BNR 1/1990, S. 10
208 Vgl. „Querelen vorerst beendet. Ekkehard Voigt: ‚Aufbruchstimmung in NRW'", in: JUNGE FREIHEIT 1/1990, S. 4
209 Verfassungsschutzbericht 1991, hrsg. vom Innenminister des Landes Nordrhein-Westfalen, Düsseldorf 1992, S. 29
210 Vgl. FR, 11.9.1989
211 FAZ, 1.8.1989
212 BNR 19/1989, S. 8
213 FAZ, 19.2.1990, BNR 5/1990, S. 10
214 Vgl. Richter, Franz Schönhuber, a.a.O., S. 74
215 FR, 11.9.1989. Zu den Berliner Vorgängen vgl. auch Stiller, Die Republikaner, a.a.O., S. 116–143
216 BNR 19/1989, S. 8
217 Vgl. ihre politischen Memoiren: Kliche, a.a.O.
218 Vgl. die Reportage „Immer zwischen Gut und Böse". Skandale, Spitzel und Prozesse – wie sich Berlins Republikaner blamieren, in: DER SPIEGEL 38/1989, S. 112f.
219 BNR 23/1989, S. 10
220 Carsten Pagel, Franz, Kaiser der Lemminge, in: Richter, Franz Schönhuber, a.a.O., S. 52ff.
221 Vgl. den Bericht in: DER SPIEGEL 26/1992, S. 53
222 Leggewie, Die Zwerge am Rechten Rand, a.a.O., S. 372f.
223 Ders., Die Chancen der neuen Rechtsparteien, in: ARBEITSHEFTE. Zeitschrift der Juso-Hochschulgruppen Nr. 84/1989, S. 4–8
224 Institut für Sozialforschung, Soziologische Exkurse, Frankfurt 1972 (1956), S. 153f.
225 Vgl. „Biedermann und Brandstifter", in: DER SPIEGEL 22/1989, S. 45ff.
226 Glotz, Die deutsche Rechte, a.a.O., S. 74
227 Zur Biographie vgl. Stiller, Die Republikaner, a.a.O., S. 24ff.
228 Zu den Vorgängen und Auswirkungen um diese Buchveröffentlichung vgl. Hans Sarkovicz, Der Autor Schönhuber und sein Verleger, in: Hirsch/Sarkovicz, Schönhuber, a.a.O., S. 67ff.
229 DEUTSCHE NATIONAL-ZEITUNG, 1.1.1982
230 Richard Stöss, Die Republikaner, Köln 1990, S. 28
231 Thomas Herz, Rechtsextreme Parteien und die Reaktion der Gesellschaft, in: SOWI Sozialwissenschaftliche Informationen 4/1991, S. 234–240, hier S. 239
232 Klär u.a., Die Wähler der extremen Rechten, Bd. 3, a.a.O., S. 18
233 Die Rede ist abgedruckt in: DER REPUBLIKANER 2/1990, S. 5f.
234 Bundesdelegierten-Parteitag der „Republikaner" in Dinkelsbühl, 3.12.1989, Tonband-Abschrift S. 2f.
235 Vgl. Theodor W. Adorno, Kritik. Kleine Schriften zur Gesellschaft, Frankfurt 1971, S. 109
236 Vgl. „Ich dacht', mich tritt ein Pferd! Waldheim und die Juden", in: DER REPUBLIKANER 4/1986, S. 7
237 Die folgenden Zitate aus der Parteitagsrede sind entnommen aus dem Abdruck der Rede in: DER REPUBLIKANER 2/1990, S. 5f.
238 Zit. nach Klär u.a., Die Wähler der extremen Rechten, a.a.O., Bd. 1, S. 53
239 Theodor W. Adorno, Die psychologische Technik in Martin Luther Thomas' Rundfunkreden, in: ders, Studien zum autoritären Charakter, Frankfurt 1973, S. 360 bis 483
240 Kommentierte Auszüge aus diesem Wahlspot finden sich in: Leggewie, Die Republikaner, a.a.O., S. 11ff. Die ehemalige stellvertretende Berliner Landesvorsitzende hat die wahlentscheidende Bedeutung dieser Affäre unterstrichen, vgl. Kliche, Nichts wie weg, a.a.O., S. 86ff.

241 Wolfgang Gessenharter, Die Parteiprogramme der Rechtsparteien. Zur Kontinuität ihres ideologischen Kernbestandes, in: SOWI Sozialwissenschaftliche Informationen 4/1991, S. 227–233

242 Kurt Sontheimer, Antidemokratisches Denken in der Weimarer Republik, München 1978

243 Zur Rolle von Natur und Ökologie bei der Rechten vgl. Thomas Jahn/Peter Wehling, Ökologie von rechts. Nationalismus und Umweltschutz bei der Neuen Rechten und den „Republikanern“, Frankfurt/New York 1991

244 Parteitag Dinkelsbühl, 3. 12. 1989, Tonbandabschrift S. 4

245 Herbert Marcuse, Der Kampf gegen den Liberalismus in der totalitären Staatsauffassung, in: ZEITSCHRIFT FÜR SOZIALFORSCHUNG 3. Jg. 1934, S. 161–195

246 Vgl. die Hinweise bei Wolfgang Gessenharter, Konservatismus und Rechtsextremismus – Nähen und Distanzen, in: GEWERKSCHAFTLICHE MONATSHEFTE 9/1989, S. 561–570, bes. S. 567f., sowie die Hinweise in: DER SPIEGEL 22/1989, S. 37f.

247 REPUBLIKANISCHER ANZEIGER 6/1985, S. 1 (= Titelgeschichte)

248 REPUBLIKANISCHER ANZEIGER 8/1985, S. 1 (= Titelgeschichte)

249 JUNGE FREIHEIT 3/1987, S. 7

250 Norbert Lepszy, Die Republikaner – Ideologie, Programm, Organisation, in: AUS POLITIK UND ZEITGESCHICHTE B 41–42/1989, S. 3–9, vgl. auch Hajo Funke, „Republikaner“. Rassismus, Judenfeindschaft, nationaler Größenwahn, Berlin 1989, S. 33ff.

251 Vgl. CDU-Bundesgeschäftsstelle (Hrsg.), Die REP, Analyse und Bewertung einer rechtsradikalen Partei, Bonn 1989; Klär u. a., „Weder verharmlosen noch dämonisieren“, a. a. O.; Emil-Peter Müller, Die Republikaner, a. a. O.

252 Auf dieser Reportage fußt der Bericht „Die Führerpartei“, in: GP-Magazin 8/1989, S. 1–3

253 Vgl. DER SPIEGEL 17/1989, S. 82f. sowie den autobiographischen Bericht von Kliche, a. a. O.

254 Vgl. Dudek/Jaschke, Entstehung und Entwicklung, a. a. O., Bd. 1, S. 280ff.

255 Schönhuber-Pressekonferenz am 27. 11. 1989 in Bonn, Tonbandabschrift S. 6f.

256 Vgl. ebda.

257 FR, 15. 1. 1990, mit ähnlichem Tenor: FAZ, 15. 1. 1990

258 Thomas Herz, Rechtsextreme Parteien und die Reaktion der Gesellschaft, in: SOWI Sozialwissenschaftliche Informationen 4/1991, S. 234–240, hier S. 239

259 FR, 9. 2. 1989, S. 4

260 Aufbruch, Ziel und Weg. Das deutschlandpolitische Konzept, in: CREDO 1/1989, S. 8–10

261 Vgl. Johanna Grund, Der Anti-Politiker. Wie Franz S. die „Republikaner“ um ein Deutschlandpapier brachte, in: Richter, Franz Schönhuber, a. a. O., S. 26ff.

262 DER REPUBLIKANER 4/1988, S. 1

263 Vgl. Helmut Kellershohn. Der völkische Nationalismus der Republikaner, Duisburg 1989, S. 9ff.

264 Vgl. die deutsche Übersetzung eines Teils dieser Studien: Theodor W. Adorno, Studien zum autoritären Charakter, Frankfurt 1973

265 Zur Rolle und zur Projektion der „allmächtigen und ungezügelten Vaterfigur, die den individuellen Vater weit überragt und sich deshalb zur Vergrößerung, zu einem ‚Massen-Ich‘eignet“ vgl. Theodor W. Adorno, Die Freudsche Theorie und die Struktur der faschistischen Propaganda, in: ders., Kritik. Kleine Schriften zur Gesellschaft, Frankfurt 1973, S. 34–66, hier S. 45

266 Institut für Sozialforschung, Soziologische Exkurse, Frankfurt 1972 (1956), S. 156f. Zu den wissenschaftsgeschichtlichen Hintergründen vgl. Rolf Wiggershaus, Die Frankfurter Schule, München 1991, S. 171ff.

267 Karl-Heinz Klär/Malte Ristau/Bernd Schoppe/Martin Stadelmaier (Hrsg.), Die Wähler der extremen Rechten, Bd. 1, S. 53f.

268 Vgl. den Bericht „Brauner Spuk in den Alpen. In Österreich rühren sich die Kämpfer für ein Viertes Reich", in: DIE ZEIT, 31.1.1992, S. 12
269 Konrad Schacht, Rechtsextremismus heute (= Zum Nachdenken. Neue Folge Nr. 34, hrsg. von der Hessischen Landeszentrale für politische Bildung), Wiesbaden 1991, S. 9
270 Richard Stöss, Zur Gewalt bereit, in: VORWÄRTS 11/1991, S. 18
271 Wolfgang Brück, Skinheads vor und nach der Wende, in: S + F VIERTELJAHRESSCHRIFT FÜR SICHERHEIT UND FRIEDEN 1/1991, S. 20
272 Vgl. die Umfrageergebnisse des Leipziger Jugendinstituts bei Wilfried Schubarth, Geschichtskult contra Geschichtsbewußtsein, in: DEUTSCHE JUGEND 10/1990, S. 449–453 und Wilfried Schubarth u. a., Verordneter Antifaschismus und die Folgen. Das Dilemma antifaschistischer Erziehung am Ende der DDR, in: AUS POLITIK UND ZEITGESCHICHTE B 9/1991, S. 3–16
273 Vgl. als Beispiele den Bericht über die Dresdner Vorstadtsiedlung Gorbitz und das dortige rechtsextreme Protestpotential, in: DER SPIEGEL 22/1991, S. 78ff. sowie den Bericht über die „Hallesche Deutsche Jugend" in: RHEINISCHER MERKUR 47/22.11.1991, S. 4; vgl. auch Michael Naumann, Von der Victoryhand zum Hitlergruß. Beobachtungen zu Rechtsradikalen in Leipzig, in: SOWI Sozialwissenschaftliche Informationen 4/1991, S. 241–244
274 Petra Bauer/Oskar Niedermayer, Extrem rechtes Potential in den Ländern der Europäischen Gemeinschaft, in: AUS POLITIK UND ZEITGESCHICHTE B 46/47, 1990, S. 15–26, hier S. 23
275 Zum Folgenden: Hennig, Die Republikaner im Schatten Deutschlands a. a. O.
276 Ebda., S. 181f.
277 Ebda., S. 214
278 Klär u. a., Die Wähler der extremen Rechten, Bd. 3, a. a. O., S. 28
279 Vgl. zu den Faktoren Kirchenferne und Bildungsabschlüsse auch die Untersuchung der Konrad-Adenauer-Stiftung von Neu/Zelle, a. a. O., S. 14ff.
280 Vgl. die Infas-Wahlanalyse in: FR, 7.4.1992, S. 5
281 Ursula Feist, Rechtsruck in Baden-Württemberg und Schleswig-Holstein, in: Starzacher/Schacht/Friedrich/Leif (Hrsg.), Protestwähler und Wahlverweigerer. Krise der Demokratie?, Köln 1992, S. 69–76, hier S. 73f. Die Befunde anderer Meinungsforscher unterscheiden sich in der Substanz nicht von dieser Analyse, vgl. Die meisten sind Protestwähler. Analyse der Forschungsgruppe Wahlen zu Erfolgen der Rechten, in: SÜDDEUTSCHE ZEITUNG, 7.4.1992 und Manfred Güllner, Kein Vertrauen in die Kompetenz der Politik, in: CHRIST UND WELT – RHEINISCHER MERKUR, 10.4.1992. Strukturelle, spezifisch baden-württembergische Aspekte diskutieren Dieter Oberndörfer/Gerd Mielke/Ulrich Eith, Die These vom Denkzettelvotum greift viel zu kurz, in: SÜDDEUTSCHE ZEITUNG 11.4.1992
282 Vgl. die zusammenfassende Betrachtung bei Reinhard Kühnl u. a., Die NPD. Struktur, Ideologie und Funktion einer neofaschistischen Partei, Frankfurt 1969, S. 232ff. und Stöss, Die extreme Rechte, a. a. O., S. 139f.
283 Berger/Gibowski/Roth, Ein Denkzettel für den Senat, in: DIE ZEIT, 3.2.1989
284 Vgl. die Notiz in: FR, 7.4.1992, S. 5
285 Vgl. die Übersicht bei Neu/Zelle, a. a. O.
286 Dieter Roth, Sind die Republikaner die fünfte Partei?, in: Aus Politik und Zeitgeschichte B 41–42/1989, S. 10–20, hier S. 17.
287 Diese Zusammenhänge habe ich breit und grundsätzlich beschrieben in: Jaschke, Streitbare Demokratie und Innere Sicherheit, a. a. O.
288 Vgl. ebda.
289 Ansatzpunkte, mehr nicht, finden sich bei Herz, Rechtsextreme Parteien und die Reaktion der Gesellschaft, a. a. O. und bei Wolfgang Kowalsky, Rechtsaußen. ...und die verfehlten Strategien der deutschen Linken, Frankfurt/Berlin 1992
290 Zu den Hintergründen vgl. Peter Ködderitzsch, Republikaner in der ehemaligen

DDR, in: Christoph Butterwegge/Horst Isola (Hrsg.), Rechtsextremismus im vereinten Deutschland, Bremen 1990, S. 82–87

291 Vgl. die Resolution der „Bundesweiten Aktionskonferenz gegen Neofaschismus und Rassismus“ am 28./29. Januar 1989 in Bremen, in: Dem Haß keine Chance. Der neue rechte Fundamentalismus, hrsg. von Matthias v. Hellfeld, Köln 1989, S. 103–106 und den Bericht über das Frankfurter Treffen in: BNR 5/1990, S. 9f.

292 FR, 9.2.1989, S. 2

293 Ebda.

294 FR, 31.7.1989

295 Bonner General-Anzeiger, 23.6.1989

296 FR, 3.2.1989

297 Klär u.a., Die Wähler, Bd. 1, S. 52

298 Aufruf des Hauptvorstands der IG Medien vom 31. Mai 1989, in: Gewerkschaftliche Monatshefte 3/1989, S. 5; zum Berliner Wahlspot der „Republikaner“ vgl. Leggewie, Die Republikaner, a.a.O., S. 11ff.

299 Klaus Bresser, Republikaner vor der Kamera: Soll das Fernsehen zuschauen oder weggucken?, in: Die Zeit, 21.7.1989. Vgl. zu diesem Aspekt auch den Tagungsbericht „Handlanger und nützliche Idioten? Über den Umgang mit den Republikanern in den Medien“, in: BNR 15/1989, S. 1–3 und Hans-Gerd Jaschke, Fremdenfeindlichkeit, Rechtsextremismus und das Fernsehen. Eine medienkritische Betrachtung, in: Institut für Sozialforschung (Hrsg.), Aspekte der Fremdenfeindlichkeit. Beiträge zur aktuellen Diskussion, Frankfurt/New York 1992, S. 55–70

300 Diese sehr grundsätzlichen und sehr untergründigen, in der politischen Kultur der Bundesrepublik wirksamen Mechanismen übersieht Kowalsky in seiner Auseinandersetzung mit den Strategien der „Linken“ gegenüber der extremen Rechten. Nur so kann er zum Ergebnis kommen, die Linke sei mitverantwortlich für das Entstehen der extremen Rechten. Die „linken“ Strategien und Texte dürfen eben nicht immanent betrachtet werden, sondern sie müssen in ihrer Verzahnung mit den Auseinandersetzungsformen der Mehrheitskultur betrachtet werden, vgl. Kowalsky, Rechtsaußen... und die verfehlten Strategien der deutschen Linken, a.a.O.

301 Zum folgenden ausführlich: Jaschke, Streibare Demokratie und Innere Sicherheit, a.a.O.

302 Stöss, Die Republikaner, a.a.O., S. 131

303 FR, 5.10.1989

304 FR, 13.9.1989. Zur Problematik von Parteiverboten vgl. Horst Meier, Parteiverbote und demokratische Republik, in: Merkur 43/1989, S. 719–723.

305 Interview mit dem Spiegel 38/1992, S. 31

306 FR, 9.2.1990; vgl. auch Innenminister Bull: Republikaner offen beobachten, hrsg. von der Pressestelle der Landesregierung Schleswig-Holstein, 8. Februar 1990

307 FR, 12.3.1990

308 Vgl. Stöss, Die Republikaner, a.a.O., S. 123f.

309 Interview mit Lothar Jachmann, stellvertretender Leiter des Landesamtes für Verfassungsschutz in Bremen: Machttaktische Überlegungen sind im Spiel, in: Allgemeine jüdische Wochenzeitung, 1.3.1990, S. 11

310 FR, 19.7.1989

311 Vgl. Innere Sicherheit 3/1989, S. 4

312 Vgl. Der Spiegel 5/1990, S. 14

313 Innere Sicherheit 3/1992, S. 4

314 Vgl. Dudek/Jaschke, Entstehung und Entwicklung des Rechtsextremismus, Bd. 1, a.a.O., S. 318ff.

315 FR, 8.2.1990

316 Jachmann, in: Allgemeine jüdische Wochenzeitung, a.a.O.

317 Vgl. Michael Schneider, Kleine Geschichte der Gewerkschaften, Bonn 1989, S. 471

318 Hermann Lutz, Gewerkschaften und Rechtsextremismus, in: Gewerkschaftliche Monatshefte 9/1989, S. 577ff.

319 Rechtsextremismus Rechtsradikalismus. Ursachen, Analysen und Problemlösungen. Arbeitstagung am 2.11.1989 in der Schule Haltern der Industriegewerkschaft Bergbau und Energie, hrsg. von der IGBE in Zusammenarbeit mit der Friedrich-Ebert-Stiftung, Bonn 1990, S. 4f.

320 In: Gewerkschaftliche Praxis 3/1989, S. 5

321 Vgl. GP-Magazin 8/1989, S. 3

322 FR, 20.7.1989

323 FR, 27.9.1989

324 FR, 8.2.1990

325 BNR 20/1989, S. 10

326 Der Gewerkschafter 12/1989, S. 29

327 Grundsatzreferat von Franz Steinkühler auf dem 16. Ordentlichen Gewerkschaftstag der IG Metall 1989 in Berlin/Frankfurt, Protokoll S. 329f.

328 BNR 25/1989, S. 10

329 FR, 26.9.1989

330 FR, 20.7.1989, vgl. auch die Hinweise in: BNR 15/1989, S. 9

331 IGBE, Rechtsextremismus, Rechtsradikalismus, a.a.O., S. 4f.

332 Vgl. das in der gewerkschaftlichen Bildungsarbeit breit rezipierte Buch von Wilhelm Heitmeyer, „Warum handeln Menschen gegen ihre eigenen Interessen?", Köln 1991 sowie Kurt Möller, Zwei Dutzend Gründe für die aktuelle Hilflosigkeit des politischen und pädagogischen Antifaschismus, in: Neue Praxis 6/1989, S. 480–496 und Peter Dudek, Antifaschismus: Von einer politischen Kampfformel zum erziehungstheoretischen Grundbegriff?, in: Zeitschrift für Pädagogik 3/1990, S. 353–370

333 Thomas Meyer, Der unverhoffte Fundamentalismus. Beobachtungen in der Bundesrepublik, in: ders. (Hrsg.), Fundamentalismus in der modernen Welt, Frankfurt 1989, S. 263–286, hier S. 282f.

334 Arno Klönne, Der neue rechte Fundamentalismus – ein „Spuk von gestern?", in: Hellfeld (Hrsg.), Dem Haß keine Chance, a.a.O., S. 89–95, hier S. 90f.

335 Vgl. Georg Vobruba, Die populistische Anrufung der Gemeinschaft, in: Helmut Dubiel (Hrsg.), Populismus und Aufklärung, Frankfurt 1986, S. 221–247

336 Heinrich Sippel, Rechtsextremismus im vereinten Deutschland – Aktivitäten und Tendenzen, in: Wehrhafte Demokratie und Rechtsextremismus, hrsg. vom Bundesminister des Innern, Bonn 1992, S. 75

337 Herta Däubler-Gmelin/Kerstin Kießler, Die Rechtsaußen-Parteien und die Frauen (Teil III). Warum die „Republikaner" eine Männerpartei sind, in: BNR 5/1990, S. 6ff.; vgl. auch Ursula Birsl, Frauen und Rechtsextremismus, in: Aus Politik und Zeitgeschichte B 3–4/1992, S. 22–30

338 Zur Veranstaltungsdramaturgie vgl., am Beispiel des Deggendorfer Parteitags im Juni 1992 Hans-Gerd Jaschke, Eine Weltanschauungspartei macht mobil, in: FR, 13.6.1992, S. 5

339 Stöss, Die Republikaner, a.a.O., S. 107

340 Ralf Dahrendorf, Der moderne soziale Konflikt, Stuttgart 1992, S. 226f.

341 Thomas Meyer, Fundamentalismus in der modernen Welt, a.a.O., S. 18

342 Interview in: Der Spiegel 38/1992, S. 30

Verzeichnis der Tabellen

Empfehlenswerte neuere Literatur

Thomas Assheuer/Hans Sarkoviz, Rechtsradikale in Deutschland. Die alte und die neue Rechte, 2. Aufl., München 1992 (zuerst 1990)

Blick nach rechts BNR – 14-täglicher, seit 1984 erscheinender Informations- und Hintergrunddienst, herausgegeben vom Sozialdemokratischen Pressedienst, Heussallee 2–10, 5300 Bonn 1

Peter Glotz, Die deutsche Rechte. Aktualisierte Neuauflage, München 1992 (zuerst 1989)

Franz Gress/Hans-Gerd Jaschke/Klaus Schönekäs, Neue Rechte und Rechtsextremismus in Europa. Bundesrepublik, Frankreich, Großbritannien, Opladen 1990.
Umfassende, historisch angelegte vergleichende Untersuchung über Geschichte, Struktur und Wandlungen des Rechtsextremismus und der Neuen Rechten in Westeuropa im Zusammenhang der Nachkriegsentwicklungen

Wilhelm Heitmeyer u. a., Die Bielefelder Rechtsextremismus-Studie. Erste Langzeituntersuchung zur politischen Sozialisation männlicher Jugendlicher, Weinheim/München 1992

Eike Hennig, Die Republikaner im Schatten Deutschlands. Eine Studie, Frankfurt 1991
Stadtsoziologisch und wahlanalytisch vorgehende Untersuchung der NPD- und Republikaner-Wahlerfolge in Frankfurt/Main

Institut für Sozialforschung (Hrsg.), Aspekte der Fremdenfeindlichkeit. Beiträge zur aktuellen Diskussion, Frankfurt/New York 1992 (4. Aufl.)
Der Band enthält u. a. ein Memorandum des Instituts über Fremdenfeindlichkeit in Deutschland

Jahrbuch Extremismus & Demokratie, hrsg. von Uwe Backes und Eckhard Jesse, Bonn 1990 ff.
Enthält Aufsätze, Dossiers und einen umfassenden Besprechungsteil zum Thema Extremismus. Das Jahrbuch ist in seiner Konzeption einer dogmatischen Theorie der „streitbaren Demokratie“ und des Totalitarismus verpflichtet

Hans-Gerd Jaschke, Streitbare Demokratie und Innere Sicherheit. Grundlagen, Praxis und Kritik, Opladen 1991
Dieser Band versucht Antworten auf die Frage, auf welcher verfassungspolitischen Basis Parteien, politische Bildung, Verfassungsschutz und politische Justiz mit dem politischen Extremismus umgehen

Viola Neu/Carsten Zelle, Der Protest von Rechts. Kurzanalyse zu den jüngsten Wahlerfolgen der extremen Rechten (= Forschungsinstitut der Konrad-Adenauer-Stiftung Interne Studien Nr. 34/1992)
Diese Studie beschäftigt sich mit den Wahlerfolgen der „Republikaner“ in Baden-Württemberg 1992 und der DVU in Schleswig-Holstein im gleichen Jahr

Politische Rechte – Rechtsparteien (= SOWI Sozialwissenschaftliche Informationen Heft 4/1991). Beiträge von W. Gessenharter (über Parteiprogramme), T. Herz (Rechtsextreme Parteien und Reaktion der Gesellschaft), Xenophobie und extremer Nationalismus in Ostdeutschland (C. Leggewie), Herkunftsfamilien und Rechtsextremismus von Jugendlichen (W. Hopf), eine Kleinstadt im Oberbergischen

Rechtsextremismus in den neuen Bundesländern. Beiträge zur Diskussion, hrsg. von der Landeszentrale für politische Bildung Thüringen, Erfurt 1992 (Beiträge u.a. von Konrad Weiß, Wilhelm Heitmeyer)

Rechtsextremismus und Neonazismus. Auswahlbibliographie Nr. 9/April 1992, hrsg. von der Arbeitsstelle Neonazismus, Fachhochschule Düsseldorf, c/o Prof. Christiane Rajewsky, FB Sozialwesen (= 124 S., hektographiert).
Ein wichtiger Überblick über die neueste Fachliteratur

Konrad Schacht, Der Rechtsextremismus hat eine Zukunft, in: Die Neue Gesellschaft 2/1991 (empirisch orientierte Betrachtung von Einstellungspotentialen und Wahlergebnissen)

Karl Starzacher/Konrad Schacht/Bernd Friedrich/Thomas Leif (Hrsg.), Protestwähler und Wahlverweigerer. Krise der Demokratie? Köln 1992
Darin Beiträge u.a. über die sinkenden Wahlbeteiligungen (U. Feist, D. Roth), die Landtagswahlen in Baden-Württemberg und Schleswig-Holstein 1992 (U. Feist) und rechtsradikale Protestpotentiale in Frankfurt/Main (H.G. Jaschke)

Richard Stöss, Die extreme Rechte in der Bundesrepublik. Entwicklung, Ursachen, Gegenmaßnahmen, Opladen 1989
Vorzügliche, souveräne, historisch angelegte Gesamtdarstellung, sehr zu empfehlen für Leser, die sich einen vertieften Überblick über die Gesamtentwicklung des organisierten Rechtsextremismus verschaffen wollen

Peter M. Wagner, Die NPD in der Kommunalpolitik. Ursachen der Erfolge einer rechtsextremistischen Partei in Villingen/Schwenningen, Freiburg 1992 (= Freiburger Schriften zur Politikwissenschaft Bd. 3, hrsg. vom Arnold-Bergstraesser-Institut)
Diese Studie untersucht die NPD im lokalpolitischen Kontext und liefert damit einen Beitrag zu einem bislang nahezu völlig unterbelichteten Aspekt

Der Autor

Hans-Gerd Jaschke, geboren 1952, Dr. phil., ist wissenschaftlicher Mitarbeiter am Frankfurter Institut für Sozialforschung und Privatdozent für Politikwissenschaft an der Universität Frankfurt.

Die Deutsche Bibliothek – CIP-Einheitsaufnahme
Jaschke, Hans-Gerd:
Die „Republikaner“: Profile einer Rechtsaußen-Partei /
Hans-Gerd Jaschke. [Friedrich-Ebert-Stiftung]. – 2., aktualisierte und erw. Aufl. – Bonn: Dietz, 1993
(Reihe Praktische Demokratie)
ISBN 3-8012-0156-2